论规则

（增订本）

童世骏 著

上海人民出版社

目　录

前　言

在党的十九大上，“规则意识”一词首次出现在党的代表大会报告当中。习近平总书记在论述“加强思想道德建设”的时候，强调要“推进诚信建设和志愿服务制度化，强化社会责任意识、规则意识、奉献意识。”

为更好地落实强化规则意识的任务，我们有必要对什么是规则，什么是规则意识，对规则和规则意识在当代中国社会之所以重要，对在当代中国社会生活中如何建立健全正当合理的规则体系，如何在社会成员（尤其是领导干部等社会骨干成员）中形成良好的规则意识，在理论上有清醒认识，在实践中有高度自觉。本书希望在这些方面做一些有价值的工作。

本书由讨论规则以及相关问题的13篇文章所组成。这些文章可分成三组，分别是对规则的基础研究，对规则的应用研究，以及对规则的相关研究。读者若觉得第一组（共四章）的讨论技术性太强、第三组（共四章）的讨论过于专门，可着重阅读第二组（共五章）。

本书各章写作主要在进入新世纪以后，但最初设想要追溯到20世纪80年代中期，一晃已经三十多年过去了。

我在1984年下半年完成的硕士论文以“问题”为主题，原打算接下来的研究以“规则”为主题，其理由是多年以后才意识到的：我的导师冯契先生以“化理论为方法、化理论为德性”概括其思想和学说，我希望能在老师工作的基础上有所前进：一方面从“理论”回溯到“问题”，因为理论不仅反映现实，而且解决问题；不仅寻找真理，而且寻找答案；另一方面从“方法”和“德性”延展到“规则”，因为规则很大程度上包括了方法或德性，常常是把它们融为一体。

因此，我在1984年年底留校任教不久，就开始进行有关规则的资料搜寻，后来我还曾以此获得科研立项支持。惭愧的是，作为“预定项目成果”的“专著”，并没有如期交出；本书即使可用来勉强冲抵，也晚了那么多年。

1988—1989学年我有幸得到去挪威做访问学者的机会，联系学校时我希望位于挪威西部的卑尔根大学的特伦诺伊（Knut Trik Tranøy）教授做我的导师，因为他的一篇题为“作为规范系统的科学方法论”的文章让我很感兴趣。但是，当我于1988年8月到达卑尔根后，我被告知特伦诺伊已经退休，替代他担任我导师的是希尔贝克（Gunnar Skirbekk）教授。幸好，像二战后曾在剑桥与维特根斯坦有不少交往的特伦诺伊一样，希尔贝克对曾在挪威西部隐居写作的维特根斯坦也非常重视；在曾为维也纳学派重要成员的另一位挪威哲学家奈斯（Arne Naess）和同样非常重视分析哲学成果的德国哲学家阿佩尔（Karl-Otto Apel）和哈贝马斯（Jürgen Habermas）等人的影响下，希尔贝克与一些挪威哲学同道形成了一个名为“实践学”（praxeology）的哲学传统；在这个传统当中，规则或规范也是一个核心问题。

尽管如此，当我于1989年夏天开始攻读博士学位以后向导师提出想把规则作为论文主题时，却并没有得到他通常并不吝啬的热情支持。一个原因，可能是希尔贝克当时正主持一项有关现代化理论比较研究的大型项目，很希望我通过对哈贝马斯与中国思想家的现代化讨论的比较研究来加入其中。但希尔贝克不支持我写有关规则的博士论文，或许还有更重要理由。我自己后来在指导博士生论文时经常说，有的题目，论文写得出但不容易写得好；而有的题目，论文一旦写出就会很好，但这样的论文往往不大写得出来。“规则”大概就属于后一类题目；我当时如果选这个题目，很可能到现在也还没有拿到博士学位。

值得庆幸的是，哈贝马斯恰恰是经常讨论行动规则和社会规范的。在他的现代化理论当中，甚至在他的整个理论当中，社会的“规范性结构”的基础和演化问题，可以说占据了核心的位置。1998年上半年，已在四年前通过博士论文答辩的我，接到了三联书店编辑舒炜的来电，他问我能否翻译哈贝马斯的一本法哲学著作。这本中文名为《在事实与规范之间》的著作，我在撰写博士论文期间就读过几章；翻译这本书，是我觉得能把“哈贝马斯研究”与“规则研究”更直接结合起来的一个难得机会，我于是毫不犹豫地接受了下来。完成这本 700 多页的译作花了我好几年时间，其中包括 2000—2001 学年在美国做富布莱特访问学者的大部分时间。收入本书的论文和文章，多半是我在翻译此书期间成文或酝酿的。

我在美国做访问学者时的合作教授是当时在哥伦比亚大学哲学系任教的托马斯·博格（Thomas Pogge）；很大程度上在博格的影响下，我对他的老师、美国政治哲学家罗尔斯（John Rawls）的著作，也下了一点功夫。我惊喜地发现，“罗尔斯研究”与“规则论”研究，同样可以很好地结合起来：罗尔斯出版于 1971 年的名著《正义论》，不仅可以追溯到其发表于 1958 年的著名论文《作为公平的正义》，而且可以在其发表于 1955 年的虽不那么著名但其实也非常重要的论文《两个规则概念》中，找到极有意思的思想线索。

规则问题具有极强的实践性，对它的研究自然会受研究者自己所从事的实践活动的影响。从 1981 年第 2 期《学术月刊》上发表第一篇“学术论文”（与一位老师合作的）算起，我从事学术研究已经有 30 多个年头，所以，学术活动的规则是我在思考规则问题时最常想到的几类规则之一。20世纪90年代我国学界有过一场“学术规范讨论”，我参加了这场讨论，不仅当时为《中国书评》这样的学界同仁刊物撰稿，而且后来为《学术规范导论》这样的有官方背景的专题读本撰稿，这两篇文字都收在了本书之中。

2004年7月，我的工作岗位从马克思所说的“解释世界”转变为他所说的“改变世界”；从那时开始，包括规则在内的哲学研究，只好变成了我的业余兴趣。但从事管理工作，思考诸如思想解放与规范办事的关系、评价标准与评价程序的关系、规则论证与规则运用的关系、规则意识与社会文明的关系等问题，对思考包括规则在内的实践哲学问题，可能也有一些好处。

党的十八大以后，反腐倡廉进入新阶段，从严治党成为新常态，在制度层面或规则体系层面支撑全面建成小康社会和全面实现现代化，尤其得到重视。继十八届三中全会提出全面深化改革，推进国家治理体系和治理能力现代化以后，十八届四中全会又提出全面推进依法治国，建设中国特色社会主义法治体系和社会主义法治国家。强化规则意识的要求，就是在这样的背景下出现在党的十九大报告当中的。

正是为了对这样的思考和研究有所帮助，我不揣冒昧地把先前写的有关文字整理为本书；在初版的基础上，增订本又收入了党的十八大和十九大以后撰写的几篇文章。书中收入的每篇文字都曾经以学术论文、报刊文章和公共讲演的形式发表过，收入此书时只做了少量必要的技术处理。在这里谨向在这些文字的形成和发表过程中提供过帮助的所有人们表示衷心感谢，并期盼得到学界同行和读者朋友的批评指正。

童世骏

2015 年 5 月 18 日（初版）

2019 年 5 月 4 日（增订）

于苏州河畔清水湾

论“规则”*

* 本文发表于《东方法学》2008 年第 1 期。本文的基础是作者于 2006 年 3 月 10 日在上海社会科学院所作的“上海社会科学院中青年论坛”首次学术报告，题为“对规则的哲学思考”，该讲稿发表于 2006 年 4 月 23 日《文汇报》“每周讲演”。感谢华东师范大学陈嘉映教授在讲演时的评论和讲演后与作者进行的讨论。

“规则”是多门学科的研究对象，也是哲学的研究对象。在后期维特根斯坦的影响下，“规则”甚至可以说成了分析哲学的最重要的哲学范畴之一，[1]并且随着分析哲学的影响越出语言哲学领域向其他哲学分支如政治哲学和社会哲学扩展，也引起了如罗尔斯和哈贝马斯等著名哲学家的重视。[2]本文拟在研究这些成果的基础上，对“规则”作一些自己的分析，希望借此对这个在汉语哲学传统中还没有引起足够重视的概念作一些澄清，并有助于更好理解由规则所构成的社会生活的一些重要方面。

一、作为哲学分析对象的“规则”概念

哲学分析不同于其他学科的分析，是对那些与人类成长有密切联系的重要概念的分析。在人类成长过程中，有一些

概念之间的区分，对于人的成长阶段来说具有标志性的意义；而哲学的任务就是把这些正常的人们在自然地、常常是无意识地完成着的概念区分，以自觉的反思的形式揭示出来。以孔夫子的“仁者乐山、智者乐水”一句为例：从普遍性程度来说，“山”“水”和“仁”“智”分不出高下。但我们并不能因此而主张把“仁”“智”概念和“山”“水”概念一样都当作具体科学概念，或者都当作哲学概念，不能因此而把它们的重要性相提并论，因为对于人的成长来说，学会区别“仁”和“智”要比学会区别“山”和“水”重要得多，“仁”和“智”因此是“与人类成长有密切联系的重要概念”。尽管从经验上说，会区别“仁”“智”却不会区别“山”“水”的情况不大可能，但从逻辑上说，这两种区别属于不同类型的知识，前者并不依赖后者。知道“仁”“智”的区别，不仅是一种知识，而且是一种能力。确切些说，“仁”“智”之别作为一种知识不像“山”“水”之别那样是一种经验知识，而是像知道“事实”和“规范”之间的区别那样，是一种有关基本范畴的知识；“仁”“智”之别作为一种能力也不像“山”“水”之别那样仅仅是一种金岳霖和冯契所说的“规范现实”的能力[3]，而是一种有关如何与人打交道、如何对人对己作评价的社会交往能力和社会生活能力。

“规则”也是这样一个“与人类成长有密切联系的普遍概念”：“规则”观念的出现，意味着作出“规则”与“事实”

之间的区别、“规则”与“规律”之间的区别，以及与此有关的社会约束和物理强制的区别，而形成作出这些区别的能力，就像作出“仁”和“智”之间区别的能力一样，是人类成长的重要成就。

比方说，高速公路两旁，常常有警告行人不得窜入的标志，在有些地段还装有行人不易翻越的屏障。对于多数人来说，符号警示就足够了。但对于有些人来说，只有采取物理手段，才能使某种他很想做但不该做的事情成为物理上较不可能的事情。在这种情况下，这种屏障的作用与我们在牧区公路旁经常看到的这类屏障的作用一样。对动物来说，挂一条符号警示当然是没有用的。当然也不排除这种情况：在经过训练以后，动物看到一个符号也会因为条件反射而不做某种行为。但这种情况的前提，是训练动物的那个人知道这符号的意义，那就是表示一条有关行动之该做不该做的规则。当然，对一个人来说，他不一定知道某条特定规则的具体意义，知道了这条规则的意义他也不一定承认这条规则的有效性，但是，人和动物的区别，或者说成熟人格和幼稚人格的区别，就在于人或者成熟人格知道“规则”是什么意思，知道“遵守规则”是什么意思，并且愿意遵守一条他知道其意义并承认为有效的与己有关的规则。

下面有六个句子，我们通过对这些句子的比较来说明规则的特点。

1. 王强，你从这条横道线到对面去。

2. 王强，你过马路必须走横道线。

3. 行人过马路都应该走横道线。

4. 行人过马路都走横道线。

5. 过马路不走横道线很危险。

6. 谁也经不起那汽车撞呀。

这些句子都是有关“人”的，而不是有关“物”的。这是我们通常对“规则”一词的用法：我们通常只说“人”遵守规则，而不说“物”遵守规则，除非是带点拟人色彩的时候。当然，这里说的“人”是广义的，也可以是指一个组织，比方说“法人”。

这些句子也都是有关人的行动的，而不是有关人的品质的。“品质好的人”与“遵守规则的人”在外延上有可能重合，但“品质好”和“守规则”的内涵并不相同。考虑到规则有好坏之分、遵守规则的动机也有正邪之别，我们应该承认，好人不守规则、守规则的人不是好人，这两种情况都很有可能。

但同样是有关人的行动的句子，并不是所有句子都表达我们通常所理解的“规则”。

在上述句子中，句 1、句 2 和句 3 是关于“应当”的一种要求，而句 4 是一种事实描述（尽管这个描述不一定正确——行人过马路不一定都走横道线），句 5 是对于或然性的预测，句 6 是对于必然性的断定。

但同样是关于“应当”的要求，句 3、句 1 和句 2 也有区别。句1是关于特定的人在特定的场合“应当”做的某件事情的要求，句2是对于特定的人“应当”做的一类事情的要求，句3则是对于一类人所“应当”做的一类事情的要求。

根据我们通常的理解和用法，句1是典型的“命令”（它可以用所谓“祈使句”来表达），句3是典型的“规则”，而句2则介于两者之间：它所要求的是某一类行动（就此而言像规则），但所针对的却是某个特定的人（就此而言像命令），因此可以看作是特定规则的具体运用。

把上面比较的结果概括一下，可以看出“规则”具有这样四个特点。

第一，规则的作用是规范的（normative vs. descriptive）。在一组可能的行动中，规则禁止其中的某个行动，或者提倡其中的某个行动。说得明白一些，规则是有关人们应当做什么、不得做什么的要求，而不是对某个事实或某种行动的描述。假如一家美容店的店主说：“本店女服务员的身高不低于一米六八”，这句话直接是一个陈述句，描述这家店的女服务员的身高的情况。这种情况本身是一个事实，它可能是碰巧出现的现象，但也可能是——实际上多半是——该店招聘人员时遵循“身高低于一米六八的应聘者不得录取”的规则的结果。有些规则以组织或机构的行为（如一家商店）作为规范对象，有些规则以个人或人群的行为（如店主）作为规范对象。说到底，对组织或机构的行为的规范，也是通过对该组织机构中的个人的行动的规范而实现的。

第二，规则的形式是一般的（general vs. special）。规则总是用全称命题而不是特称或单称命题表示的，或者说，规则命题的主词——规则的遵守者，总是一类人，或者说一类人中的全部个体，而不是一类人中的某些个体。比如有关部门颁布这样一条规定："每日凌晨 2 时至上午 8 时，娱乐场所不得营业"这条规则所规范的是所有娱乐场所，而不是有些娱乐场所。即使事实上执行这条规则的地区只有一个娱乐场所，也不妨碍这条规则的成立。假如有一条规则是规范有些娱乐场所的，作为规则，也必须对这里的"有些"作明确规定（如"提供酒类的娱乐场所"），使得它成为"娱乐场所"的一个子类，而规则则依然覆盖这个子类中的全部个体。

第三，规则的效力是普遍的（universal vs. particular）。也就是说，规则对某个行动的禁止或提倡，不能只是发生一次的，而必须是对凡符合某个条件的全部场合同样适用。母亲对正要端起饭碗的孩子说："先洗手去！"是针对特定情境说的，因而不是规则；但它所蕴含了"饭前洗手"的要求，这个要求则是一条规则，因为它不仅仅适用于此时此地。

说规则的效力是普遍的（universal），是说规则的适用性之广；前面说规则的形式是一般的（general），是说规则的涉及面之宽，而规则的适用性与规则的涉及面是两个不同的问题。比方说，"当今美国总统应当遵守国际法"这句话就其涉及面来说只涉及一个人，但每个国家的人们都同意这句话，因此它具有普遍的适用性或有效性。当然，无论是规则的一般性，还是规则的普遍性，都可以是就特定范围而言的。比方说，法律规则通常在主权国家范围内才是一般的和普遍的，而只有道德原则——按照康德主义的传统——才是对整个人类来说是一般的和普遍的。[4]

第四，规则的存在是公开的（public vs. private）。也就是说，规则必须是涉及至少两个主体的，原则上是相关的人都可以知道的——尽管这并不意味着相关的人事实上一定都知道。这里牵涉两个重要区别。一个区别是维特根斯坦提出的，那就是"以为自己在遵守一条规则"与"遵守规则"之间的区别。维特根斯坦认为私人的规则是不可能的，或者说人们是不可能独自地遵守规则的，因为"一个人以为在遵守一条规则，并不就是在遵守一条规则。因此，规则是不可能'私下地'遵守的：否则的话，以为自己在遵守一条规则，就会与遵守规则是同一回事了"[5]。另一个区别是亚里士多德提到过的，那就是"符合"规则和"遵守"规则之间的区别。亚里士多德说过，尽管我们有可能出于偶然或受他人指教而作出某种合乎文法的表述，但"要做一个文法学家，我们必须既做某种合乎文法的表述，也像文法学家表述它的那种方式去表述，也就是说，表达出在我们自身的文法知识"[6]。说规则的存在是公开的，一个理由是因为有关规则的知识，就像任何知识一样，本质上具有公共性的。[7]对一条秘而不宣的规则，或一条虽然公布但只有规则的制定者或许能读懂的规则，规则制定者之外的人即使给人印象是遵守了这条规则，那也只能说这些人的行动是"符合"规则的，而并不是在"遵守"规则。反过来说，一条所有相关人原则上都能够知道的规则，即使某人事实上不知道，他如果违反这条件规则的话，也要受到惩罚，尽管这种惩罚常常会比对"明知故犯"者的惩罚轻一些。

规则的上述特点其实我们多少都已经知道。当我们会辨认出规则、会使用"规则"这个词的时候，我们已经在不同程度上懂得了规则的这些特点。哲学分析的任务就是把这种"默会知识"变成反思的、表达出来的，甚至系统地表达出来的知识。

二、从规则的约束基础来分析规则

学会把规则与非规则（事实、规律、物理强制等等）区分开来很重要，学会把不同类型的规则区分开来也非常重要。对规则有许多种分类方式，如《如何用规则做事》的作者写道：

> 规则可以根据它们所支配的活动的种类进行分类，比如数学的规则，足球的规则，或支配道路交通的规则；

> 根据它们的来源进行分类，比如法定规则，法官制定的规则，母亲订立的规则，上帝颁立的规则，习俗规则等等；规则也可以根据规范的性质进行分类，如允许，要求，禁止，由制裁作为后盾的规则，定义和构成行为的规则，比如象棋中移动王后的规则，或制定有效遗嘱的规则，等等；规则也可以根据它们出现的形式进行分类，比如以官方批准的表述确定的形式，非正式地陈述的规则……或不明说的规则；规则也可以根据受其约束的人们的种类进行分类：比方说，官员的规则，普通人的规则，俱乐部成员或其他有限定团体的规则。[8]

除了以上区分以外，或许还可以找出一些其他的区分方式，比方说事业单位的规则和企业单位的规则的区别，政府部门的规则与民间组织的规则的区别，等等。按照前面所说“哲学分析是对那些与人类成长有密切联系的重要概念的分析”的思路，我想把规则的“不同类型”理解为最基本的类型；这些类型之所以为“基本”，是因为一个人能否区分这些类型，涉及的是智力发育和能力成长阶段的问题，而不仅仅是知识多少问题。是否把事业单位的规则与企业单位的规则混淆起来、是否把教育局的规则与高校的规则混淆起来，常常只是一个知之多少、识之对错的问题。而能不能对我们在下面讨论的几种类型的规则作出区分，则可以说是一个智力水平高低、判断能力强弱的问题。

还是先来看几个例子：

1.“你们愿意人怎样待你们，你们也要怎样待人。”

2.“己所不欲，勿施于人。”

3.“不得以任何方式抄袭和剽窃他人学术成果。”

4.“学术论著中凡引用他人观点都应详加注释。”

5.“（英语中）主语为第三人称单数时，谓语动词末尾要加 s。”

6.“本馆善本书概不外借。”

7.“请适当处置废弃电池，勿任意丢弃。”

8.“不戴安全帽者不得进入工地。”

这里所列的规则形形色色，有基督教的“金律”（规则 1），也有儒家的“银律”（规则 2）；有语法规则（规则 5），也有学术规范（规则 3）；有管理章程（规则 6），也有安全守则（规则 8）；有肯定句形式的（如规则 1 和规则 4），也有否定句形式的（如规则 2 和规则 3），等等。对规则进行分类的最重要依据是它们的约束基础即它们所具有的约束力的基础，因为规则的其他方面性质不如约束基础那样与人类行动有密切联系，不像约束基础那样能决定人类行动的基本类型。

根据规则的约束基础，我们大致可以把上面的规则分为三类。

第一类规则的基础是客观规律，如规则 7（“请适当处置废弃电池，勿任意丢弃”）和规则 8（“不戴安全帽者不得进入工地”）。

第二类规则的基础是人们之间的约定，这约定或者是有意制定的，如规则 6（“本馆善本书概不外借”），或者是无意间形成的，如规则 5［“（英语中）主语为第三人称单数时，谓语动词末尾要加 s”］。

第三类规则的基础是人们的善恶观念、道德意识或康德派哲学家所说的“实践理性”——在有的规则中，这种基础是直截了当的，如规则 1（“你们愿意人怎样待你们，你们也要怎样待人”）和规则 2（“己所不欲，勿施于人”）；在有的规则中，这种基础是隐含着的，如规则 3（“不得以任何方式抄袭和剽窃他人学术成果”）和规则 4（“学术论著中凡引用他人观点都应详加注释”）。

为方便起见，我们把以客观规律为基础的规则称作“技术规则”，把以人际约定作为基础的规则称作“游戏规则”，把以善恶观念或道德意识作为基础的规则称作“道德规则”。

当然，无论在日常生活中还是在哲学论著中，“规则”一词的最常见理解是“游戏规则”，这里的“游戏”的典型形式是围棋、足球、篮球这样的娱乐性或竞赛性的游戏，也包括像股票交易、民主选举、学术讨论这样的具有特定功能和形式的团体活动，以及像说话、许诺这样的日常生活基本活动。实际上，社会生活的秩序，主要是由构成社会生活的各个部分的活动的广义的游戏规则所构成的。但是，因为典型的游戏规则的基础是约定，而规范人们行动的规则很多并不以约定作为主要的或根本的基础，所以，我们不主张把“规则”仅仅理解为“游戏规则”，而主张它也包括技术规则和道德规则。但因为典型的规则是游戏规则，而许多游戏规则和技术规则一样是不具有道德含义的，所以我们把“规则”与我们平时常用的一个类似概念即“规范”区别开来，因为“规范”比“规则”多了一些道德意味。

这些类型的规则的基础的区别，以及由这种区别而造成的规则本身的区别，可以从违反规则的后果的区别当中看出。

违反技术规则，行动者会遭到惩罚，这种惩罚一般是由客观规律决定了的，因为技术规则的基础是客观规律。任意丢弃废弃电池，一定会造成不同程度的环境污染；不戴安全帽进入工地，虽然就特定的人而言或者在特定的时候未必酿成事故，但不遵守这条规则的工地、人群的事故发生概率，一定高于其他工地或其他人群。因此，违反技术规则就是违反客观规律，而违反客观规律一定会、至少是有比较大的概率会受到客观规律的惩罚。

违反游戏规则，行动者也会受到惩罚，但这种惩罚并不是由违反规则的行动作为一个客观事件而引起的另一个客观事件。构成对违反规则者的惩罚的，是参加活动的其他人、这个活动的组织者所施加的惩罚。正因为如此，违反游戏规则者的隐瞒经常是能成功的：擅自把善本书拿出图书馆的人只要没有被发现，就没有什么惩罚随之而来。同样，即使违反规则的行动被发现之后，违规者还是有可能要求活动的同伴和组织者加以原谅和赦免的。

违反道德规则的情况介于上述两种情况之间。违反了道德规则，虽然通常并不导致一个原则上必然随这种违规行动而来的不合目的的客观的因果事件，但也不是可以通过个人的隐瞒和他人的宽恕而避免惩罚的。一条道德规则，或一条被当事人当作道德规则来对待的规则，赋予行动者以一种相应的道德义务感或责任感。这种道德责任感表现在两个方面。一方面，如果这个规则得到遵守的话，行动者自己会对自己的行动感到心安、理得，行动者所属的团体的其他成员及其代表会对他表示赞许、褒奖。另一方面，行动者如果违反了道德规则的话，他自己会因为违反道德规则而感到内疚和羞耻，他所属的团体其他成员及其代表会表示谴责甚至处分。这里最重要的是行动者的自我谴责而不是社会谴责，因为社会谴责如果不经过个人的自我谴责而起作用的话，就只是外在的惩罚，与违反游戏规则的情况没有什么区别。正因为违反道德规则会导致这种自我谴责，所以我们说，违反道德规则虽然通常不会引起一个惩罚性的客观事件，也不一定引起一个惩罚性的人为事件，但只要一个人确实把一条规则当作道德规则来对待而不仅仅是当作技术规则甚至游戏规则来对待，并且意识到自己违反了这条规则，他一定会为此而感到内疚和羞耻。对于真正有道德的人来说，这种内疚和羞耻是比任何外在的客观惩罚（如在技术规则那里）和人为惩罚（如在游戏规则那里）更持久更严厉的惩罚。比方说卢梭，他早年在一位贵族家当私人秘书时曾偷过主人家的一件小东西，虽然当时他成功地把这事赖在一位无辜女仆身上，但卢梭晚年提起此事时，说这件事一直压在他心头四十年，“我因此而感到的痛苦不但没有减轻，反而随着我的年龄的增长而加重了”[9]。

三、从规则的约束范围来分析规则

规则的约束基础方面的区别，造成了规则的约束范围的区别，决定了不同类型的规则的约束范围有没有条件、有什么样的条件。

游戏规则的约束范围是有限制的，它只对参加游戏的人的行动有约束力。比方说：如果你不是这座图书馆的读者，“不能把善本书携出馆外”这条规定对你就没有约束力；如果你写的不是学术论著，你就不必把资料出处写得一清二楚。

技术规则的约束范围也是有限制的，但这条件限定的不是哪些人受约束，而是为什么目的而受约束。技术规则对任何人都一视同仁。甚至可能说，技术规则不仅适用于任何人，而且也适用于任何动物；违反了安全用电规则，不仅人会触电，而且猫和狗也会触电。但技术规则是服务于特定目的的，是为了达到的目的的手段：如果你要达到人身安全的目的的话，你就得遵守安全生产规则。反过来说，如果你不想达到人身安全的目的，你就不必遵守安全生产规则。安全生产规则本身无所谓正当不正当，它的正当性取决于它所要达到目的的正当性。套用康德举过的一个例子来说，医生行医时遵守的技术规则与罪犯放毒时遵守的技术规则，尽管就它们所服务的目的来说是不同的，但就它们都是服务于目的的手段来说，就它们都以客观规律作为基础来说，则是一样的。[10]

康德把技术规则或“技术性命令”称作“假言命令”，也就是有条件的命令。同样的说法也适用于上面分析的游戏规则。但是，尽管同样可以用条件句的形式来表达，表达游戏规则的条件句中的前后件关系与表达技术规则的条件句中的前后件关系不同。典型的游戏规则是所谓“构成性规则”，即对该游戏之为该游戏具有构成作用、定义作用的规则。[11]什么是足球？足球就是“两队在长方形场地上进行比赛的一种体育项目，每队 11 人，除了守门员以外，只能用脚踢或身体其他部分运球，但不许用手和臂”。这个定义的内容，其实就是一些对于足球游戏来说必不可少的规则。因此，在“如果你要踢足球，并且你不是守门员的话，你就不能用手和臂来运球”这条规则中，前件与后件的关系实际上代表了一种意义关系，而不是像在技术规则中那样代表一种因果关系。换句话说，当你用手和臂来运球的时候，你不是在一般意义上达不到踢足球的目的，或引不起踢足球的结果，而是你根本就不在踢足球。

康德提到“假言命令”，是为了把它区别于“定言命令”（不少哲学书上把它译成“绝对命令”），即用无条件句形式来表达的命令。在康德看来，假言命令所要求的行动是否正当取决于它所服务的目的是否正当，而定言命令所要求的行动是否正当没有任何外在的依据，而只取决于它自身。这种定言命令就是我们这里讨论的道德规则。在康德看来，道德规则是任何人都要遵守的“绝对命令”。[12] 比如我们不能说：“如果你要做社科院的研究员的话，就请不要剽窃他人学术成果”，因为“不要剽窃他人成果”所包含的“不得偷盗”这条古已有之的道德戒律，是每个人都适用的。对于一个想要晋升研究员职务的人来说，“如果你要做社科院的研究员的话，就请不要剽窃他人学术成果”表达的是一种目的—手段关系；对于一个已经是研究员的人来说，这句话表达的是一种角色—规定关系。这两种关系并非全无道理，但两者都没有把“不得偷盗”当作一件本身是正当的事情。本身是正当的事情是任何人都应该做的，而不管他要达到的目的是什么，也不管他的角色身份是什么。在这个意义上，道德规则确实是一种“绝对命令”。

当然，从某种意义上说，“道德规则是无条件规则”这种说法本身也是有条件的。说“不得偷盗”的规则是无条件的，是说它适用于所有人，因此其实也蕴含着一个条件句的前件：

“假如你是人的话……”。根据康德的理解，人一方面区别于神（无限的理性主体），另一方面区别于动物（有限的非理性主体）；人作为有限的理性主体既有遵守道德规律的能力，同时又需要道德规律作为命令发挥作用。在这种情况下，“不得偷盗”这条道德律令类似于一个游戏规则，它与“假如你是人的话”之间具有一种角色—规定关系，也就是说是一种意义关系，而不是目的—手段关系。但我们通常认为，“假如你是人的话”这个前件都是不言自明的——在通常情况下，“你”这个称呼只用在人身上，因此“假如你是人的话”这个说法在字面上是一个重言式，多此一举。如果说“不得偷盗”是一种“底线道德规则”的话，像“全心全意为人民服务”这样的要求就是一种“理想道德规则”。这种道德规则类似于游戏规则中的“范导性规则”，它不像前面所说的“构成性规则”那样确定一种游戏之作为这种游戏的意义，而是提出把这种游戏做得好一些的建议。从这个角度来看，我们不能说“如果你是人的话，你就要全心全意为人民服务”；我们只能说，“如果你要做一个高尚的人的话，你就要全心全意为人民服务”。

四、从上述分析出发理解法律规则

上面的分析中没有提到法律规则，那是因为法律规则虽然可以说是现代法治社会中最重要的行动规则，但在我看来它们并不是上述三类规则之外的一类独立的规则，而是上述三类规则的不同程度的混合。

法律首先是一种游戏规则，[13]它是个人（或广义的“行动者”）所受到的社会约束，或者说社会中人与人之间的相互约束；如果这种法律是民主立法程序的结果的话，它实际上也是参与民主程序的公民的自我约束。这使得“法律”区别于“规律”；如黑格尔所说：自然规律“是准确的，只有我们对这些规律的观念才会错误”，而法律则不是绝对的，“法律是被设定的东西，源出于人类”。[14]即使是有些直接来自技术规则（其基础是自然规律）的法律规定（如安全生产法、环境保护法的一些条款），或者直接来自道德规则的法律规定（如婚姻法、刑法中的一些条款），它们作为法律规定的最基本的有效性基础，也是与其相关的人们的对该规定的承认和服从，就此而言它们首先也是游戏规则。还有许多法律规定主要是约定性质的，比如美国的陪审团的人数为什么是12人而不是11人，这或许有历史背景，但说到底只是人们的约定，就好像足球比赛各方人数为什么是11人而不是12人，车辆行驶为什么只能在道路右侧而不是左侧一样。游戏规则之所以合理，常常是因为有规则比没有规则好（不规定车辆只能在道路哪侧行驶，道路交通将一片混乱），而不一定是这种规则比另一种规则好（如香港的车辆就规定在道路左侧而不是右侧行驶）。

但即使是这种主要基于约定的法律规则，也常常可以而且需要从道德的角度和技术的角度加以考虑。从道德的角度来考虑，要求法律系统符合正义原则。从技术的角度来考虑，要求法律系统符合效率原则。以陪审团人数规定来说，人数太少，可能不利于案件审理的公正；人数太多，则可能不利于案件审理的效率。

同时还要指出，同一个规则表述，往往可以被人们理解为表述了不同类型的规则；同样是遵守法律规则，却可能出于不同理由，最典型的是两种：一种是因为尊重法律本身而遵守法律，一种是因为害怕受惩罚而遵守法律。这两者在形式上都是遵守法律规则，但只有前者才是一种道德行动而不是一种功利行动：如果法律本身是符合道德的，并且是正常的社会生活的前提的话，那么尊重法律实际上就是尊重道德、尊重受法律保护的其他社会成员的权益，而不管这种尊重是否对自己有利。

其实不仅是法律规则，还有其他许多规则，都是技术规则、游戏规则和道德规则的不同程度的混合。比方说，煤矿安全生产规则虽然主要是技术规则，但作为管理规则，它也是一个组织或一个活动的游戏规则；就其中蕴含的对生命价值的重视来说，它还具有道德意义。矿主因违反安全规则而造成矿难，一方面受到因违反技术规则而引起的惩罚，即作为客观事件的井毁人亡，另一方面还受到因违反游戏规则而引起的惩罚，即作为社会事件的法纪制裁，除非他隐瞒责任或逃避惩罚。对于其中有些人来说，还会受到自己良心的谴责，那是只有在违反道德规则的情况下、在当事人把安全生产规则也理解为道德规则的情况下才有的情况。

五、把不同类型规则区分开来有重要意义

前面讲过，“规则”之所以是一个值得做哲学分析的概念，是因为“规则”观念的出现，区分不同类型规则能力的具备，是人类成长的重要成果。具备“规则”观念的重要性前面已经作了解释。经过上面的分析之后我们在这里要着重讲一下，对于人类成长来说，要形成比较成熟的规则观念，不仅要能够区别规则的社会约束和规律的物质强制，而且要能够区别不同类型的行动规则。我们在日常生活中见到的错误行为、幼稚行为，很多与混淆规则类型有关。

首先，不能把技术规则当作游戏规则。把技术规则当作游戏规则，常常意味着把客观规律“视同儿戏”，把大自然当作游戏伙伴，或者为祈求福祉而对它献媚取悦，或者为预防灾祸而对它收买贿赂，或者为躲避惩罚而对它隐瞒违规，甚至在“利诱”无效的情况下施以“威胁”。从前民间用供奉龙

王和曝晒或鞭打龙王两种方式来求雨迎水是一个典型例子，表明巫术迷信的一个重要根源，是把技术规则所适用的人和自然关系混同于游戏规则所适用的人际关系——在这里而且是混同于相当庸俗的人际关系。

其次，不能把道德规则当作技术规则。把道德规则混同于技术规则，会认为道德规则也是以外在自然规律为基础的，不仅认为它是不变的（所谓“天不变道亦不变”），而且认为违反它就像违反自然律那样必然导致客观的惩罚（所谓“天谴”）。反过来，当人们发现违反道德规则并没有引起客观的因果性的惩罚，或遵守道德规则并没有引起客观的因果性的收益的时候，也就是说，当人们发现恶不一定有恶报、善不一定有善报的时候，也很可能随之而无视道德规则的约束。就像在与自然界打交道时巫术迷信有一定心理安慰功能一样，在与他人和社会打交道时巫术迷信有时候也会有一些禁恶劝善作用，但这种作用毕竟是非常有限的：相信巫术迷信的人有可能因发现因果报应并不灵验而肆无忌惮，甚至还可能因采纳了对因果报应的邪恶解释而为非作歹。

第三，特别要强调，不能把道德规则当作游戏规则。道德规则和游戏规则一样都以人与人之间的关系为核心，但道德规则不像游戏规则那样主要以约定作为基础。在理论上，把道德规则混同于游戏规则，是道德相对主义，甚至道德虚无主义的根源。在实践上，视道德规则为游戏规则的人会表面上循规蹈矩，实际上却可能心无定法，也就是缺乏所谓“良心”和“良知”。因为他之所以循规蹈矩，可能只是为了不让同伴、上级和群众发现他“犯规”。如果是这样的话，一旦他知道没有人在监督、知道不可能因犯规受罚的时候，就会心安理得地破坏规则。

当然，在有的情况下，我们也有理由在尊重道德规则的同时，把它当作游戏规则来处理，把这种处理当作在客观上强化道德规则之约束的一种方式。“考试不得作弊”的核心是一条道德规则，但在许多考生都不把它当作道德规则的情况下，校方就只能把它当作一条游戏规则来对待：考试之前向学生宣读考场纪律，宣布违反纪律一旦发现将要受到怎样的惩罚。为了强化约束，有的学校还要求学生在进入考场前签署“不作弊承诺”，这在很大程度上是要在“考试”这个游戏的规则的约束力之外，再加上“承诺”这个游戏的规则的约束。游戏规则具有较强的可操作性，从管理者的角度出发，把道德规则当作游戏规则来执行，确实有其便利之处。现代法治社会的特点之一，就是把一些道德规则当作游戏规则来加以执行，只以外在的行动和外在的证据论来定是非、论赏罚。

但是，如果人们普遍地把道德规则只当作游戏规则来对待，因而普遍地在没有监督的情况下、在违反规则不用担心制裁的情况下违反规则，社会执行道德规则的成本就会大大增加。仅仅作为游戏规则，承诺的规则其实并不比考试的规则强多少。考试有一个是否作弊的问题，承诺也有一个是否作假的问题。仅仅作为一种仪式的承诺，并不意味着作承诺的人有更多的理由去遵守承诺的构成性规则即信守承诺。按照要求学生作考试不作弊承诺的同样逻辑，为了防止学生作假承诺，学校还应该要求学生在进入考场前再作一个承诺：承诺不作假承诺。从逻辑上说，这个承诺的序列可以无限延伸下去：承诺不作有关不作假承诺的承诺……从这里可以看出，进入考场前的“不作弊承诺”的规则如果确实要比考试规则的效力更强的话，它就不能仅仅是游戏规则，而也要成为道德规则。

就对行动者个人来说，把道德规则同化于游戏规则，也有一些很消极的后果。如果这里的道德规则是前面所说的“底线道德规则”的话，这种同化是忽视了道德规则与人之为人的意义之间的内在关系；如果这里的道德规则是前面所说的“理想道德规则”的话，这种同化则是忽视了这种规则与高尚人生的目标之间的内在联系。说到底，这里所面对的问题，并不是要得到多少东西，也不是做哪件事情，而是要过何种人生：是一个具有人类尊严的道德主体，还是一个具有角色意识的游戏玩家，或者是一个工于算计的精明人士？

第四，也不能把游戏规则等同于技术规则和道德规则。游戏规则常常以技术规则和道德规则作为基础，但同样的技术规则和道德规则在不同的场合可以有不同的表现形式，而这种表现形式本身则往往是约定的结果，有相当程度的偶然性和任意性。在有的情况下，一种约定（如车辆在道路左侧行驶还是在道路右侧行驶）本身没有正确与否的问题，而只有方便与否的问题，当然这约定一旦被接受，就成了正确与否的标准。在有的情况下，一种游戏（如全球经济秩序）本身是不尽合理的，我们要设法从改善规则入手来改善游戏，而没有必要把现有的游戏规则视为神圣不可侵犯的东西。政治哲学要研究的最重要问题之一，就是社会生活游戏规则的合理性标准和达到这种标准的条件。在很多情况下，一种选择（如穿哪件衣服出席音乐会），尽管也具有社会意义，但既不是道德的，也不是反道德的，而是与道德无关的，因而不必做多少道德考虑。甚至可以说，有时候，如在足球比赛中，有意违反游戏规则、用承受一定限度内的犯规惩罚来换取较大的竞赛优势，本身也是一条游戏规则，尽管这不属于前面提到的“构成性规则”。

当然，对许多游戏规则——对那些合理、公正和重要的游戏规则，我们也要有意识让它具有技术规则的特点，因为对游戏规则有效执行的一个标准是铁面无私、违者必究，而这正是以自然规律为基础的技术规则的特点。规则在人类社会生活中的最重要功能之一是确保人际交往中人们（及其组织）的活动可预见性、可计划性，而为了实现这个功能，规则虽然不像规律那样不可能被人违反，但应该像规律那样让人不敢故意违反。正是在这个意义上，卢梭在论证法治相对于人治的优越性的时候说，要让“国家的法律也像自然的规律那样不稍变易”。[15]

在有的情况下，即使是其内容和前提中不包括道德内容的游戏规则，对它们的遵守也可能具有道德意义。如我们在市场竞争、体育比赛中经常看到的那样，尽管我们承诺要遵守的某条规则并不一定具有道德含义，但这种承诺本身是否履行，却通常是具有道德含义的，因为当你违背遵守规则的承诺的时候，你所违背的其实不是你承诺要遵守的那条游戏规则，而是“人应当信守诺言”这条道德规则。

当然，正如约翰·罗尔斯论证的那样，“人应当信守诺言”可以是一条道德规则即“诚信原则”，也可以只是一条游戏规则，是“许诺”这个“游戏”中一条“构成性规则”。[16]诚信原则和守信规则这两者之间到底有什么区别和联系，这种区别和联系对我们的行动选择意味着什么，因为篇幅关系，这里无法作进一步分析。[17]同样，与规则有关的许多其他问题，比方说规则的形成过程和规则的制定和修改过程，规则的诠释过程和规则的执行过程，规则与非规则之间的中间形态，规则与准则、原则的关系，规则与价值、理想、习俗、“潜规则”等等的关系，是对规则作系统的哲学分析不可忽视的一些问题。

注　　释

1 在这方面除了维特根斯坦本人的《哲学研究》以外，比较有名的是 Peter Winch 的 *The Idea of a Social Science and Its Relation to Philosophy*（《社会科学这个观念及其与哲学的关系》，Routledge & Kegan Paul，London，1958，1990），John R.Searle 的 *Speech Acts：An Essay in the Philosophy of Language*（《言语活动：论语言哲学》，Cambridge at the University Press，1969），以及 Saul A.Kripke 的 *Wittgenstein on Rules and Private Language：An Elementary Exposition*（《维特根斯坦论规则和私人语言：一个初步的阐释》，Basil Blackwell，Oxford，1982）。Winch 在维特根斯坦的基础上强调人类行动与规则的内在联系，进而强调对规则以及由规则决定的行为意义的"理解"对于社会科学研究的根本意义。Searle 在维特根斯坦的基础上系统地论证语言是根据规则所从事的行为，认为语言的语义结构可以看作是一系列作为基础的构成性规则集的约定性实现，而言语活动的特点是根据这些构成性规则集而进行表达。Kripke 认为整个《哲学研究》的中心问题是第 201 节提出的这个"悖论"："没有一种行动是可以被一条规则所确定的，因为每种行动都可以根据那条规则做出来。"在 Kripke 看来，维特根斯坦的真正问题并不是："我们怎么能够表明私人语言——或某种其他特殊形式的语言——是不可能的？"而是："我们怎么能表明任何语言（公共的、私人的或不管什么语言）是可能的？"Kripke 认为，维特根斯坦对这个问题作出的是一种彻底的"怀疑论解决"，其要点是：它不允许我们谈论被作为孤立个人本身考虑的说话者有任何意谓。上述三项工作都引起了哲学界的热烈讨论。此外，Georg Henrik von Wright 的 *Norm and Action：A Logical Enquiry*（《规范与行动：一个逻辑的探究》，Routledge & Kegan Paul，London，1963）虽然把"规则"（rules）当作"规范"（norms）的一种加以讨论，但 von Wright 的整个"规范论"（可能也包括他在道义逻辑方面的开创性工作）显然也受到维特根斯坦的规则论的重要影响。

2 对罗尔斯和哈贝马斯的规则观的详细讨论，见本书相关几章。

3 有关这方面的讨论，见拙文：《普遍必然的科学知识何以可能——从洛克到金岳霖》，《哲学研究》1992 年第 3 期。

4 如约翰·罗尔斯在《正义论》中明确把这种意义上的“一般性”（generality）和“普遍性”（universality）当作正义原则（principles of justice）的形式标准。见 John Rawls，*A Theory of Justice*，revised edition，The Belknap Press of Harvard University Press，2000，第 113、114 页。

5 Ludwig Wittgenstein，*Philosophical Investigations*，translated by G. E. M. Anscombe，The Macmillan Company，1964，p.82.

6 见亚里士多德:《尼各马科伦理学》(修订本)，苗力田译，中国社会科学出版社 1999 年版，第 33 页，译文根据 Aristotle: *Nicomachean Ethics*，translated by Terence Irwin（Hackett Publishing Company，1985，p.39）重译。

7 当然，知识也可以是默会的（tacit），而不仅仅是明显的（explicit）；可能正是从默会知识的角度来理解规则，哈耶克才主张把“规则”这个术语理解为这样一种陈述，“即我们能够据以描述个人行为常规性（a regularity）的那种陈述，而不论这样一项规则是否为个人所‘知道’”。见哈耶克:《关于行为规则系统之进化问题的若干评注——个人行为规则与社会的行动秩序之间的相互作用》，载《哈耶克论文集》，邓正来选编、翻译，首都经济贸易大学出版社 2001 年版，第 337 页。因为把“是否为个人所‘知道’”这个方面撇开不管，哈耶克在讨论针对整个群体的“行动秩序或模式”与针对一个群体中的个体成员的行为的“行为规则系统”的关系的时候提出，对于前者来说，“组成该群体的个体成员是动物还是人，行为规则是先天的（遗传继承的）还是习得的（文化传承的），都不重要”。（同上书，第 336 页。）与哈耶克的观点不同，本文一开始就把自觉遵守规则看作是人与动物之间的一个关键区别，因此主张把规则看作原则上是与具有公共性的有关规则的知识相联系的。

8 William Twining and David Miers，*How to Do Things with Rules—A Primer of Interpretation*，Weidenfeld and Nicolson，London，1976，pp.58—59.

9 卢梭:《忏悔录》第一部，黎星译，人民文学出版社 1980 年版，第 100 页。

10 康德:《道德形而上学原理》，苗力田译，上海人民出版社 1986 年版，第 66 页。

11 关于“构成性规则”（constitutive rules）和“范导性规则”（regulative rules）的区别，见 John R.Searle，*Speech Acts*：*An Essay in the Philosophy of Language*（Cambridge at the University，1969），pp.33—42。John Rawls 在发表于 1955 年的“Two Concepts of Rules”中所说的“实践方式的规则观”（“the practice conception of rules”，区别于所谓“概括的规则观”即“the summary view of rules”），实际上也是把规则看作是一种游戏或一种实践的构成性规则。Rawls 在这篇文章中关于规则的讨论与他后来在《正义论》中有关“建制性职责”的讨论有密切联系。F. Waismann 在其 *The Principles of Linguistic Philosophy*（《语言哲学原理》，New York，1965，pp.129—131）中也作了类似的区别。

12 康德：《道德形而上学原理》，第 67 页。

13 把法律当作一个游戏规则意义上的规则体系来看待的最著名的例子是 H. L. A. Hart 的 *The Concept of Law*（《法的概念》，Clarendon Press，Oxford，1961，1994）。Hart 认为法律说到底包括两层规则：初级规则要求人类从事某行动或不做某行动，而次级规则则规定人类可以通过做或说某些事而引进、取消、修改、限定初级规则。

14 黑格尔：《法哲学原理》，商务印书馆 1982 年版，第 14 页。

15 卢梭：《爱弥儿》上卷，李平沤译，商务印书馆 1996 年版，第 83 页。

16 John Rawls，*A Theory of Justice*（《正义论》，revised edition，Cambridge，Mass.: The Belknap Press of Harvard University Press，2000），p.303.

17 有关这方面的讨论，见本书“论罗尔斯的规则观”一章。

论哈贝马斯的规则观 *

* 本文以“没有‘主体间性’就没有‘规则’——论哈贝马斯的规则观”为题发表于《复旦学报》2002年第5期。

康德（I. Kant）说："无规则即是无理性"。[1]哈贝马斯（J. Habermas）则强调，没有主体间性就没有规则。讨论哈贝马斯的规则观，不仅有助于我们理解规则这个社会现象本身，而且有助于我们理解"主体间性"概念的意义——理解它包含什么内容、它为什么是重要的。进而，如果我们把康德的观点与哈贝马斯的观点结合起来的话，我们还可以对"理性"和"主体间性"这两个概念之间的关系有更好的理解。

一、没有主体间性，就不知道某人是不是在"遵守一条规则"

哈贝马斯对于"规则"概念的重视，除了受到韦伯（M. Weber）和涂尔干（E. Durkheim）等社会学家的观点的影响之外，在哲学上主要受到康德哲学和分析哲学的影响。分析哲学——尤其是后期维特根斯坦（L. Wittgenstein）影响之下的日常语言哲学——对规则的研究，使哈贝马斯获得了用来界定其理论的核心概念——“交往行动”——之所以为一种“行动”而不仅仅是一种“行为”的概念工具。在以行为主义为代表的客观主义进路影响极大的20世纪西方社会理论界，哈贝马斯对“行动”的这种理解，对于他的社会研究具有一种“元理论选择”[2]的意义。从这个角度来说，在讨论康德哲学对哈贝马斯的规则观的影响之前，有必要先讨论分析哲学对他的规则观的影响。

在哈贝马斯作出的诸多概念区分中，“行动”（德语的Handeln和英语的action）和“行为”（德语的Verhalten和英语的behavior）的区别是最基本的一个。国内出版的哈贝马斯著作的中文译本有不少把哈贝马斯的“交往行动”译成“交往行为”。这样的译法当然也有它的道理。一方面，“行为”的含义宽于“行动”，因而也包括“行动”。另一方面，在现代汉语中，“行为”似乎显得比“行动”更抽象一些、更像一个理论术语一些。但是，不管在翻译其他著作时是不是可以把德语的Handeln和英语的action译成“行为”，在哈贝马斯那里这肯定是很不妥当的，因为哈贝马斯非常强调Handeln与Verhalten的区别，也就是action与behavior的区别。人们一般用“行为”一词来翻译Verhalten和behavior。如果也用这个词翻译Handeln和action，会出现两种可能：或者是不得不取消 Handeln（action）与 Verhalten（behavior）的区别，或者是不得不用“行为”以外的一个词来翻译 Verhalten（behavior）。前一种情况是对哈贝马斯的严重误读，后一种情况则无法体现 Verhalten 这个词，尤其是 behavior 这个词与 Behaviorismus/behaviorism（行为主义）这个词的词源上和意义上的密切联系。

在哈贝马斯看来，“行动”和“行为”之间的关键性区别，在于前者一定是意向性的，而后者可以是非意向性的——事实上他常常用这个词表示非意向性的行为。1971 年哈贝马斯在美国普林斯顿大学作了一系列演讲，其中第一个演讲的第一节的标题就是“行为与行动的区别”（Verhalten versus Handeln/Behavior versus action）。简单地说，行动区别于行为之处在于行动是意向性的，行为则不是意向性的；而行动之所以是意向性的，是因为行动是受规则支配的。哈贝马斯写道：

“行为如果是由规范支配的，或者说是取向于规则的话，我就把它称为意向性的。规则或规范不像事件那样发生，而是根据一种主体间承认的意义［Bedeutung］而有效的。规范具有这样一种语义内容，也就是意义［Sinn］，一旦进行意义理解的主体遵守了这些规范，它就成为他的行为的理由或动机。在这种情况下，我们谈论的是行动。其行动取向于规则的行动者的意向，与该规则的这种意义相符合。只有这种取向于规则的行为，我们才称为行动；只有行动我们才称作意向性的。”[3]

这里，哈贝马斯把行动的“意向性”和行动的“遵守规则性”联系起来，但没有对两者之间的联系作出具体说明。在其他一些著作中，尤其是在1981年出版的《交往行动理论》中，哈贝马斯借助维特根斯坦有关“遵守规则”的论述对这种联系进行了说明。在哈贝马斯看来，这种联系的关键在于行为的意向性取决于“意义的同一性”，而意义的同一性则依赖于规则的主体间有效性。行为作为一种意向表达所具有的意义是无法仅仅依靠客观的观察来把握的，因为从观察者的视角出发，我们只能看到符号的“意义的持续性”（Konstanz der Bedeu-tungen），即在什么情况下出现了同样意义的行为；但这种意义的持续性不等于“意义的同一性”（Identitaet der Bedeutungen）：重要的不是仅仅知道在哪些情况下出现了哪些同样的行为，而是知道哪些行动被当作是同样的行为——也就是具有相同意义的行为。“对同样符号的具有持续意义的使用，决不仅仅是现成地给与的，而是要能够为符号使用者自己所知道的。而能确保意义的这种同一性的，只能是‘约定地’确定一符号之意义的一条规则的有效性［Geltung］。”[4]

说得具体些：当我们从客观的观察者的角度谈论某种特定类型的意向性行为或具有某个特定意义的行动的出现频率的时候，我们已经假定了我们理解了这种行动的意义是什么，而这种意义不能仅仅是客观观察者所强加的，而也应该是为行动者自己所理解的。但问题是，某种类型的行动总是发生于不同的具体情境的，我们有什么依据来确定在这些不同情境中发生的行为是具有相同意义的行动呢？哈贝马斯强调，为了回答这个问题，我们固然不能仅仅依据客观的观察，但也不能仅仅依据行动者自己的理解；因为，否则的话，一个人以为自己在实施同样的行动，就会等同于他实际上是在实施同样的行动了。在这里，哈贝马斯引用维特根斯坦在《哲学研究》中的一条著名论证，即关于人们不可能独自地遵守规则的论证："一个人以为在遵守一条规则，并不就是在遵守一条规则。因此，规则是不可能'私下地'遵守的：否则的话，以为自己在遵守一条规则，就会与遵守规则是同一回事了。"[5]对此哈贝马斯解释说：

"这个考虑的要点，是说如果不存在甲的行为可以受到乙的批判——一种原则上有可能达成共识的批判——的情况的话，甲是无法确信他到底是不是在遵守一条规则的。维特根斯坦想要表明的是，规则的同一性和规则的有效性是从头到尾相互联系在一起的。遵守一条规则，意味着在每一个场合遵守同一条规则。规则在其多样的实现之中的同一性，并不依赖于可观察的不变性，而依赖于它的有效性的主体间性。规则之成立是虚拟的，所以就有可能对规则支配的行为进行批评，并评价它是成功的还是不正确的。这样，对于甲和乙来说，就预设了两种不同的角色。甲具有遵守规则的能力，因为他避免系统的错误。而乙则具有判断甲的规则支配行为的能力。乙的判断能力又进一步预设了规则能力，因为乙要能够进行所要求的检验的话，他就必须能够向甲指出他的错误，并且，如果必要的话，形成一种有关该规则之正确运用的一致意见。这样，乙就接过了甲的角色，向他表明他做错在哪儿。在这种情况下甲接过了裁判者角色，并进一步又可能通过向乙显示用错规则的是他［乙］而对自己起初的行为加以辩护。没有这种相互批评和导致一致意见的相互指教的可能性，规则的同一性是不可能确保的。一个主体如果要能够遵守一条规则——也就是说，遵守同一条规则——的话，这条规则就必须对于至少两个主体而言主体间地具有有效性。”[6]

也就是说，维特根斯坦之所以在“以为自己在遵守一条规则”和“确实在遵守一条规则”之间作出区别，是因为对一个主体（甲）来说，如果他的行为无法受到另一个主体（乙）的批评的话，他是无法确切地知道他是不是在遵守一条规则的。规则的同一性取决于规则的主体间的有效性，而规则的主体间的有效性，是指只有通过一个主体（甲）在另一个主体（乙）的批评面前成功地捍卫了说自己是遵守了一条规则的立场之后，才能说他不仅仅是认为他在遵守规则，而确实也有理由说他在遵守规则。只有在这种情况下，才存在着一条适用于甲和乙的行为的规则。

哈贝马斯在进行上述分析的时候，克里普克（S. Kripke）

的《维特根斯坦论规则和私人语言》(1982)一书还没有发表。哈贝马斯在此后发表的著作中，也没有提到克里普克这本书的观点。但哈贝马斯对维特根斯坦的规则论的理解，与克里普克在该书中所作的引起广泛注意的诠释，是有相当接近之处的。克里普克在该书中的一些观点，有助于我们理解上面讨论的哈贝马斯的观点。

克里普克说，一般认为是《哲学研究》第243节才开始的那个著名的反对私人语言的论证，其实在这以前就开始了，甚至它的结论在第202节就已经做出了。这202节，就是前面提到的哈贝马斯引用的那段话。在克里普克看来，维特根斯坦的这段话，是对前一节即第201节中提出的一个悖论的回答："这就是我们的悖论：没有一种行动是可以被一条规则所确定的，因为每种行动都可以根据那条规则做出来。"[7] 克里普克认为这个问题是整个《哲学研究》的中心问题，其实质是一种新形式的怀疑论，甚至是"哲学迄今为止所曾见过的最彻底最独创的怀疑论。"[8] 在克里普克看来，维特根斯坦的真正问题并不是："我们怎么能够表明私人语言——或某种其他特殊形式的语言——是不可能的？"真正的问题是："我们怎么能表明任何语言（公共的、私人的或不管什么语言）是可能的？"[9]

克里普克把维特根斯坦的问题与休谟（D. Hume）的问题作比较。休谟认为，只有当具体事件a和b被认为是分别属于两个事件类A和B——它们之间的关系是由"A类的所有事件后继着 B 类的事件”这样一个概述建立起来的——的时候，我们才能说 a 是 b 的原因。当仅仅考虑 a 和 b 本身的时候，并没有可运用的因果关系。克里普克认为休谟的这种论证可以叫作“私人的因果性的不可能性”论证。维特根斯坦关于私人语言的不可能性的论证，就像休谟的私人因果性的不可能性论证一样，是他对怀疑论问题的“怀疑论解决”。对一个怀疑论问题可以有两种形式的解决。一种是直接的解决，即表明经过更仔细的考察，怀疑论被证明是不可靠的；一个更深奥复杂的论证，被用来对怀疑论者所怀疑的那个命题提供证明。笛卡尔对自己的哲学怀疑所提出的就是这样一个直接的解决。与此相反，对怀疑论问题的怀疑论解决，是先承认怀疑论者的否定性论断是不可回答的，然后表明，我们的日常的实践方式（practice）或信念之所以为正当的，是因为它其实并不需要怀疑论者表明为不可得到的那种辩护。怀疑论论证的价值很大程度上在于表明了这样一点：一个日常的实践方式，如果要对它进行辩护的话，这种辩护是不可能以某种方式进行的。维特根斯坦的“怀疑论解决”的要点是：它不允许我们谈论被作为孤立个人本身考虑的说话者有任何意谓。

在解释维特根斯坦的这个怀疑论解决的时候，克里普克认为维特根斯坦像休谟一样，实施了所谓“条件句的转换”，通过这种转换把原先的问题给消解掉了。对于常识来说，有这样一个条件句：如果类型 A 的事件是类型 B 的事件的原因，那么，如果类型A中的一个事件e发生了，那么类型B的一个事件e′就必定随之而来。休谟对这个条件句进行了换位，从而颠转了我们所强调的重点：不再把因果联系看作是首要的，以为观察到的规则性（regularities）是由此而来的；相反，休谟派把规则性看作是首要的，并且指出在相应的规则有一个反例的时候，我们就取消一个因果假说。与此相仿地，维特根斯坦也对以下条件句进行了换位："如果约翰把'+'理解为相加，那么，如果要他回答'68+57'，他就会回答'125'。"换位的结果是："如果约翰在被要求回答'68+57'的时候没有回答'125'，我们就不能说他把'+'理解为相加。"（当然这里省略了一些复杂情况。）这样，约翰把"+"理解为相加这一点并没有独立的地位，所以我们不能对他是不是有了理解、有没有一种特定的精神状态作单独的考察。重要的是我们用什么标准来就约翰是不是把'+'理解为相加而达成一致意见。也就是说，"维特根斯坦对他的问题的怀疑论解决，取决于一致意见，取决于可检验性——取决于一个人检验另一个人是不是像他那样有能力使用一个词项"[10]。问规则能不能被私人地遵守的问题，并不是问一个像荒岛上鲁宾孙那样的人能不能遵守规则。克里普克说：

"……如果我们要认为鲁宾孙是在遵守规则的，我们是把他放到我们的共同体中加以考虑，并且把我们关于遵守规则的标准运用于他。说那个私人［语言］模型是错误的，其意思不必是说一个物理上孤立的个人是不能被说成是遵守规则的；它的意思毋宁是：一个个人，如果孤立地考虑的话（不管他是否在物理上是孤立的），是无法被说成是遵守规则的。”[11]

二、没有主体间性，就无法形成“规则意识”

在上面所阐述的维特根斯坦的观点中，有两个问题还有待于进一步讨论。

第一，根据维特根斯坦的观点，只有当行动者甲和乙能够彼此对对方是否遵守着一条规则作出判断的时候，他们才有可能遵守这条规则。当我们追随维特根斯坦这样说的时候，我们已经假定了甲和乙是具有规则意识的和遵守规则的能力的——成问题的是他们能否知道遵守一条特定规则意味着什么，而不是一般意义上的遵守规则意味着什么。一般意义上的遵守规则意味着什么，是一个有关规则意识或遵守规则的能力之形成的问题的重要方面。对这个问题，维特根斯坦并没有回答。

第二，规则意识不仅仅是一个对规则之内容的了解的问题，也不仅仅是懂得“遵守规则”意味着什么的问题，而是把规则当作自己行动的理由和动机的问题。主体如何能够形成一种把规则当作行动理由和动机的意识或能力，这个问题维特根斯坦也没有回答。

上述两个方面同属于甲和乙“双方的规则意识的产生”这个“发生学的问题”；对这个问题，哈贝马斯借助于对米德（G. H. Mead）的社会行为主义的分析来加以回答。[12]

哈贝马斯认为，在20世纪初，意识哲学的主客观模式在两个方面受到攻击：分析的语言哲学和心理学的行为理论。两者都怀疑通过直觉、反省来研究意识现象，但采取不同的方法，一个是从主体意识转向主体间的语言活动，一个是从主体意识转向可观察的身体行为。哈贝马斯认为米德的“社会行为主义”虽然直接属于后一个传统，但他对方法论个人主义和客观主义的反对，尤其是他对于主体间交往的重视，使他突破了这个传统，从而能够与另一个传统——语言哲学——进行卓有成效的相互诠释。哈贝马斯对维特根斯坦有关“遵守规则”观点的讨论，就是他在维特根斯坦和米德之间进行的相互诠释的一例。

哈贝马斯所说的“规则意识”或“规则能力”，米德称为在“主我”（I）之中的“宾我”（me），而这种“宾我”，实际上是我这个主体在与其他主体发生互动的过程中，把他们对我的期望内在化的结果。主体或自我（ego）可以在两种意义上发生主我（I）和宾我（me）的关系。一种情况是在记忆中：“我与自己讲话，我记得我先前所说的话，或许还有与之伴随的情感内容。这一时刻的‘主我’（I）出现在下一时刻的宾我（me）之中。”[13]在这里，主我仅仅是作为一个历史人物出现的；我在意识中能够把握到的仅仅是过去的我。但主体还可以在另一种意义上发生主我和宾我的关系，而这两者同时构成了自我的不可缺少的环节：米德把“宾我”称为“一个人自己采取的诸多他人的态度的系统组合”，而把“主我”称为有机体对他人的态度的反应。规则意识的形成，可以理解为米德所说的这种“宾我”的形成过程。

哈贝马斯在规则观方面对米德观点的讨论，可以概括为以下两个层次。

第一个层次，是主体的语言规则的意识的产生。假定一个部落成员甲对部落的其他成员（如乙、丙、丁）呼叫：“有袭击！”现在的问题是：甲如果要获得一种规则意识、因而有可能根据一条规则来产生一个呼叫“q”，他应该采纳乙的态度具有什么性质。假如甲发出 q 以后，乙、丙、丁却没有来救他。假如没有客观的情况可以解释他们为什么没有来，那就不存在救援未能出现的问题，而是乙、丙、丁等拒绝来救援的问题。乙、丙、丁使甲的期待失望了，表明一种交往的失败，而对这种失败，甲是负有责任的。那些听到呼叫的人对这种失败用拒绝救援的方式来作出不予理会的反应。现在，决定性的步骤是甲要把乙、丙、丁的这种不理会的反应当作对 q_0 的运用不当而内在化。“如果 S——当他‘语义上’出现差错的时候——学会对自己采纳乙、丙、丁等对他采纳的那种否定的立场，并且如果乙、丙、丁等人自己也用相同方式来对待类似的失望，那么，这个部落的成员就学会这样来彼此发出呼叫，使得他们在 q_0 发得不适当的情况下，会预期得到批判性的反应。在这种期待的基础上，一种新型的期待就会发生，也就是这样一些行为期待（c），它们的基础是这样一个约定：一种声音姿态只有当它是在特定情境条件下发出时，才会被理解为'q'。这样，我们就达到了经由符合中介的互动的状态，在这种状态中，符号的运用是由意义约定所确定的。对互动的参与产生出受规则指导的符号表达，也就是说，伴随着这样的默会期待：它们会被别人承认为是符合一条规则的表达。"[14] 哈贝马斯说，如果对米德的命题作上述阐述，它"就可以被理解为对维特根斯坦的规则概念——首先是支配符号使用的规则，对意义作约定的确定，因而确保意义的同一性的规则的概念——所作的发生学说明"[15]。

第二个层次，是主体的行动规则的意识的产生。行动规则不等于语言规则。语言规则的基础是约定，而行动规则的基础不仅仅是约定。对这一点我们下一节再讨论。这里要指出的是行动规则和语言规则的这样一个区别：不同主体遵守同样的行动规则的结果是这些主体的行动之间的协调，而不同主体遵守同样的语言规则的结果是他们之间进行成功的交往。米德对主体之间的语言交往没有给与充分的关注，就匆匆过渡到对不同主体之间行动的协调的问题，哈贝马斯对此表示不满，因为他认为只有对语言交往的各种向度（分别对应于真实、正当和真诚等"有效性主张"）进行了充分的研究，才会对行动规则的协调行动作出合理的解释。尽管如此，哈贝马斯对米德通过对不同主体之间行动协调问题的研究所提出的“通过社会化的个体化”的思想，给与高度评价。

哈贝马斯把米德看作是从社会心理学的角度对个体化（individuation）问题的回答。对这个问题，西方哲学家的探索已经有了长久的历史。与把空间和时间当作个体化原则的经验主义传统相比，哈贝马斯认为那种从质的规定出发来表示个体性的哲学努力更值得重视。在这方面成就最高的是费希特，他不仅把个体性与主体性相联系，而且把主体的个体性看作是通过自我（ego）与他我（alter ego）之间的主体间关系而产生的。但是，在哈贝马斯看来，“费希特用主体哲学的概念只能把个体性定义为对自己的限制，定义为对实现自己的自由的放弃——而不是定义为对自己的本质力量的创造性培育。主体只能是彼此的对象，因而即使在它们彼此之间的相互限制的影响中，它们的个体性也并不超越对策略性选择自由——其典型是私人自主的法律主体的任意意志——的客观主义规定”[16]。一旦对主体自由的限制被当作法律的东西而引出来，即使是法律主体的个体性也丧失了它的全部意义，因为，在费希特那里，法律代表的是“普遍自我”。

哈贝马斯认为费希特尽管没有解决，但确实提出了两个重要问题：一是个体性和语言主体间性的关系问题，二是个体性和生活史认同的关系问题。洪堡（W. von Humboldt）和克尔凯郭尔（S. Kierkegaard）从一个已经经过历史思维模式改造的视角出发分别着重讨论这两个问题，而米德的社会心理学则把这两条线索统一在一起，其办法是表明以下这一点：他人或其他主体对于自我的要求或期望，对于在宾我当中唤醒主我的自发活动的意识——也就是形成独一无二的自由而负责的个体——是必不可少的。米德要解开的是这样一个循环：主格的我要能够揭示自己，就必须把自己变成宾格的我。米德不是在意识哲学的框架内把这个宾格的我归结为意识的对象，而是过渡到以符号为媒介的互动的范式，真正把它当作另一个自我。哈贝马斯写道：

“一旦主体性被设想为一个人自己的表象的内在空间，一个当表象客体的主体折返——就像在一面镜子中那样——到它的表象活动上来的时候所揭示出来的空间，任何主观的东西就都将只能以自我观察或反思之对象的形式而被接近——而主体本身则只能被当作一个在这种凝视之下被‘客观化’的‘宾我’。但是，这个‘宾我’一旦抛开这种具有物化作用的凝视，一旦主体不是以一个观察者的身份，而是以一个说话者的身份出现，并且从一个听话者的社会视角出发与他在对话中面对，它就学会把自己看成、理解成另一个自我的他我……。”[17]

哈贝马斯强调必须把认识主体的认知性自我关系（self-relation/Selbstbeziehung）和行动主体的实践性自我关联

（relation-to-self/Selbstverhaeltinis）区分开来。米德未能明确区分这两种关系，因为他把认识看作是解题，把认知性自我关系看作是行动的功能（函数）。但是，哈贝马斯说，一旦实践性自我关联的动机向度发挥作用，“主我”和“宾我”这对核心的概念对子的意义就悄悄地改变了。原先统一于本能性反应模式中的行动反应和认知反应这两个方面，现在分化开来了。符号媒介互动阶段上的自我行动控制，现在上升到不同主体之间的行为协调；生物体的共同的本能和彼此适应的行为方式，现在代之以“规范地一般化了的行为期待”。这些规范必须通过或多或少被内在化了的社会控制而扎根于进行行动的主体之中。由此而达到的社会建制与人格系统中行为控制之间的这种对应，米德也借助于采纳一个他者——这个他者在一种互动的关系中对自我采纳一种施为性态度——的视角这个熟悉的机制来解释。但是，哈贝马斯强调“采纳他者视角”与“采纳他人角色”之间的区别，后者意味着自我采纳了他者的规范性期待而不仅仅是认知性期待。与这些期待的规范性质相对应的是这第二个“宾我”的改变了的结构，以及自我关系的不同功能：“实践性自我关联的这个‘宾我’不再是一个原初性的或被反思的自我意识的所在，而是一种自我控制的力量。自我反思在这里履行的是动员行动动机的特殊任务，是内部控制一个人自己的行为模式的任务。”[18]

哈贝马斯结合科尔贝格（L.Kohlberg）的道德心理学和

涂尔干的社会学理论，对米德有关自我的个体化与自我的社会化之间的内在关系的观点进一步作了不少阐述和发挥。从哈贝马斯表明的这三个理论之间的“反思平衡”中，我们可以对主体间性和规则意识形成之间的关系有更多的了解。

科尔贝格的道德心理学研究的重点是个体的道德意识的发展过程。在他看来，在实质内容上互相区别的那些道德判断的表层下面，存在着这样一些普遍形式，它们可以被排序为个体的道德判断能力之发展的不同阶段：前俗成的（pre-conventional）、俗成的（conventional）和后俗成的（post-conventional）。在哈贝马斯看来，这三个阶段上道德意识的特点，可以用相应的主体间互动类型和主体间期待类型加以解释。对应于前俗成阶段的，是关于特定行动及其结果的具体的行为期待；对应于俗成阶段的，是彼此相互联系的一般化了的行为期待，亦即规导行动的社会角色和社会规范。本文所说的“规则意识”，首先就是这样一种理解为社会角色和社会规范的行为期待。在这个阶段上，主体不再仅仅把某个权威（家长、老师）的特定命令和与之伴随的奖赏惩罚当作其行动的指导，而学会了一些一般规则。根据米德的“通过社会化而个体化”的命题，这个过程同时包括了两个方面，一是主体的自主活动能力的提高（也就是个体化程度的提高），二是主体对于体现在（涂尔干尤其重视的）社会分工的各个角色中的规则的学习（也就是社会化程度的提高）。

但哈贝马斯注意到，米德并没有把这种意义上的规则意识或“宾我”与主我等同起来，也就是说，米德实际上看到了仅仅在这个阶段，自我还没有完全取得它的个体性。在哈贝马斯看来，米德之所以没有把这种“宾我”与“主我”等同，是因为这种“宾我”所承担的道德意识，还只是一种坚持一特定群体之常规和惯例的道德意识：“它代表的是一个特定的集体意志高于一个还没有取得自主形态的个体意志的力量。”[19] 在这个阶段，自我之有可能进行有责任的行动，是以盲目服从外在社会控制作为代价的。超越这个阶段的是科尔贝克的所谓“后俗成”阶段的自我认同。形成这种后俗成的自我认同的关键，是随着社会分化的压力和各种相互冲突的角色期待的多样化，包含在“宾我”之中两个向度彼此分化开来。一个是道德向度，它使得主体能够用普遍的道德原则来评价哪些常常相互矛盾的特定规则；一个是伦理向度，它使得主体能够根据他认为对于他这个个体是“好”的价值来筹划唯有他自己才能加以筹划的他的生活。关于前者，我们可以说是从“规则意识”向“原则意识”的发展；关于后者，我们可以说是从“规则意识”分化出“价值意识”。当然，哈贝马斯本人并没有使用“原则意识”、“价值意识”这样的说法。

规则（或规范）、价值和原则都具有规范力（normative force），也就是说对于人们的行动和选择有指导作用，但它们所起的指导作用的方式、它们本身之受到辩护的方式，都是不同的。关于规范和原则之间的区别，哈贝马斯认为如果可以把规范看作是“普遍化了的行为期待”的话，那么也可以把原则看作是“较高层次的规则”或“规范的规范”。在道德意识的“俗成阶段”，行为是根据对于规范的取向和对规范的有意的违反来判断的；在道德意识的“后俗成阶段”，这些“规范本身也要根据原则来加以判断”。[20] 从逻辑上说，“规则总是带着一个‘如果’从句，明确说明构成其运用条件的那些典型的情境特征，而原则，要么其出现时带着未加明确说明的有效性主张，要么其运用仅仅受一些有待诠释的一般条件的限制”[21]。关于规范（尤其是用来辩护规范的原则）与价值的区别，哈贝马斯做过这样一个概括：“规范和价值的区别首先在于它们所指向的行动一个是义务性的，一个是目的性的；其次在于它们的有效性主张的编码一个是二元的，一个是逐级的；第三在于它们的约束力一个是绝对的，一个是相对的；第四在于它们各自内部的连贯性所必须满足的标准是各不相同的。”[22] 这里我们不对这些区别作进一步解释，而只想指出以下三点。

第一，在哈贝马斯的规则（规范）/ 原则 / 价值的三分法（也可以说规范 / 价值的二分法，因为原则也是一种规范）当中，似乎没有通常所谓“游戏规则”的地位。当然，哈贝马斯所重视的语言规则，用维特根斯坦的话来说也是游戏规则。但从协调行动而不是达成理解的角度来看，更重要的是实际协调人们行动的那些游戏规则。罗尔斯（John Rawls）对这个问题更重视一些。在罗尔斯那里，个人行动所要遵守的社会规则（作为规则，它们都区别于准则和建议等等）可分为三类：自然义务（natural duties）、建制性要求（institutional requirements）和职责（obligations）。它们之间的区别可以概括为：自然义务具有道德意义，但不与社会建制发生必然联系；建制性要求与社会建制具有必然联系，但不具有道德意义；职责可以说是介于自然义务和建制性要求之间的：它们一方面与社会建制具有内在联系，另一方面又具有道德意义。罗尔斯尤其强调不能把建制性要求与职责混淆起来："建制性要求，以及那些从一般来说全部社会实践方式引出来的建制性要求，可以从既成的规则及其诠释当中加以确定。比如，作为公民，我们的法律义务和职责——就其能确定的而言——是由法律的内容所确定的。适用于作为游戏选手的人们的那些规范，取决于该游戏的规则。这些要求是否与道德义务和职责相联系，是另外一个问题。"[23] 这种建制性要求可以说是纯粹的约定（convention），[24] 它们不同于道德义务和职责，但并不因此就等同于对应于"俗成的道德意识"或本文所说的"规则意识"的那种被盲目遵守的规则。换句话说，在人们盲目服从的规则和有必要考虑是否"值得遵守"的规则之间，还存在着一类这样的规则：对它的遵守与否确实是取决于我们的选择的，但我们之所以选择遵守这种规则，却首先并非因为这种规则是符合原则或者价值的。在许多情况下，重要的并不是在这一条规则还是另一条规则之间进行选择，而是在选择其中之一还是两条都不选择之间进行选择。也就是说，常常有这种情况：选择两条规则的理由同样充分，但我们不能同时选择两者，而必须选择其中之一，而不是两者都不选择。比方说，在制定交通规则的时候，车辆应该靠左侧行驶还是靠右侧行驶，就它们与“原则”和“价值”的关系而言这两种方案没有什么区别。但我们必须在两种方案之中做一种选择，而不是让车辆在左右两侧任意行驶。这种意义上的游戏规则，在哈贝马斯的理论框架（下文还会有进一步讨论）中，似乎无法找到非常合适的地位。

第二，从“规则意识”发展出来的“原则意识”和与“规则意识”分化开来的“价值意识”，在哈贝马斯看来是用来回答两类不同问题的。一类是“道德问题”或“正义问题”，它们原则上可以依据正义的标准或利益的可普遍化而加以合理的决定；一类是“评价问题”或“伦理的问题”，它们属于有关“好的生活”的问题这个大类，并且只有在一个具体的历史的生活形式之中或在一个个体的生活形式之中才可能进行合理的讨论。道德问题的形式是：“什么是对所有人同等地好的？”伦理问题（就一个特定个人而不是一个特定团体而言）的形式是：“我是谁？我要成为什么样的人？”哈贝马斯曾经用这样一个例子来说明这两类问题之间的区别：“有人在急需时会愿意仅此一次下不为例地欺骗不管其名称是什么的哪家保险公司——我是否想要成为这样一个人，这不是一个道德问题，因为它只涉及我的自尊，或许也涉及他人对我的尊重，而不涉及我对所有人的同等尊重，因而也不涉及每个人都应该给与所有其他人的人格完整的对等尊重。”[25]

第三，在“后俗成”的阶段上，无论是“原则意识”的形成，还是“价值意识”的形成，都是与主体间交往密切相连的。随着对社会所强加的僵化的约定的抛弃，个人一方面必须承担起作出他自己的涉及他人利益的道德决定的责任，另一方面必须靠自己来形成一种产生于他自己的伦理自我理解的个人生活方案。哈贝马斯强调，要做出这两方面独立成就的个人，仍然完全是由社会所构成的：“通过摆脱特定生活情境而完全跳出社会之外，而落脚于一个抽象的孤立和自由的空间，是不可能的。相反，要求这个个人做出的那种抽象，就处于文明过程已经指向的那个方向之中。”[26]这个方向，就是社会的现代化的过程，是人们之间的交往范围越来来扩大的过程。这个范围，从时间上说包括我们的后代；从空间上说包括我们自己的文化和团体之外的他人。归根结底，文明发展的方向指向的是一个无限制的普遍商谈论域。具有“后俗成”阶段道德意识的人们，不论是做基于原则的道德判断，还是做基于价值的伦理决定，都在独自承担起作出这种判断和决定的责任的同时，诉诸一个交往共同体（道德的交往共同体原则上包括全人类，而伦理的交往共同体则只包括分享某些价值的人们），作为要求承认其为有能力作出独立判断和决定的个体、承认其判断和决定之为合理的“上诉法庭”。用哈贝马斯的话来说："道德判断的形成（就像伦理自我理解的达到一样）被引向这样一个理性论坛，它同时把实践理性加以社会化和时间化。卢梭的'普遍化公众'和康德的'本体世界'，在米德那里具有了社会方面的具体形式和时间方面的动态性质；这样一来，对一种理想化交往形式的预期，应该是保存了意志形成的商谈程序的一个无条件性环节的。"[27] 换句话说，后俗成自我认同的形成仍然是从自我出发经过他我回到自我，但是，最后回到的这个我——"宾我"，已经不仅仅是作为其他他我的他我，而是作为每个共同体中所有他者的他我。这个"宾我"之所以可能，现在不是通过一个"先在"的互动关系，而是作为"主我"之"投射"的那个理想化互动情境的结果，只有依靠这个互动情境，才有可能在高一层次上对崩溃了的俗成阶段自我认同加以重构。哈贝马斯一方面强调这种重新构成的自我认同即后俗成自我认同必须被设想为一种由社会而构成的东西，另一方面又承认这种意义上的"社会"——一个理想的交往共同体——的乌托邦性质："一种后俗成的自我认同只能将自己落脚在对于非强制的相互承认的对称关系的预期之中。"[28]

但这种"预期"又不仅仅具有乌托邦性质。为了说明这种预期的特点，哈贝马斯借用了分析哲学的规则论所做的一个经典区分——"范导性规则"和"构成性规则"的区分。[29] 哈贝马斯说他不愿意把交往共同体当作康德式的"范导性理念"，因为对于"不可避免的理想化语用预设"来说，范导性和构成性之间的非此即彼是不适用的。这些预设无论在何处都没有充分实现，因为现实的交往行动过程或多或少是受到强制和扭曲的。就此而言，这些预设确实是范导性的。但重要的是，离开了这些预设，交往行动就不再可能——就此而言，这些预设又是具有构成性意义的。[30]

三、没有主体间性，就无法确定规则的正当性

我们在前面谈到从狭义的“规则意识”到“原则意识”的过渡、从俗成的自我认同向后俗成的自我认同的发展的时候，已经提出了规则的正当性的问题。规则的正当性问题与主体间性的关系，可以说是哈贝马斯之所以大力倡导从“主体性”范式向“主体间性”范式过渡的最重要原因。在很大程度上，哈贝马斯之所以论证主体间性与“遵守规则”的联系、主体间性与“规则意识”的联系，就是为了论证主体间性与规则的正当性问题的联系。哈贝马斯之所以重视规则的正当性问题，是因为这个问题实际上也就是由规则而构成、由规则所指导的社会建制和社会生活的公正性问题。哈贝马斯的“新法兰克福学派”与其前辈的最重要区别之一，就在于他不仅要揭示所批判的现代社会的不公正，而且要在现代社会本身之内来寻找用来判断这种不公正、用来追求一个公

正社会的标准。

说规则的正当性问题与主体间性问题有关，这只是一个笼统的说法。哈贝马斯指出规则有不同类型，它们的正当性问题与主体间性的联系因此也有不同的情况。哈贝马斯把规则区分为三类，这三类分别是对于三种类型的有关“应当”的问题的回答。除了前面提到的“道德问题”和“伦理问题”之外，还有所谓“实用的问题”。与此相应的有道德规则（原则）、伦理规则（准则）和技术（策略）规则。

哈贝马斯的这些思想直接来源于康德。康德把“命令式”分成三种：技术的、实用的、道德的。[31] 技术规则实际上是关于目的和手段之间的关系：为了实现给定的目的，要使用什么样的手段。这种目的和手段的关系的基础是一种结果和原因之间的关系；这种关系是非常确定的，所以康德说表述技术规则的命题是“分析的”。在技术规则那里，要实现什么样的目的有各种各样，而在实用的规则那里，要实现的目的就是幸福。从这个意义上讲，实用的规则像技术的规则一样也是一种关于目的和手段关系的规则。但区别在于，幸福常常是因人而异的：甲认为是幸福的东西乙未必认为是幸福，因而幸福和达到幸福的手段之间的关系是不确定的。这与技术规则不一样。但技术规则和实用规则都是有条件的规则——如果你要实现什么样的目的，你就应当怎么行动，在这点上它们都区别于道德规则。道德规则是无条件的规则；它所规定的是作为有限理性主体的人无条件地应当做的事情。这就是康德著名的“绝对命令”。哈贝马斯所讲的“实用的问题”，相当于康德的技术规则所涉及的问题。哈贝马斯所讲的“伦理的问题”，虽不能与康德的实用规则完全对应，但也是关于人们对“幸福”或者“好”的生活的理解的。哈贝马斯的“道德的问题”，则基本上对应于康德的绝对命令所回答的问题。[32]

在哈贝马斯看来，上述三类规则的有效性与主体间性的关系是递增的。也就是说，技术—策略规则的有效性与主体间性的关系最小，道德规则的有效性与主体间性的关系最大。技术规则的有效性基础是“一些经验上为真、从分析的角度来看正确的陈述的有效性”，而道德规则和伦理规则——以及所有“社会规范”——的有效性的基础则是“基于有关价值的共识或基于相互理解的一种主体间承认”。[33]在道德规则和伦理规则之间，也存在着区别；正如前面已经提到过的，伦理规则的有效性基础是一个特定的伦理共同体的主体间承认，而道德规则的有效性基础则是一个原则上无限制的交往共同体的主体间承认。在个体道德意识的“后俗成”阶段，以及与之对应的社会建制发展的“后传统”阶段，这种主体间承认都不仅仅是主体之间的准事实的“约定”，而是主体之间的基于理由的“共识”。共识和约定一样都是可以由人改变的，但共识比约定多了理由的限制——只有当新的理由出现的时候、只有当一个共同体的成员在所提交的理由面前“心悦诚服”的时候，才会用新的共识来取代旧的共识。

对一种社会理论，尤其是关于现代社会的理论来说，尤其重要的是法律规则的有效性基础问题。哈贝马斯和康德一样都没有把法律规则当作与上述规则并列的一种规则来加以讨论，他们也都强调道德规则与法律规则之间的特殊联系。但是，哈贝马斯在以下两点上不同意康德的观点。

第一，哈贝马斯不同意康德把他的法律理论仅仅建立在他的道德理论基础上，而主张在现代社会中法律规则也需要通过诉诸道德之外的考虑而得到辩护。哈贝马斯把康德与霍布斯（T. Hobbes）进行比较，说霍布斯“把实证法和政治权力的道德含义都抽象掉，并认为在君主所制定的法律产生的同时，并不需要一种理性等价物来代替经过解魅的宗教法”，而“在康德那里，从实践理性中先天地引出来的自然法则或道德法则，则居于太高的地位，使法律有融化进道德的危险：法律几乎被还原为道德的一种有缺陷模态”。[34]

在哈贝马斯看来，现代社会是一个高度复杂的社会，在这样一个社会中，诸多行动者的行动的协调或整合需要采取两种方式：一是协调社会中人们的行动取向，一是通过控制行动的结果来协调人们的行动。把法律归结为道德，是把法律仅仅当作前一种整合方式——所谓“社会性整合”——的手段，而没有看到，法律不仅仅告诉人们什么样的行动是道德上正当的，而常常也撇开人们的道德意识而用违反规则的利害后果来强制其采取某种行动；也没有看到，在现代社会中，法律的这种作用对于社会系统的功能实现——尤其是现代经济系统和现代行政系统的高效运作——是非常重要的。哈贝马斯把这种整合称为“系统性整合”。换句话说，哈贝马斯强调法律不仅仅具有道德规则的向度，同时也具有技术规则的向度。与违反道德规则不同，违反技术性规则的结果是导致一种惩罚作为一个因果性事件随之而来。一个法律规则系统的存在，就是要使得一个违反规则的行动一定会带来惩罚性的后果，就像违反技术性规则一样。法律的这个技术性的向度，并不能简单地归结为它的道德向度。换句话说，现代社会的法律的合法性不仅仅在于它具有道德的正当性，而且也具有技术的功效性。

现代社会的复杂性不仅仅表现为技术上或功能上，而且也表现为价值上或文化上。尽管在我们的世界上，真正由单一民族、单一文化所构成的民族国家已经不多，但文化差异不仅仅存在于主权国家的范围之内（这要求民族国家内部的法律规则尽可能超越特定的世界观），更存在于主权国家之间——它们之间的诸多差异使它们还不能被归结为一个天下大同的道德共同体。也就是说，特定法律规则体系所适用的并不是普遍主义的“道德共同体”，而是具有各自历史经历（包括建立自由民主制度的历史经历）、价值观念和集体认同的“法律共同体”。这意味着法律规则之所以不能被归结为道德规则，不仅是因为它具有技术规则的向度，而且是因为它也具有伦理规则的向度，也就是前面所说的区别于“规范”的“价值”的向度。

第二，即使就道德这一向度本身而言，哈贝马斯也与康德有不完全相同的看法。哈贝马斯关于主体间性与规则之间内在联系的一个重要观点，就是在这里提出的。

哈贝马斯承认，康德虽然把法律的合法性基础建立在道德的基础上，但实际上他已经超越了在他之前的自然法理论的传统：他不再把两者之间的联系看作是一种内容上的联系，而很大程度上看作是一种形式上的联系。康德看上去似乎仍然从“道德形而上学”中引出法律规则的有效性，但构成康德的“道德形而上学”的，已经不再是改头换面的宗教律令，而是对人的自主性和自律性——也就是人作为目的自身和自我立法者的地位——的强调。在哈贝马斯看来，这意味着，康德作为法律之合法性基础的，并不是一个实质性的道德律令体系，而实际上是前面提到的科尔贝格所讲的“后俗成阶段的道德意识”。事实上，科尔贝格就是用康德哲学来解释这种道德意识的。康德的“自我立法”观念包括两个方面：强调立法者是人民自己、强调人民所订立的是普遍的法律或规律。当康德说“无规则即是无理性”的时候，他的直接含义虽然是强调科学“要求一种系统的、按照深思熟虑的规则变成的知识”[35]，但他不仅在这种主观的意义上、而且也在客观的意义上谈论“规则”：“规则，就其为客观的而言……，被称为规律。”[36]康德把规律分为两类，一类是自然规律，一类是自由规律，而两者的最重要共同之处，就是它们的普遍性：“自然规律是万物循以产生的规律，道德规律是万物应该循以产生的规律。”[37]但哈贝马斯要指出的是，规则所适用的对象的普遍性，仅仅是规则的普遍性的两种含义之一。哈贝马斯把这种意义上的普遍性称作规则的语义的普遍性：它是用全称命题形式表述的规范性语句。但规则的普遍性还可以做另外一种理解，即从规则的产生、运用和实施过程来看规则的特征。哈贝马斯把这种意义上的普遍性称作“程序的普遍性”，并主张要从这个角度来理解现代法律的合法性问题。哈贝马斯肯定这个观点可以追溯到卢梭（J. Rousseau）和康德的“公民自主”或“自我立法”的观念，[38]认为他们已经看到法律的合法性取决于是否满足“对法律进行程序性论证这个方法论要求”，[39]但又指出他们总体上仍然用“抽象而普遍的法规的语义普遍性，代替了那种程序普遍性，也就是作为‘统一的人民意志’而民主地产生的法规所特有的那种普遍性”[40]。也就是说，哈贝马斯认为卢梭和康德没有足够清楚地看到，法律如果是有正当性的话，“并不是普遍法规的形式所已经确保了的，而只有通过商谈性意见形成和意志形成过程的交往形式才能得到确保”[41]。但在哈贝马斯看来，只有对法律的有效性作后一种理解，人们才可能把自己不仅仅理解为法律的“承受者”，而也可以把自己理解为法律的“创制者”，也就是康德所说的自我立法者。

对法律的普遍性的这种看法，是哈贝马斯从其交往行动理论和商谈伦理学出发提出的“商谈的法律理论和民主理论”的核心内容。根据他的交往行动理论和商谈伦理学，“有效［gültig］的只是所有可能的相关者作为合理商谈的参与者有可能同意的那些行动规范”[42]。哈贝马斯把这条原则称为“商谈原则”。“商谈原则”所提到的是任何行动规范，而商谈的参与者在不同情况下是有不同范围的。这条商谈规则也适用于对于法律规则的“有效性”或者“合法性”的论证，由此哈贝马斯从“商谈原则”引出他所谓的“民主原则”：“民主原则应当确定，合法的立法过程的程序是什么。也就是说，这个原则规定：具有合法的［legitim］有效性的只是这样一些法律规则，它们在各自的以法律形式构成的商谈性立法过程中是能够得到所有法律同伴的同意的。”[43]“民主原则”像“商谈原则”一样把规则的有效性建立在规则支配其行动的那些人们的合理的同意或者说基于理由的同意基础之上，但民主原则具有这样一些自己的特点：把规则的种类仅限于法律规则；把商谈的参与者仅限于一个特定的法律共同体的成员；在商谈中所诉诸之理由的范围中包括实用的、伦理的和道德的三种类型，但以道德的理由为主；并且，除了所谓“论证性商谈”（主要适用于立法领域）之外，还有所谓“运用性商谈”（主要适用于司法领域），等等。

四、从主体间性角度研究规则问题的现实意义

现在的问题是，哈贝马斯从主体间性的角度对规则问题的上述三个方面进行的研究，除了这些问题本身所具有的理论意义之外，还有什么别的意义？更明确些说，哈贝马斯的规则论有哪些现实意义？对应于上面三个部分，哈贝马斯的建立在主体间性概念基础上的规则论，可以认为具有如下三方面的现实意义。

首先，自从英国哲学家彼得·温奇（Peter Winch）发表《社会科学这个观念》（1958）以来，遵守规则的问题就成为社会科学方法论的基本问题。温奇认为，社会现象区别于自然现象之处就在于构成社会现象的人的行动的特点是遵守规则而不仅仅是表现出规则性（regularities），而要了解规则的意义，进而了解行动的意义，就不能采取认识自然运动那样的客观观察的态度，而要采取主体间交往参与者的意义理解的态度。哈贝马斯从1967年出版的《论社会科学的逻辑》到1981年出版的《交往行动的理论》中对"遵守规则"问题的研究，就是设法把日常语言哲学传统的这种观点与诠释学的观点沟通起来，用以回答社会科学方法论的这样一个基本问题：区别于自然现象的社会现象的研究何以可能？

第二，对于研究现代社会的人们来说，个人和社会之间

的关系是一个基本的问题。帕森斯（T. Parsons）所说的“建制化个人主义”体现了社会现代化过程中这种关系的矛盾性质：“一方面，个人应该与其个体化程度而成比例地获取更大的选择自由和自主性，另一方面，自由程度的这种提高，又被作了决定论的描绘：即使是对于建制化行为期待的刻板指令中解放出来，也被描述为一种新的行为期待——描述为一种建制。”[44]这种“建制”也就是规则系统，它首先是指哈贝马斯常常讲的“系统”——包括经济子系统和行政子系统。摆脱传统社会的规则的强制之后，个体如果仅仅是在成为原子化个体的同时成为雇员、消费者、雇员、消费者、当事人等承担系统功能的“角色人”，那么，虽然看上去他面前有许多选择，但实际上这些选择都是被货币和权力这样的媒介所控制的。“这些媒介行使一种行为控制，这种控制一方面起个体化的作用，因为它针对的是由偏好导控的个人的选择，但另一方面它也起标准化的作用，因为它允许的只是在实现给定结构的向度中的选择可能（拥有还是不拥有，命令还是服从）。而且，个人的第一个选择就使他陷入进一步依赖的网络之中。”[45]哈贝马斯之所以要从主体间性的角度来研究行动者的规则意识的形成和发展、分化，一方面是为了从概念上把握现代社会的这种现象，另一方面是为了在理解这种现象的基础上克服这种现象。在他看来，那种被理解为在诸多已经被系统所事先构成的选择项当中进行明智的、自我中心的挑选的自我，仍然处于“俗成的认同”的阶段，也就是说仍然处于受到外在规则盲目支配的阶段。只有那种以超越特定界限的理想交往共同体作为参照系的“后俗成的认同”，才能自主地作出经得起交往同伴检验的基于原则的道德判断和基于价值的伦理决定。换句话说，哈贝马斯从主体间性的角度讨论规则意识或自我认同的形成和发展，是为了回答批判理论的这样一个问题：现代社会中真正自由的人格何以可能？

第三，在世俗化、价值多元化，同时权利体系又逐步普遍化的现代社会，集体生活之规则的合法性和正当性既不能建立在宗教—形而上学的基础上，也不能被归结为规则系统的语义形式上的合理性和工具效率上的合理性。一方面，法律的统治要被公民认为是值得承认的（也就是说是具有合法性的），而不仅仅是被迫承认的，仅仅具有工具性效率是不够的。“在没有了宗教的或形而上学的后盾的情况下，只问行动合乎法律与否的强制性法律要获得社会整合力，法律规范的承受者应当同时作为一个整体把自己理解为这些规范的理性创制者。”[46]另一方面，在福利国家的条件下，古典的资产阶级法律的一些形式特征也已经不再是神圣不可侵犯的东西了。根据自由主义的法律范式，现代法律系统已经与宗教和形而上学相分离，同时也与不成文的、诉诸人们动机与态度的、常常与宗教和形而上学难分难解的道德相分离。在这种情况下，现代法律的合法性基础只能在于其所谓“形式合理性”——哈贝马斯通过对韦伯的法律观的讨论概括为三条：抽象而普遍的法规形式；在抽象—普遍法规的基础上通过严格的司法程序和行政程序而得到确保的法律确定性；对法律系统用科学方法进行建构，以确保其意义是精确的、其概念是明确的、其自洽性是经过检验的、其原则是统一的。但是，在福利国家条件下，“权利”从古典的民事权利和公民权利扩展到现代的经济权利和社会权利，承认每个人都有劳动、医疗、教育、救济等等方面的平等权利。这不仅要求政府允许人们自由行动、保障这种自由不受他人（包括政府）的侵犯，还要求政府为公民提供实际条件、保障实际条件去实现这些权利和自由。这样，法律的形式从“如果—那么”的条件句形式（“如果这样行动，那么就处以怎样的处罚”）变成“符合某某条件的人将享有怎样的补偿”这样的调节性、目的性语句的形式；政府从维持市场运行秩序的公正无私的裁判者，变成通过干预市场运行过程、矫正市场运行结果而维护弱者利益的看护者。相应地，司法和行政部门也扩大了自由裁量空间，而不仅仅限于对意义明确、范围确定的普遍规则的运用和实施。在这种情况下，法律的合法性依据就必须在法律的形式之外去寻找。康德在一定程度上已经看到了这一点；他对于主体性的强调，意味着他看到在现代社会中，法律要对人们具有正当的约束力，只能是当这种约束也就是人们的自我约束的时候。但是，康德还没有实现从“主体性哲学”

向“主体间性哲学”的“范式转换”。当所考虑的不是个体行动规则而是集体行动规则——尤其是法律——的时候，局限于主体性范式来思考主体的自主性或自我立法性，就可能把规则的约束力要么是归结为众多“小我”的多数意见（众意）的力量，要么是归结为一个“大我”（“人民”）的总体意见（公意）的力量。在前一种情况下，法律的基础是只具有统计学意义的多数人的当下意见，这样的多数人意见不仅很容易排斥少数人的正当权益，而且也容易违反多数人自己的真实利益。在后一种情况下，也就是用共同体主义的“大我”来超越自由主义的“小我”，则在哲学的层面意味着倒退到形而上学的思维，在社会学的层面意味着求助于自认为或者被认为是“大我”之代表的某个个人或某个群体。在这方面，历史已经提供了深刻的教训。因此，在哈贝马斯看来，重要的不是在“小我”和“大我”之间进行非此即彼的选择，而是要跳出这种执着于“我”或主体性的思路，把目光转向“我们”或者“主体间性”，转向具体的主体间交往网络或者社会建制。

换句话说，哈贝马斯之所以从主体间性的角度研究规则的正当性基础的问题，是为了回答“现代社会制度的合法性辩护何以可能？”这个问题；而在回答这个问题的时候，哈贝马斯用他的“交往理性”概念来扬弃康德的“实践理性”概念：“交往理性之区别于实践理性，首先是因为它不再被归诸单个主体或国家—社会层次上的宏观主体。相反，使交往理性成为可能的，是把诸多互动连成一体、为生活形式赋予结构的语言媒介。这种合理性是铭刻在达成理解这个语言目的之上的，形成了一组既提供可能又施加约束的条件。”[47]

这样，我们就可以把本文开头引用的那两句话综合起来了：一方面，没有规则就没有理性；另一方面，没有主体间性就没有规则。两者结合起来，结论是：没有主体间性就没有理性。

注　释

1 康德:《逻辑学讲义》，许景行译，杨一之校，商务印书馆1991年版，第129页。

2 Jürgen Habermas，*Vorstudien und Ergaenzungen zur Theorie des kommunikativen Handelns*，Suhrkamp，1995，12—3；Jürgen Habermas，*On the Pragmatics of Social Interaction：Preliminary Studies in the Theory of Communicative Action*，translated by Barbara Fulner，The MIT Press，Cambridge，Mass，2001，4.

3 Jürgen Habermas，*Vorstudien und Ergaenzungen zur Theorie des kommunikativen Handelns*，3；Jürgen Habermas，*On the Pragmatics of Social Interaction*，p.5.

4 Jürgen Habermas，*Theorie des kommunikativen Handelns*，Band 2，Zur Kritik der funktionalistischen Vernunft，Suhrkamp Verlag，1987，p.31.

5 Ludwig Wittgenstein，*Philosophical Investigations*，translated by G. E. M. Anscombe，The Macmillan Company，1964，p.82.

6 Jürgen Habermas，*Theorie des kommunikativen Handelns*，Band 2，p.34.

7 Ludwig Wittgenstein，*Philosophical Investigations*，p.81.

8 Saul A. Kripke，*Wittgenstein on Rules and Private Language：An Elementary Exposition*，Harvard University Press，Cambridge，Mass. 1982，p.60.

9 Ibid.，p.62.

10 Ibid.，p.99.

11 Ibid.，p.110.

12 Jürgen Habermas，*Theorie des kommunikativen Handelns*，Band 2，p.36. 在这里，哈贝马斯说米德感兴趣的是行动者的规则意识的形成问题。在该书的英译本中，该句被改成说作者他自己感兴趣的是这个问题。见 Jürgen Habermas，*The Theory of Communicative Action*，Volume 2，translated by Thomas McCarthy，

Beacon Press，Boston，1987，p.20。考虑到此书的英译者经过作者同意而对原著作了一些改动，所以这个区别不能看作是译者的误译，而毋宁看作是作者对这个问题的强调。

13 George Herbert Mead，*On Social Psychology*：*Selected Papers*，edited and with an Introduction by Anselm Strauss，The University of Chicago Press，Chicago and London，1956，p.229.

14 Jürgen Habermas，*The Theory of Communicative Action*，Volume 2，p.22.

15 Ibid.

16 Jürgen Habermas，"Individuation through Socialization: On George Herbert Mead's Theory of Subjectivity"，in Jürgen Habermas，*Postmetaphysical Thinking*：*Philosophical Essays*，translated by William Mark Hohengarten，Polity Press，1992，p.161.

17 Ibid.，pp.171—172.

18 Ibid.，p.179.

19 Ibid.，p.182.

20 Jürgen Habermas: *The Theory of Communicative Action*，Volume 2，p.174.

21 Jürgen Habermas: *Faktizität und Geltung*：*Beiträige zur Diskurstheorie des Rechts und des demokratischen Rechtsstaats*，Suhrkamp Verlag，Frankfurt am Main，1997，p.255.

22 Ibid.，p.311.

23 John Rawls: *A Theory of Justice*（revised edition，The Belknap Press of Harvard University Press，Cambridge，Mass.，2000），pp.306—307.

24 罗尔斯在 *Lectures on the History of Moral Philosophy*（edited by Barbara Herman，Harvard University Press，Cambridge，Mass and London，England，2000，

pp.59—61）中讨论休谟（D. Hume）有关“约定”观念的时候，一连用了好几个“重要”，可能与他本人对约定的重视有关。

25 见 Jürgen Habermas，*Justification and Application*：*Remarks on Discourse Ethics*，translated by Ciaran Cronin，The MIT Press，Cambridge，Mass and London，England，1993，p.6。

26 Jürgen Habermas，*Postmetaphysical Thinking*，p.183.

27 Ibid.，p.184.

28 Ibid.，p.188.

29 关于“构成性规则”和“范导性规则”的区别，见 John R. Searle，*Speech Acts*：*An Essay in the Philosophy of Language*（Cambridge at the University 1969），pp.33—42。

30 见 Jürgen Habermas，*Justification and Application*，p.164。

31 见 I. Kant，*Kritik der praktischen Vernunft/Grudnlegung zur Metaphysik der Sitten* herausgegeben von Wilhelm Weischedel，（Suhrkamp，1996），pp.46—51。

32 见 Jürgen Habermas，*Justification and Application*，pp.2—6。

33 Jürgen Habermas，*On the Pragmatics of Social Interaction*，p.12.

34 Jürgen Habermas，*Faktizität und Geltung*，p.590.

35 Ibid.

36 Immanuel Kant，*Critique of Pure Reason*，translated by Werner S.Pluhar，Hackett Publishing Company，Inc. Indianapolis/Cambridge，1996，p.172.

37 康德：《道德形而上学原理》，苗力田译，上海人民出版社 1986 年版，第 36 页。 见 I. Kant，*Kritik der praktischen Vernunft/Grudnlegung zur Metaphysik der Sitten*，p.11。

38 Jürgen Habermas, *Faktizität und Geltung*, p.153.

39 Ibid., p.550.

40 Ibid., p.596.

41 Ibid., p.133.

42 Ibid., p.138.

43 Ibid., p.141.

44 Jürgen Habermas: *Postmetaphysical Thinking*, p.149.

45 Ibid., p.196.

46 Ibid., pp.51—52.

47 Jürgen Habermas, *Faktizität und Geltung*, pp.17—18.

论罗尔斯的规则观*

* 此文以“约翰·罗尔斯的‘规则’概念及其与当代中国语境的相关性”为题用繁体字发表于香港《社会理论学报》2002年秋季卷，经过压缩后的一个简体字版本以“罗尔斯哲学中的‘规则’概念”为题发表于《外国哲学》第16辑，商务印书馆2004年版。

约翰·罗尔斯（John Rawls）在《正义论》中说“正义是社会建制的首要德性”[1]，而“社会建制”则是一个公开的规则体系，它规定职务和地位，连同它们的权利、义务、权力和豁免，等等[2]。不难看出，在罗尔斯的“正义论”与他的“规则论”之间存在着内在联系。罗尔斯的规则论即使不是他的正义论之建构的主要基础，也可以说是他的正义论之得到更好理解的角度之一。本文拟对罗尔斯哲学中的“规则”概念作大致梳理，其目的不仅是为了更好地理解罗尔斯的规则论思想本身，而且是为了从此出发，一方面更好地理解罗尔斯正义论的一些重要特点，另一方面更好地理解中国当前社会生活中的一些重要现象——近年来，“规则”一词在我国各种场合出现频率非常高，可以说已经成了当代中国社会生活的关键词之一了。

一

“规则”概念在罗尔斯的博士论文中就已经提到，但从该博士论文的公开发表的那部分［题为“一个伦理学抉择程序纲要”（1951）］来看，罗尔斯并没有对这个概念作详细讨论，而只是说：“我们可以把规则——它与原则相反——理解为这样一些准则（maxims），它们表达的是把原则运用于一些被公认的和经常出现的场合。规则的遵守、日常生活中对规则的诉诸，对这些进行辩护，就是要表明规则是这样一种准则。”[3]

罗尔斯最早引起学术界重视的是一篇题为“两个规则概念”（1955）的文章。在这篇文章中，罗尔斯分析了两种规则观，也就是两个他所谓的“规则概念”。其中一个规则概念似乎也就是他在上述论文中自己的观点——规则是原则（在那文章中主要是功利原则）对特殊情形之运用的结果：

> 它以如下方式来看待规则：我们假定每个人都通过运用功利原则来决定他在特定情形下将做什么；我们还假定不同人们将以同样方式来决定同样的特殊情形，并且与那些先前决定过的情形相类似的情形会重复出现。这样，就会出现这样的情况：在同样种类的情形中，同样的决定或者是由同一个人在不同时刻作出的，或者是

由不同的人在相同时刻作出的。如果一种情形出现的频率足够高，我们就提出制定一个规则来覆盖那种情形。[4]

罗尔斯把这种规则观称为“概括的规则观”（the summary view of rules），因为这个观点把规则看作是由直接运用功利原则于特殊事例而达到的过去种种决定的概括。罗尔斯认为，对规则作这样的理解，就是“把它们诠释为一些maxims（准则），诠释为一些‘rules of thumb’（单凭经验的方法）”。[5]

但是，罗尔斯这篇文章的主题恰恰是对这种规则观的批判。罗尔斯的理由主要有两个。

第一，这种规则观无法解释社会中人们对彼此行动的确定预期和在此基础之上的相互合作是如何可能的。把规则理解为基于过去经验的实践准则，意味着每个人原则上始终有资格对一条规则的正确性进行重新考虑，并对在一特定事例中遵行该规则是否恰当提出质问。规则的必要性似乎仅仅在于：要不然的话，对功利原则的运用可能效率不高；在一个合理功利主义者的社会中，规则是不必要的，因为在那样的社会中，每个人都有足够的能力直接把功利原则运用于具体事例。但问题是，如果每个人原则上都可以就事论事地确定基于功利原则要做什么，常常会导致混乱，而设法通过预测别人会怎么行动来协调行为的努力，就很可能因此而失败。

第二，这种“概括的规则概念”也不符合人们通常对像“惩罚”和“许诺”这样的社会实践方式的理解。根据这种把规则当作过去经验之概括的观点，一个人在特定情形下要不要遵守诺言，归根结底取决于他把功利原则运用于这个情形所得出的结论，也就是说他是否认为在这种情形下遵守诺言将实现总体上的最大的善。但是，罗尔斯认为，这种观点显然是与人们对遵守诺言的义务的理解相矛盾的。因为，一个不被遵守的诺言，根本就不是一个诺言——“遵守诺言”这条规则，是内在于“许诺”这种实践方式的；许下一个诺言，意味着不管怎么样它都是要被遵守的，除非在许诺时已经直接或隐含地承认了一些例外。

与这种“概括的规则观”相反，罗尔斯提出他所谓“实践方式的规则概念”（the practice conception of rules）。罗尔斯写道：

> 根据这种观点，规则被理解为对一种实践方式（a practice）的定义。……一种实践方式的特征就在于：教人如何从事这种实践方式，意味着教人掌握定义它的那些规则，并且诉诸这些规则来纠正从事该实践方式的人们的行为。从事一种实践方式的人们承认那些规则是对这种实践方式作出定义的。那些规则不能被简单地当作对从事该实践方式的人们事实上如何行为的描述：并不能简单地说他们之行动的方式就好像他们在遵守那些规

> 则一样。因此，对于实践方式的概念具有根本意义的是，规则是被公开地知道和理解是具有定义性质的；同样具有根本意义的是，一种实践方式的规则是可以被教会的，是可以作为行动的依据而形成一种融贯的实践方式的。根据这种观念，规则并不是对将功利原则直接地、独立地运用于重复发生的具体情形的单个人们之选择的概括。相反，规则定义了一种实践方式，并且其自身是功利原则的主题。[6]

根据罗尔斯的这种"实践方式的规则观"，在哲学家们常常谈论的几种规则中，只有所谓"构成性规则"（constitutive rules）才是真正意义上的规则，而所谓"范导性规则"（regulative rules）[7]，以及技术规则（technical rules）、"实用准则"（pragmatic maxims）和道德原则（moral principles）[8]都不是严格意义上的规则。这个规则概念与"概括的规则概念"有几个根本区别。

第一，与概括的规则观所认为的相反，实践方式的规则在逻辑上是先于特殊事例的。也就是说，如果没有相应的实践方式的规则的话，一种特定的行动根本就不会被描述成为那种行动。以棒球比赛为例：许多类似于棒球比赛中的动作可以在别的地方进行，但只有在棒球比赛中这些行动才被描述为棒球动作。

第二，对每个人有什么权威在特定事例中判断遵守规则的恰当性，“实践方式的规则概念”提供了一种新的看法。如果某人想进行某一实践方式所规定的活动，他要做的只能是遵守这种实践方式的规则，而不能问这个实践方式的规则是否适用于他的情况。他只能对这个实践方式本身提出疑问，而不能对这个实践方式之下的特定的行动提出疑问。还是以棒球为例，如果有击球手问：“我可以击四球吗？”人们会认为他是问规则是什么。如果人们告诉他规则是什么了，他还是说在这种情况下他觉得总的来说最好击四球而不是击三球，人们很可能善意地认为他在开玩笑。你也可以说，如果允许击四球而不是三球的话，棒球运动会更好一些。但你不能把规则当作是过去事例中什么是总体上最好的事情的向导，进而问它们对于特殊事例作为特殊事例的适用性问题。

第三，根据这种新的规则观，实践方式的规则不是帮助人们按照某个更好的伦理原则认为是正确的方式来判定特殊事例的向导。无论是准统计性的一般性概念，还是一个特定例外的概念，都不适用于实践方式的规则。一个特殊事例并不是一个实践方式的规则的一个例外。相反，例外是对于规则的限定或进一步说明。

在罗尔斯那里，强调两个规则概念之间的上述区别，是为了表明伦理学中对我们行动的辩护，有两种基本形式。这两种形式可以看作是对于两种不同问题的回答。比方说，如果一个孩子问父亲："为什么要把某某人关进监狱？"父亲的回答可能是："因为他在某处抢了银行……"但如果孩子进一步问父亲："为什么要造监狱把有些人关进去？"父亲的回答则可能是"因为要保护好人，不让坏人欺负"。这里的问题是不一样的：前一个问题使用了专有名词、提到了具体个人，后一个问题则不包括专有名词、不提及具体个人，而仅仅涉及一种实践的类型或形式，或者说仅仅涉及一种建制。前一个问题是一个个别行动的辩护问题，这个问题是通过诉诸这个行动所属的那种实践方式的规则来回答的。后一个问题是一种实践方式的辩护问题，回答这个问题不能诉诸定义这种实践方式的规则，而必须诉诸某个原则——在"两个规则概念"中，这个原则是功利原则。换句话说，功利原则不能直接用来对个别行动进行辩护，而只能对个别行动所从属的那类实践或实践方式进行辩护。

二

罗尔斯的上述观点很像伦理学中区别于"行为功利主义"的"规则功利主义"。但是，要判定罗尔斯在"两个规则概念"中的观点是不是规则功利主义，取决于对规则功利主义是怎么理解的。还是以许诺为例。根据行为功利主义，我在一个特定情形下是否要遵守诺言，取决于我遵守诺言所带来的功利的总量是否大于我不遵守诺言所带来的功利的总量。对这种观点人们可以这样来反驳：即使在一个特定情形下不遵守诺言会带来比遵守诺言带来的更大的功利，我也还是应该遵守诺言，因为我知道如果大家都不遵守诺言，许诺这种社会建制就不复存在，而由此带来的功利损失要远远大于我这一次不遵守诺言所带来的功利增加。如果我们把后面这种观点称作规则功利主义的话，那么罗尔斯在“两个规则概念”中的观点就不是规则功利主义的。在那篇文章中，罗尔斯根据对罗斯（W.D.Ross）的观点的阐述和诠释提出以下几个观点，从中可以看出他的观点与功利主义的关系究竟是什么。

第一，罗斯认为，不管遵守诺言这种实践方式的价值有多么大，根据功利主义的理由，必定可以设想有某个价值是更大的，而人们可以想象这个价值是可以通过破坏诺言而达到的。罗尔斯认为罗斯的这个观点的价值在于指出，人们是不可以通过一般地诉诸效果来为破坏诺言进行辩护的：“因为许诺者并不拥有一个普遍的功利主义的辩护理由：它并不是许诺这个实践方式所允许的诸种辩护理由之一。”[9]

第二，罗尔斯赞同罗斯的这样一个观点：上述意义上的规则功利主义观点过高地估计了不信守诺言对许诺这种建制所造成的破坏。一个人不信守诺言当然会损害他自己的名誉，但一次不信守诺言对许诺这种实践方式造成的损害是否大到足以说明信守诺言这种义务的严格性，这一点并不是一目了然的。

第三，罗尔斯认为更重要的是对一个与罗斯提出过的例子相似的例子的分析：一个儿子向临死的父亲单独作出有关遗产处理的许诺。在这种情形下，不信守这个诺言会对许诺这种实践方式产生什么样的损害，是与这个儿子考虑是不是要信守他对父亲许下的诺言不相干的。

从这几点可以看出，罗尔斯非但不赞同直接用功利原则作为辩护一个具体行动的依据，而且不赞同间接地用一种实践方式之维护所具有的功利价值来为实施这种实践方式之下的一个具体行动进行辩护。罗尔斯确实强调要把用功利原则对实践方式的辩护与用功利原则对个别行动的辩护区别开来；他也确实主张，在像惩罚和许诺这样的事例中，只有前一种辩护是合理的。但是，并不能因此就简单地说罗尔斯在这里的观点是功利主义的观点。从他对罗斯的上述观点的赞同来看，罗尔斯在“两个规则概念”中的立场可以说是介于功利主义和义务论之间的。或者说，他在那时——而不仅仅在后来的《正义论》中——就设法把功利主义和义务论结合起来了。

功利主义的作用，引起罗尔斯对作为实践方式和规则体系的社会建制的重视，把伦理学研究的重点从人的行动转变到人们在其中行动的社会建制。当罗尔斯说功利原则只能被用来对规则所定义的实践方式进行辩护而不能为实践方式之下的具体行动提供辩护的时候，他的兴趣不仅在于功利主义，而且在于他认为古典功利主义者实际上最感兴趣的问题——实践方式、社会建制或规则体系的问题。在该文的一个注释中，罗尔斯写道："重要的是不要忘记，那些我称之为古典功利主义者的人基本上都对社会建制感兴趣。他们位列当时主要的经济学家和政治理论家之中，他们常常是对实践事务感兴趣的改革家。从历史上来说，功利主义常常与一种融贯的社会观相伴随，而不仅仅是一种伦理学理论，更不是一种从事现代意义上的哲学分析的努力。功利原则相当自然地被认为、被用作一种判断社会建制（实践方式）的标准，当作推进改革的基础。"[10]

但是，罗尔斯同时强调，一旦用功利主义对一种实践方式进行辩护之后，功利主义的辩护作用对于这个实践方式之下的具体行动来说，就不复存在了。中国哲学家金岳霖在论证"效用论"或实用主义在知识论中的作用时，采用过类似的思路：效用论的作用是作为对知识论"出发方式"之选择的依据，而一旦根据效用论选择了知识论的出发方式——金岳霖认为这种出发方式只能是实在论的——之后，就必须放弃效用论，决不能像实用主义那样继续把效用当作评价特定命题之真假的标准。同样，罗尔斯的思路是：一旦我们用功利原则对某个实践方式进行了辩护之后，这个实践方式之下的具体行动的辩护问题的回答，就只能诉诸对这个实践方式进行定义的规则——也就是这种实践方式的“构成性规则”（constitutive rules）——了。罗尔斯写道：

> 实际上，实践方式的要点就是使人们放弃依据功利主义考虑或各种明智考虑而行动的资格，以便把未来拴定下来，以便协调好各种计划。具有一个这样的实践方式——它使得许诺者不可能一般地诉诸用来对该实践方式本身进行辩护的功利原则——是具有明显的功利上的好处的。在以下说法中并没有什么是自相矛盾的或令人吃惊的：当人们在论证象棋运动、棒球运动的现状令人满意的时候，或者论证这种竞赛应当在各个方面加以修改的时候，人们提出功利主义的（或美学的）理由可能是恰当的，但是，一种运动的选手在为自己做这个动作而不是那个动作提出理由的时候，如果也诉诸这些考虑，就不恰当了。[11]

换句话说，对于一个从事许诺这种实践方式的人来说，他之所以有必要信守诺言，并不是因为信守诺言会带来任何功利效果，而仅仅是因为他正在从事许诺实践。信守诺言是许诺这种实践方式的题中应有之义。这里的义务论色彩是很明显的。

这种观点很自然地会引起这样的指责，说它意味着这样一种保守主义的看法：对每个人来说，他所处的社会的社会实践方式提供了他的行动的唯一的辩护标准。对这种指责罗尔斯断然否定，说他的上述观点并不是一种道德观点或社会观点，而仅仅是一种逻辑观点。当一种行动是由一种实践方式提供规定时，除了诉诸这种实践方式之外，一个特定的人的特定的行动是不可能有别的辩护的。但从中并不能推论出我们是应该还是不应该接受我们所处社会的那些实践方式。“人们尽可以随其心愿地采取激进立场，但是，在那些由实践方式来规定行动的地方，人们的激进主义的对象必须是社会实践方式，以及人们对这些实践方式的接受。”[12]

在几年以后发表的《作为公平的正义》一文和将近二十年以后发表的《正义论》一书中，罗尔斯的立场相对来说确实要激进得多，而这种相当激进的立场的对象，也恰恰是“社会实践方式”，以及“人们对这些实践方式的接受”。

三

先来看看罗尔斯在《正义论》中对“社会实践方式”所作的思考。

《正义论》的整个工作，可以看作是罗尔斯在新的意义上把义务论和效果论结合起来。功利主义作为一种社会理论，关注的是作为规则体系的建制问题，而义务论作为一种伦理理论，关注的是个人权利和义务的问题。两者都区别于德性论——功利主义区别于德性论之处之一在于它重视社会建制问题而不仅仅是个人伦理问题，义务论区别于德性论之处之一在于它重视规则而不是德性。在罗尔斯看来，义务论必须从个人层面上升到社会层面，使它从一种有关个人行动的道德理论成为一个有关社会建制的正义理论；而功利主义则必须用义务论加以补充，从而作为社会建制以及人们对社会建制的接受的主要辩护理由的不仅仅是功利原则，而是把功利原则作为内在环节的公平原则。在这两方面，都可以看出罗尔斯的规则论与其后期的正义论之间存在着密切联系。

在《正义论》第二章第一节中，罗尔斯对规则的问题作了相当系统的阐述。他的观点可以归结为以下几点。

第一，社会建制是一个公共规则体系，这些规则“确定职务和地位，连同它们的权利和责任、权力和豁免，等等。这些规则规定某些形式的行动是可允许的，其他形式的行动是被禁止的；在违反规则的情况发生时，它们还规定一些惩罚和辩护等等。作为建制——或更广一些地说，社会实践方式——的例子，我们可以想到游戏和仪式，审判和议会，市场和财产制度”[13]。

第二，说某时某地存在着一个建制，是说由这个建制所规定的那些行动被作为一个常规而执行，并且在这种执行的同时，人人都知道定义该建制的那个规则体系是要被遵守的。

第三，说这个规则体系是公共的，是说如果只要这些规则和人们对这些规则所规定的活动的参与都是一种同意的结果，那么每个参与其中的人都知道他在这种情况下应该知道的东西。正是这一点构成了进行合作的人们之间的相互期待的确定性。

第四，有必要区别一个建制的两种规则，一种是所谓“构成性规则”，它们对一种建制加以定义，确定这种建制的权利和义务；另一种则是策略或准则，它们涉及的是个人和团体根据其利益、信念和有关彼此行动计划的猜测而将选择什么样的可允许的行动。

第五，还要对一个单个的规则（或一组规则）、一个建制（或其中的一个主要部分）以及整个社会系统的基本结构作出区分，因为单个规则、由规则构成的建制、由建制构成的整个社会制度，它们的正义还是不正义并不是对应的。

对规则概念作上述说明，是为了说明社会建制的概念；而在所有社会建制中，罗尔斯主要关心的是社会的基本结构，也就是社会的主要的政治、经济和社会制度。在说明这种意义上的社会建制的“构成性规则”的时候，罗尔斯在形式方面列出了像“一般性”[（generality）可以这样理解：其涉及的对象是一个类中的全部个体]、“普遍性”[（universality）

也就是说，它们是所涉及的人们都可以理解、都应当遵守的］和公开性（它们应该向所涉及的人广而告之）之类的特征，在内容方面把这种构成性规则看作是对某个原则之运用的结果。这些与他早期的观点没有什么不同。但在以下两点上罗尔斯后来的观点与其早期的观点完全不同：作为规则之基础的不再是功利原则，而是公平原则；公平原则的作用不仅仅是作为一个范围更广的普遍命题被运用于这种范围之中的一个特例，或者仅仅作为一个普遍原则而为特定范围内的规则提供辩护理由，而是作为社会基本结构的构成性规则——正义原则——的选择程序的形式特征，用这种程序的公平性来确保正义原则的正当性。

在这里，我们可以看出罗尔斯思想中功利论成分和义务论成分在两个层面的结合。

第一个层面就是选择正义原则的程序。在罗尔斯那里，选择正义原则的原初状态之为公平的，主要是因为其中的各方在道德上是平等的。[14]就此而言，就罗尔斯把道德平等当作最基本的价值这一点来说，罗尔斯的观点可列入义务论的范畴。但是，罗尔斯认为，原初状态中的各方通常倾向于选择更多的而不是更少的基本社会善，他们要考虑的是将如何决定哪个正义观是对他们最有利的。[15]从这点来说，功利主义原则又可以说是包括在平等原则之中了。

第二个层面是选择出来的那两个正义原则。在这两个正义原则中，第一条原则要求确保每个人具有与别人同样的自由相容的平等的自由，第二条原则要求社会经济方面的不平等以机会平等、最差境遇的人的状况在这一格局中比在其他可选择格局中为好作为前提。罗尔斯强调第一条原则优先于第二条原则，意思是对第一条原则所保护的基本平等自由的损害，是无法用更大的社会和经济利益来辩护或补偿的。就此而言，罗尔斯的观点属于义务论的范畴。但是罗尔斯毕竟没有只讲正义，不讲效率；用他在1964年发表的一篇文章中的话来说，最普遍的原则所要求的是"建立最有效率的正义建制"。[16]罗尔斯明确指出，功利原则是包含在这个原则之中的。[17]

罗尔斯的两条正义原则，作为社会建制的构成性规则，可以看作是"建立最有效率的正义建制"这条原则之运用的结果。[18]这条原则与正义原则的关系，不同于作为原初状态之特征的公平原则或平等原则与正义原则的关系。前者的关系可以说是语义上的——原则可以说是规则的预设而蕴含在规则之中的；而后者的关系则可以说是语用上的——要让原初状态中的各方选择那两条正义原则，还需要对人性的特征、正义的环境等作出许多假定。

尽管后期罗尔斯对作为规则之基础的原则的看法与早期不同，但在这一点上，两者却仍然是完全一致的：对实践方式或社会建制的辩护，与对属于这种实践方式或社会建制之下的具体行动的辩护，是两个不同范畴的问题。前面说过，在他的“建立最有效率的正义建制”的原则中，正义是主要的，效率是次要的。这只是后期罗尔斯思想中的义务论成分的一个表现。这种义务论成分还表现在另外一点上：对他来说，一旦从这个原则出发引出那两条正义原则之后，社会行动者就不再能够用这个原则——尤其是包含在其中的功利原则——作为自己对由两条正义原则所定义的社会基本结构提出异议的依据了。除了正义之外，合作、效率和稳定这些价值在选择社会基本结构的过程中都起作用，[19]但一旦选择了两条正义原则之后，成为政治活动之依据的就只能是这两条正义原则，而不能撇开正义原则直接诉诸这些价值。用托马斯·博格的话来说，“作为罗尔斯正义标准之基础的那些价值，已经被充分容纳了，已经被‘穷尽’了，因而（从逻辑上）无法在更大程度上得到满足，因此不能够为违反这种建制——它也是用那些价值来辩护的——的任何行为加以辩护”[20]。

四

这里所说的建制是社会的基本结构，而不是指这个基本结构——也就是宪法框架——之中所制定的特定的法律。在罗尔斯的理论中，对于正义原则，人们具有遵守它们的自然义务（natural duty），而对于根据正义原则而建立的宪法框架之内制定的法律，人们则具有服从它们的职责（obligation）[21]。这里涉及的，就是前面提到的有关“人们对这些实践方式的接受”的问题。罗尔斯对这个问题的回答，与他的规则论的联系更加密切。

罗尔斯认为，原初状态中的人们不仅要选择有关社会建制的原则，而且要在有关社会建制的原则选定之后进一步选择有关个人如何处理与社会建制的关系的原则。前者的结果是两条正义原则，后者的结果是他所谓“公平原则”（the principle of fairness）[22]或“公平游戏原则”（the principle of fair play）[23]。公平原则是所谓“职责”的来源。“职责”不同于“自然义务”，两者的区别在于，前者与社会建制或社会实践方式有联系，后者则与特定的社会建制或实践方式没有必然联系；前者只有当我们自愿地加入一个建制的时候才有约束力，后者不管我们是否自愿与否都有约束力；前者则只能归之于具有特定角色的个人，而后者之适用于人们之间，是不论他们之间的建制性联系的。根据公平原则，如果一个建制是正义的或公平的，也就是说是满足两个正义原则的，那么，只要当一个人自愿地接受了一个建制的格局的利益或利用了它所提供的机会去追求他的利益，这个人就有职责去承担这个建制的规则所规定要做的那份工作。[24]罗尔斯用这个原则对适用于普通公民的政治职责和信守诺言的职责作了说明。

前面提到，罗尔斯在“两个规则概念”中提出要把对于许诺这种实践方式的辩护与许诺这种实践方式之下的具体行动的辩护区分开来。在《正义论》中，罗尔斯又提出一个新的区分：要把作为一种实践方式之许诺的规则的约束力与作为公平原则对许诺这种实践方式的运用之结果的诚信原则（the principle of fidelity）区分开来。这个区分在罗尔斯的规则论乃至正义论中具有重要意义。关于许诺，罗尔斯写道：

> 许诺是一种由一个公共的规则体系所规定的行动。这些规则——就像所有建制一样——是一套构成性的约定。就像游戏规则那样，它们规定某些活动、定义某些行动。在许诺这个例子中，最基本的规则是支配“我许诺做×”这句话之使用的规则。它的意思大致如下：如果某人在恰当场合说了“我许诺要做×”，他就该要去做×，除非存在着一些使他开脱的条件。这条规则我们可以理解为许诺的规则；我们可以把它当作是对整个实践方式的表述。它本身并不是一条道德原则，而是一条构成性约定。在这方面，它与法律规则和法令以及游戏规则具有同等地位；就像这些规则一样，它之存在于一个社会之中，是当它多多少少被作为行动依据的时候。[25]

要确定公平规则能否运用于许诺实践而引出诚信这种职

责，一要看这种实践方式是否正义，二要看许诺的人是否自愿地作出许诺。关于前一个问题，罗尔斯说尽管通常理解的许诺实践所规定的恰当场合和开脱条件是符合原初状态下人们会做的选择的，他还是不愿意把许诺实践说成是顾名思义就正义的事情，因为这样会混淆许诺规则和从公平原则中推导出来的诚信职责之间的界限："存在着多个许诺的变种，就像存在着多个契约法的变种一样。一个人、一群人所理解的某个特定的实践方式是否正义，仍然有待于借助正义原则来确定。"[26]关于后一个问题，罗尔斯说，作一个许诺，就是诉诸一个社会实践方式并接受它使之成为可能的那些利益，那就是建立和稳定小规模的合作格局。正因为这种利益，人们才自愿地进入许诺这种实践方式。一个人并没有作出许诺这种职责；但如果作出了许诺，而许诺这种实践方式又是正义的，或者说一个人进行许诺活动的条件是符合正义的许诺实践的标准的，那么，根据导出职责的公平原则，这个人就因此而承担了诚信职责，而这是与许诺的规则不同的：

> 将许诺的规则与诚信的原则（作为产生于公平原则的一个特例）混为一谈的趋势尤其强烈。初看起来它们好像是同一回事；但是，前者是由现存的构成性约定所定义的，而后者则是由原初状态中可能被选择的一些原则所解释的。用这种方式我们因此可以区别两种规范。

> “义务”和“职责”这些术语在这两种语境当中都被使用；但是从这种用法中产生的含糊性，应该是很容易消除的。[27]

这两种规范或规则，再加上前面提到的自然义务，构成了个人行动所要遵守的三类社会规则（作为规则，它们都区别于准则和建议等等）。根据罗尔斯的观点，我们可以对这三种规则或规范作以下概括：自然义务具有道德意义，但不与社会建制发生必然联系。建制性要求与社会建制具有必然联系，但不具有道德意义。职责可以说是介于自然义务和建制性要求之间的：它们一方面与社会建制具有内在联系，另一方面又具有道德意义。罗尔斯尤其强调不能把建制性要求与职责混淆起来：

> 建制性要求，以及那些从一般来说全部社会实践方式引出来的建制性要求，可以从既成的规则及其诠释当中加以确定。比如，作为公民，我们的法律义务和职责——就其能确定的而言——是由法律的内容所确定的。适用于作为游戏选手的人们的那些规范，取决于该游戏的规则。这些要求是否与道德义务和职责相联系，是另外一个问题。即使法官和其他人用来对法律进行诠释和运用的标准与正当原则和正义原则相像或相同，也仍然

> 是这样。比方说，在一个秩序良好的社会里，法庭用来诠释宪法中那些调节思想自由和良心自由、确保对法律的平等保护的部分的，很可能是那两个正义原则。尽管在这里，如果法律满足其自身的标准的话，我们显然在道德上必须——在其他条件相同的情况下——服从法律的，但是，法律要求什么的问题，仍然是与正义要求什么的问题是区别开来的。[28]

罗尔斯在《正义论》中有关公民不服从和良心拒绝的讨论，是对这里所说的区别——法律的要求和正义的要求之间的区别——的详细发挥。但这里的情况比许诺的情况要复杂。罗尔斯没有讨论一个特定诺言是否正义的问题。可以设想这种情况：甲对乙说，你如果付给我两百元钱，我就去把你的那个仇人揍一顿。但等甲拿到乙的钱之后，他觉得打人不好，反悔了，不按照诺言去打人了。在这种情况下，无论是根据许诺实践的构成性规则，还是根据诚信原则，甲都是不对的。他的行动要得到辩护，只能诉诸“不能打人”这个自然义务。就法律而言，罗尔斯不仅考虑它是不是根据体现正义原则的宪法程序制定出来的，而且认为它即使是根据体现正义原则的宪法程序制定出来的，也有一个是否正义的问题。关键在于，在罗尔斯看来，即使在一个近似正义的“秩序良好社会”中，宪法也仍然是一个虽然正义却不完善的程序。“说它是不完善的，是因为不存在任何可行的政治过程能确保根据它而制定出来的法律一定是正义的。”[29]公民的利益和看法各不相同，从程序的角度来说只有多数裁决原则才是正义的，但多数决定的结果从内容上说却并不总是正义的。“我们必须拥护一部正义的宪法，所以我们必须赞同它的一个基本原则，即关于多数裁决原则。因此，在一种接近正义的状态下，根据具有的拥护正义宪法的义务，我们通常也就具有遵守不正义法律的职责。”[30]

但这种职责是有限度的。第一，从法律本身之不正义的程度来说，不正义的负担在长时段内应该是在社会不同群体中间多多少少平均地分布的，不正义政策的困苦不应该在任何特定情况中具有太重的分量。对于那些长年遭受不正义的永久性少数群体来说，上述限度更容易突破一些，因而对他们来说，服从法律的职责就更容易成为问题一些。在这种情况下，公民就有权利不服从、不遵守不正义的法律，而进行所谓“公民不服从”（civil disobedience），它是“一种公开的、非暴力的、出于良心但政治性质的反对法律的行动，其目的通常是为了造成法律和政府政策中的变化”[31]。第二，从公民的态度来说，即使当公民有职责在行动上服从不正义的法律的时候，他们也没有职责要在思想上认为这些法律是正义的。[32]

罗尔斯从他对建制性规则与建制性职责之间关系的讨论

中引出的结论，可以概括为这样几点。第一，建制性职责与建制性规则之间的联系，要求我们在一个建制是正义的、我们因为从这个建制获利而自愿地加入这个建制的前提下，服从它的构成性规则。第二，但建制性职责毕竟是与建制性规则相区别的，为建制性职责提供根据的公平原则同时也要求当我们在某个建制明显不符合正义原则的情况下，不服从这种建制、不遵守它的构成性规则。第三，由于这种建制——特定的法律——并不是社会的基本结构，而罗尔斯的正义论的前提是一个其基本结构是正义的或接近正义的“秩序良好的社会”，所以，公平原则又要求在反对根据立宪程序制定出来的某个特定法律的同时，履行遵守这种立宪程序的建制职责和服从正义原则的自然义务。为此罗尔斯又强调公民不服从必须是非暴力的、公开的，进行公民不服从活动的人必须承担由此带来的法律后果等等。

五

上面所分析的罗尔斯的规则概念，与当代中国语境有着多方面联系。

第一，随着“社会主义法治国家”成为国家的正式纲领，宪法（共和国的构成性规则）的作用得到空前重视。在这种情况下，前面提到的罗尔斯关注的两个主要问题——社会实践方式的问题和人们对社会实践方式的接受的问题，可以说也已经成为我国政治生活的两个最基本问题。相对于社会基本结构的理想设计问题来说，目前实际上存在的各个层次建制之间的关系、如何对待这些建制，是对普通公民关系更为直接的两个问题。改革过程中出现的利益调整、经济形式的动荡不定等等，使得公民在对宪法的忠诚与对宪法框架内外制定的法律、政策的服从之间，常常产生程度不同的矛盾。罗尔斯在一个完全不同的语境中讨论的问题和提出的观点，对于我们理解和解决这些矛盾，至少是具有启发意义的。

第二，随着我国加入世贸组织，“游戏规则”一词更加频繁地出现在各种会议和各种传媒当中，因为这个完全人为建立的组织的主要职能，就是制定和执行全球贸易的“游戏规则”。“游戏规则”相当于罗尔斯所说的建制性规则，所以罗尔斯关于后者的论述应该说是与当代中国语境非常相关的。遵守世贸组织的构成性规则本身并没有道德意义。但是，就像体育运动一样，并非只有具有道德意义的行动规则才是值得重视的。对于缺乏规则意识、没有遵守规则的习惯的单位和个人来说，加入世贸组织是一个严峻的、常常需要付出沉重代价的学习过程。这是问题的一个方面。另一方面，虽然是否遵守世贸组织的构成性规则本身并不具有道德意义，但这些规则是否正义、自愿加入世贸组织之后是否自觉遵守这些规则，还是具有道德意义的。这种集体行动层面的道德意义不同于个人行动层面的道德意义，但对于生活在复杂的现代社会中的人们来说，前者的重要性是忽视不得的。从这个角度来说，罗尔斯的规则论与当代中国语境也是相关的。

第三，与此有关的是一个普遍性程度更高的问题，即在一个依法治国和市场经济为特征的现代社会中，如何坚持“诚信”这个道德原则的问题。洛克说过：“诚实和守信是作为人而不是作为社会成员的人们的品质。”[33]他甚至还说：“许可、诺言和誓言，是全能的上帝也要受到的约束。”[34]洛克在这里赋予诚信原则以自然义务甚至宗教义务的性质，但是这个原则在现代社会里无疑具有更为重要的意义，因为现代社会中人们之间的合作更加重要，而这些人们往往是由一般规则而不是特殊纽带连接起来的陌生人。在这种情况下，一个人的“诚信”，往往意味着他能在没有熟人监督的情况下、在不涉及特殊忠诚关系的情况下信守自己有关一般规则而不是某件特定事情的诺言。关于罗尔斯的规则概念与当代中国语境提倡诚信原则的这一任务的关系，我们不妨借助一个具体例子作比较详细的分析。

2002年12月的一份报纸上曾经有这样一则报道，说上海有一所大学决定，在马上开始的期末考试中，发给每个学生一纸《诚实承诺书》，内容是：“我郑重承诺：在考试中决不作弊，奉守诚实原则，严格约束、规范自己的言行，不做任何违反校纪校规的行为，并愿意以此接受主考老师的监督。”[35] 据说这种“诚实承诺”受到了全校同学的响应，马上要在全校推广。但是，一位科学家读后对此非常不满，说：“假如我是这所大学的学生，我就绝对不接受那《诚实承诺书》，我会认为那是对我人格的侮辱！宁可退学也绝不赌那样的咒，发那样的誓！”[36]

现在的问题是：这所大学的学生是不是应该签这份《诚实承诺书》？

这份《诚实承诺书》所要承诺的是大学期末考试中不作弊。大学期末考试，或者一般地说考试，是一种社会建制，而这种建制又是整个高校教育的构成性部分即不可缺少的部分之一。按照通常的理解，考试的构成性规则是不能作弊。用罗尔斯的术语来说，作为考试的构成性规则的不作弊，是一个建制性要求，它与来自公平原则的不作弊这种道德职责不是同一回事。显然，成问题的不是考试能不能作弊，因为一个允许作弊的考试，顾名思义就不再是考试，就好像——用前面提到的罗尔斯举的例子——允许击四球而不是击三球的球类运动根据定义就不是棒球运动一样。成问题的、发生争议的是：学生有没有道德职责去履行与考试这种建制或实践方式相联系的建制性要求——不作弊？

根据前面所讲的罗尔斯的观点，考虑人们有没有一个建制性职责，取决于两个因素。第一，这个建制是不是正义。第二，一个人加入这个建制是不是自愿。既然没有理由说我们目前高校实行的考试制度怎么不合理不正义，也没有理由说大学生进入大学、接受大学教育、参加包括考试在内的各个教学环节是对他们不利、是强加于他们的，那么，结论应该是很清楚的：不作弊不仅仅是考试这种建制的构成性规则，而且是参加考试的人们的道德职责。这种职责对他们的约束力，并不产生于他们承诺不作弊的时候。考试不作弊作为一种建制性的道德职责，在他们自愿地加入高等教育这个建制、进而自愿参加期末考试的时候，就已经具有约束力了。从这个角度来说，承诺考试不作弊，完全是多此一举。

还可以从承诺本身的特点来看这个问题。根据罗尔斯的观点，承诺作为一种社会建制，它的构成性规则是“凡许下的诺言都要遵守”，但这种守诺规则并不等于同样要求信守诺言的诚信原则。要引出诚信原则，还要求用公平原则来考察许诺这种建制是否正义，以及人们加入这种建制是否自愿。如果从这个角度来看，承诺考试不作弊非但是多此一举，而且很可能适得其反。在考试之前要学生签署《诚实承诺书》，与要求顾客在进入商店之前签署《不偷窃承诺书》没有什么区别，那位科学家对那所大学的做法感到气愤，完全是可以理解的。从这点上说，这种承诺并不符合正义建制的要求，因而信守这种情况下许下的诺言并不是一个道德职责。那些迫于教师和同学压力而签订这份承诺书的人，如果这样来看待自己所作的承诺的话，并不是一点道理也没有的。至于那些像那位科学家一样“宁可退学也绝不赌那样的咒，发那样的誓”的学生，则更可能提出这样的质问：我们没有做不作弊的承诺，是不是就可以不受“不作弊”这条规则的约束了？而对于或许更多的人来说，这种形式的承诺，似乎是在向他们暗示，既然没有做过这样的承诺，他们就不具有承诺所涉及的那个职责，作弊起来就更心安理得了。

再进一步说，考试有一个是否作弊的问题，承诺也有一个是否作假的问题。仅仅作为一种仪式的承诺，并不能保证所作的承诺是一定会兑现的。说得刻薄一些，当一所大学的学生公开承诺他们的个人履历将是完全真实的之后，人们有理由担心，这所大学的毕业生，是不是更容易用自己的虚假履历骗取用人单位的信任。为了防止出现这种情况，我们是不是要再作一个承诺：承诺不作虚假的承诺？从逻辑上说，这个承诺的序列可以无限延伸下去。

当然，那所大学的管理人员会说，他们之所以要求大学生签署诚实承诺书，完全是出于无奈。不这样做的话，有的学生可能会忘记自己在考场该做什么、不该做什么。不这样做的话，有的学生会认为既然自己没有作过承诺，就可以心安理得地违反考场规则。

但问题的严重性正在这里。一般来说，需要承诺的东西，是只有承诺了之后才具有约束力的东西。我许诺明天给你十元钱，“给你十元钱”这一点本身是没有任何约束力了，但许诺了之后就有约束力了。我许诺“明天还你以前借你的十元钱”，“归还所借的钱”固然不需要这个承诺才具有约束力，因为“借”的钱，顾名思义是要还的，否则就不是借了。所以，当我许诺“明天还你以前借你的十元钱”的时候，我并不是直到这个时候才受到“归还所借的钱”这一条的约束，而是受到“明天还钱”这一条的约束，而“明天还钱”这一条的约束力本来是没有的，只是许了诺之后才有的。以此类推，我们可以这样来理解上面所说的那所大学的做法：这所大学之所以要号召学生签署考试不作弊的承诺书，是因为在学校的管理人员看来，不作弊这一条在学生当中已经没有任何约束力了；除非作出不作弊的承诺，不作弊这一条本身就是不具有约束力的。见识过一些由干部、大款们参加的成人教育考试场面的人，对这种想法是不会觉得奇怪的。

这样看来，那所大学的做法虽然从道德理论角度来看是很成问题的，但对于研究当代中国社会的人们来说，它却可以成为一个很好的个案，从中看出我们的社会在道德状况方面出现了什么问题，应该采取什么样的相应办法。

从本文主题来说，同样值得重视的是，从上述例子中我们可以得出这样一个结论：罗尔斯的政治哲学在中国语境中的意义不仅仅在于它有助于捍卫某个“主义”，而且也在于它有助于解决一些“问题”。

注　释

1 John Rawls，*A Theory of Justice*，revised edition，The Belknap Press of Harvard University Press，Cambridge，Mass.，2000，p.1.

2 Ibid.，p.47.

3 John Rawls，"Outline of a Decision Procedure for Ethics"，in *Collected Papers*，ed. by Samuel Freeman，Harvard University Press，Cambridge，Mass.，1999，p.17.

4 John Rawls，"Two Concepts of Rules"，*Collected Papers*，p.34.

5 Ibid.，p.35.

6 John Rawls，"Two Concepts of Rules"，*Collected Papers*，p.36.

7 关于"构成性规则"和"范导性规则"的区别，见 John R. Searle，*Speech Acts*：*An Essay in the Philosophy of Language*，Cambridge at the University 1969，pp.33—42。

8 关于技术规则、实用准则和道德原则之间的区别，见 I. Kant，*Kritik der praktischen Vernunft/Grudnlegung zur Metaphysik der Sitten* herausgegeben von Wilhelm Weischedel，Suhrkamp，1996，pp.46—51。康德把命令式分成三种：技术的（technisch）、实用的（pragmatisch）、道德的（moralisch）。技术规则实际上是关于目的和手段之间的关系：为了实现给定的目的，要使用什么样的手段。这种目的和手段的关系的基础是一种结果和原因之间的关系；这种关系是非常确定的，所以康德说表述技术规则的命题是"分析的"。在技术规则那里，要实现什么样的目的有各种各样，而在实用的规则那里，要实现的目的就是幸福。从这个意义上讲，实用的规则像技术的规则一样也是一种关于目的和手段关系的规则。但区别在于，幸福常常是因人而异的：甲认为是幸福的东西乙未必认为是幸福，因而幸福和达到幸福的手段之间的关系是不确定的。这与技术规则不一样。但技术规则和实用规则都是有条件的规则——如果你要实现什么样的目的，你就应当怎么行动，在这点上它们都区别于道德规则。道德规则是无条件的规则；它所规定的是作为理性主体的人无条件地应当做的事情。这就是康德所谓"绝对命令"。

9 John Rawls，"Two Concepts of Rules"，*Collected Papers*，p.30.

10 Ibid.，p.33.

11 Ibid.，p.31.

12 Ibid.，p.43.

13 John Rawls，*A Theory of Justice*，p.47.

14 罗尔斯明确指出："作为公平的正义"这个命题"所传达的意思是，正义原则是在一个公平的原初情境中得到同意的"，John Rawls，*A Theory of Justice*，p.11。在前一页，他说这种情景是"一个平等的原初情境"（an initial position of equality）。

15 同上书，第123页。

16 John Rawls，"Legal Obligation and the Duty of Fair Play"，in *Collected Papers*，p.127.

17 Ibid.

18 这样的解释当然是会引起争议的，因为根据一般的理解，罗尔斯两条正义原则不是从更一般的原则中引出来的，而是在原初状态下被选择的。但我认为，我们可以在这两条原则被选择出来之后，"回过头去"把它们"看作"一条更普遍的原则——建立最有效率的正义建制——的推导。对罗尔斯正义论作这样的理解，至少有简洁明了的好处。

19 John Rawls，*A Theory of Justice*，p.5.

20 Thomas Pogge，*Realizing Rawls*，Cornell University Press，Ithaca and London，1989，p.41.

21 出于用法一致的考虑，本文使用的"职责"一词都对应于罗尔斯所用的"obligation"一词，本文使用的"义务"一词都对应于罗尔斯使用的"duty"一词。

22 John Rawls，*A Theory of Justice*，p.93.

23 John Rawls，"Legal Obligation and the Duty of Fair Play"，in *Collected Papers*，p.119.

24 John Rawls，*A Theory of Justice*，p.331.

25 Ibid.，p.303.

26 Ibid.，p.304.

27 Ibid.，p.307.

28 Ibid.，p.307.

29 Ibid.，p.311.

30 Ibid.，p.311.

31 Ibid.，p.320.

32 Ibid.，p.316.

33 约翰·洛克:《政府论》下篇，叶启芳、瞿菊农译，商务印书馆1996年版，第11页。

34 同上书，第119页。

35 见2002年12月14日《新民晚报》。类似的报道还有一些，如《武汉晚报》2001年6月26日的一则报道说广东工业大学推出一项新举措——以个人信用作为承诺，在一个班级试行无人监考制。《文汇报》2002年3月1日报道，华东师大二十一世纪人才学院学员向社会郑重承诺——求职履历决不掺水。

36 于宗瀚:《如果我是上海东华大学的学生》，引自《新语丝电子文库》，http://www.xys2.org/xys/netters/others/essays/donghua.txt。

规则、事实与范例*

——回应黄勇和郁振华

* 本文刊于《探索与争鸣》2016 年第 5 期。

《论规则》于去年出版后，不少同事给了鼓励，也给了指教；《探索与争鸣》请黄勇和郁振华两位撰写的文章，尤其让我在感激之中又多了惶恐，怕自己的回应和小书都配不上他们在评论中所体现的情谊和学识。

一

黄勇特别关注我在《论规则》当中对道德规则的观点。他认为，我在讨论道德规则的时候所依据的元伦理学立场，既不同于约定论，也不同于实在论，而在他看来，(1)我所排除的观点（约定论和实在论），未必没有其优点；(2)我所赞同的观点（义务论，或他所说的"康德的理性构造论"），其实有很大弱点；(3)而他自己的德性论所预设的道德实在论，却才更适合用来说明道德规则的依据。

对（1）和（2），我想这样回答：恰恰是黄勇在（1）中提出的论证，支持了他在（2）中批评的我的观点。也就是说，我之所以把道德规则与技术规则和游戏规则区分开来，正是因为如黄勇自己所认为的那样，我在说明道德规则的时候所排除的那两种元伦理学立场（一种是比较适合用来说明技术规则的实在论立场，一种是比较适合用来说明游戏规则的约定论立场），如果用来说明道德规则的话，都并不是一点道理也没有的——换句话说，都是有一定道理的。但问题在于，让我们觉得约定论的元伦理学立场有道理的那些理由，恰恰显示了实在论的元伦理学立场的弱点；而让我们觉得实在论的元伦理学立场有道理的那些理由，则恰恰显示了约定论的元伦理学立场的弱点。在这种情况下，相对比较合理的进路，在我看来是找一个超越两者之间的立场，它可以比较恰当地说明道德规则既不像技术规则那样以客观规律作为依据，也不像游戏规则那样以人际约定作为依据——或者说，道德规则当作依据的如果也是“规律”的话，这种规律是与人际约定具有极重要的关联和相似的；道德规则当作依据的如果也是“约定”的话，这种约定是与客观规律具有极重要的关联和相似的。我觉得康德派所说的“良心”（或康德在《实践理性批判》结束语中所说的“我心中的道德法则”），就是这样一种依据——它既与人际互动具有内在关系，又并不是一种只能肯定其事实性而无法评价其有效性的东西。

这就涉及对（3）的回应。黄勇认为道德规则本质上与我所讲的技术规则是类似的，因为道德规则也以事实——在黄勇看来就是儒家所说的“人性”——为根据的；而且，违背了这样的规则，人也会受到惩罚的，即自身会受到伤害的。黄勇的这个观点我在很大程度上也是同意的。比如在论证我们不应该把道德规则同化于游戏规则的时候，《论规则》写道：“如果这里的道德规则是前面所说的‘底线道德规则’的话，这种同化是忽视了道德规则与人之为人的意义之间的内在关系；如果这里的道德规则是前面所说的‘理想道德规则’的话，这种同化则是忽视了这种规则与高尚人生的目标之间的内在联系。”在这段话当中，我应该也是承认了“人之为人”这个“事实”，并且把这个事实当作道德规则的依据的。

但我想强调的是，人性即使是一种事实，它也是一种文化事实，而不是一种自然事实，因此它是与人的活动具有内在关系的。当然，经过语言学转向以后，即使在自然界，我们也已经很难说哪个事实是纯粹自然的、与文化无关的。但没有被人赋予意义的日月山川毕竟仍然是日月山川，而没有被人赋予意义的喜怒哀乐却谈不上是喜怒哀乐。这一点黄勇应该也是承认的。重要的是，从道德的角度来看，人性作为一种文化事实，是与人的道德实践密不可分的。冯契先生在讨论有关人性的儒家传统的时候，区分了“复性说”和“成性说”，这两种学说可以说都承认人性既是一种事实，又是包含着价值的，也都承认人性是与人的道德实践密不可分的，但以黄勇在文章中所引用的朱熹为代表的复性说，更多地强调道德实践以人性作为其出发点和归宿点，而以黄勇没有提到、但冯契非常推崇的王夫之为代表的成性说，则更多地强调道德实践作为人性之形成或培育的基础和途径。也就是说，在王夫之看来，人性是处在形成和培育过程之中，而道德实践就是这种形成或培育的基础，所谓“性日生而日成”，“习与性成者，习成而性与成也”。[1]

从这种角度来看待人性，它就不仅因为处在不断形成过程中，而与作为技术规则之基础的客观事实（或客观规律）相区别；人性与自然事实的更重要区别，还在于它与道德实践之间处在一种相互依赖的关系之中：人性固然是道德实践的前提，但它也是道德实践的结果；换句话说，人性固然是道德规则之运用的前提，但它同时也是道德规则之运用的结果。如果我们就像把客观自然规律作为技术规则之有效性的依据那样把人性作为道德规则之有效性的依据，那么，很可能是把人性看成了像客观自然规律那样一成不变的东西，尤其是很可能把人性看成是丝毫不受我们对规则的理解和运用之影响的。但这两种看法显然不妥的。

人性与道德实践之间的相互依赖，不仅是因果性的，而且可以说是意义性的。前面提到，我在《论规则》中承认道德规则与人之为人的意义之间是有内在关系的；我在这里想补充说，这种内在的意义关系可以从两种角度或两个方向加以考察。即使我能承认，如果从“人之为人”的意义角度出发引出对道德规则的理解的话，黄勇所主张的道德实在论是可以为两者之间关系提供不错的说明的，我也还是担心，如果我们从道德规则的角度引出对“人之为人”的理解的话，更能说明两者之间关系的，就不是道德“实在论”，而是“道德”实在论，道德实在论之为“道德”实在论要能成立，恰恰依赖于先有一个对于“什么是道德”的理解，依赖于先要知道“从道德的角度来看”是什么意思。在我看来，从道德规则与技术规则和游戏规则的区别出发，对什么是道德、如何从道德的角度看问题，可以有一个很清晰的理解。一旦我们弄明白了道德规则既不像技术规则那样以客观事实作为基础，也不像游戏规则那样以人际约定作为基础，也就比较能理解为什么我们在违反道德规则的时候，虽然既没有受到客观事件的惩罚，也没有受到社会措施的惩罚，却会受到自己内心的甚至会伴随终生的自我惩罚。

二

黄勇关注的是《论规则》中从规则之正当性依据的角度

对道德规则与其他规则的区分，而郁振华关注的是该书中从规则的约束力程度的角度对构成性规则和范导性规则的区分，他的评论同样既提出了非常重要的见解，也包含着我需要澄清的问题。

郁振华提出，不仅游戏规则和道德规则，而且技术规则，也都可以有构成性规则和范导性规则之分，还用《庄子》中的“庖丁解牛”和“轮扁斫轮”的例子来做了说明，这些都非常有意思。当然，正如郁振华引用《论规则》中所说的那样，“典型的规则是游戏规则，而典型的游戏规则是游戏或活动的构成性规则”——哪怕一种技术活动，它只要是一种活动，就同时也是一个游戏（a game），或是一种实践方式（a practice），因此完全应该是兼具构成性规则和范导性规则的。要感谢郁振华把《论规则》中蕴含着的这层意思阐明出来了。

我一方面要感谢郁振华对我区分构成性规则和范导性规则的肯定，尤其是感谢他由此而展开的进一步讨论，但另一方面也要感谢他以一种特殊方式提醒我，把游戏规则区分为构成性规则和范导性规则之后，不能简单地把凡是不属于构成性规则的那些规则，都归在范导性规则的范畴之中。郁振华把我在书中提到的约翰·罗尔斯有关“实践（方式）的规则观”与“概要的规则观”的讨论与约翰·塞尔有关“构成性规则”与“范导性规则”的区分对应起来，说“将格言式准则（maxims）和经验规则（rules of thumb）等视为范例的概要的规则观，显然更接近于范导性规则”，这是我不完全同意的，因为（比方说）有关学术研究之技巧的那些规则，与事关学术研究之理想的那些规则，显然是要在概念上进一步区分开来的。也就是说，如果一定要把非构成性的规则都称作是范导性规则的话，就有必要对如此宽泛理解的范导性规则，做一个进一步的分类，把其中特别重要的那些，与其中不那么重要的那些，区分开来。受尤根·哈贝马斯的启发，我觉得尤其值得重视的是这样一类范导性规则，它们所提出的要求虽然是在一种特定的实践活动当中只可能加以逼近，而不可能完全达到的，但承认这种范导性规则的有效性这一点本身，对于这种行动来说，却可以是具有构成性意义的。[2]比方说，对于学术研究来说，知识论意义上的“至善”是一个范导性目标，是可以心向往之，但永不能至的。这也就是通常所说的“学无止境”的意思。但对于真正意义上的学术活动来说，追求这样一种理想目标，又是一个必不可少的特征，这也就是通常所说的“止于至善”的意思。

郁振华在评论中对范例主义（exemplarism）和范例的普遍主义（exemplary universalism）的讨论，尤其不仅强调了《论规则》中虽然提到但未能强调的一些观点，尤其是“遵循规则的活动，不仅需要抽象思维的能力以把握普遍的规则，还需要判断力以有效地联结普遍的规则和特殊的情景”，而且引出了我在写《论规则》时完全没有注意到的一些讨论，尤其是意大利哲学家费拉里（Alessandro Ferrara）在阐发其“反思的本真性”概念的时候，为超越普遍主义与多元性之间的对立，为超越现代性与后现代性之间的对立，所进行的出色工作。在对这种工作做更多了解和思考之前，我在这里只想提出一个想法，作为对郁振华评论的回应（更确切些说是呼应）：费拉里的工作，很大程度是在哈贝马斯对康德的普遍主义实现了语用学转变的基础上进行的；因此，在费拉里那里，为我们所独有的本真性与有效性主张的普遍性之间之所以能够统一，不仅是因为我们能希望把普遍的道德原则和社会理想融入某个独一无二的个体的本真生活当中，而且是因为我们能希望这样一种典范性的生活，会因为它“足够好”而赢得身处各种情境的人们的普遍赞同。[3] 换句话说，康德的普遍化原则到了哈贝马斯那里，最重要的已经不是从语义角度看的命题形式，而是从语用角度看的讨论程序。从这个角度来看，如果参与讨论的人们是把个体尊严、个人生活的丰富性和本真性放在头等重要位置的话，那么，他们能被希望达成普遍共识的那种生活，就不会是遵守让每个人都过得跟别人一个样的那种普遍规则的结果。如果上述想法能成立的话，那么普遍规则就在双重意义上依然显示其重要意义：不仅在分析典范性生活之内容的时候，而且在确定典范性生活之有效性的时候，我们都需要普遍规则作为不可缺少的依据。

三

黄勇和郁振华的评论虽然针对《论规则》中的不同观点，但都针对该书这两个特点：对普遍性的重视，对不同规则以及与之相关的不同概念之间的区分的重视。这两个重视，在我看来是对规范问题的分析进路的哲学研究的特征。两位作者在就《论规则》中上述特点进行批评性讨论的时候，未必就是对分析进路本身的批评，但我还是想在这里为这种进路说几句话，哪怕只是借题发挥也有必要。

首先，分析进路之所以重要，是因为它对于确定我们“从某某观点看”是必不可少的。维拉德·蒯因有一本书的书名叫《从逻辑的观点看》；在我看来，把“是”与“应当”区分开来，把道德规则与其他规则区分开来，把规则与德性区分开来，其必要性也相当于“从道德的观点看”的必要性。逻辑的东西与历史的东西、心理的东西、社会的东西等固然是不可截然分开的；但如果不首先搞清楚“从逻辑的观点看”是什么意思，逻辑的东西与其他东西（历史的、心理的或社会的东西）之间的关系，就无从谈起。同样，事实与价值之间，规则与德性之间，规则与个案之间，当然都是密切关联的，但如果不首先搞清楚“从道德的观点看”，这些关联也是无法开始讨论的。我之所以如黄勇和郁振华都指出的那样特别倚重康德派理论，就是因为在阐明“从道德的观点”方面，康德的工作是无人可比的。黄勇说我虽然排除了约定论和实在论的元伦理学立场，却并没有对我自己所持的元伦理学立场提出论证，我觉得这个论证可以这样来表述：我之所以采取康德的义务论立场或理性构造论立场，是因为这种立场最清晰地阐明了“从道德观点看”的含义。道德当然与德性有关、与功利有关；道德规则当然与人性规律有关、与社会约定有关；但哪怕仅仅是为了说明这些关系，我们也要对什么是道德、什么是从道德的观点看，作出解释。康德哲学的一个最重要价值，就在这里。这并不是否定，“从道德的观点看”的含义本身，反过来也是依赖于对上述那些关系的讨论的。举一个例子，同样一条规则，可以看作一条游戏规则，也可以看作一条道德规则，如“坐公共汽车必须排队上车”；同样一个要求，可以是一种自然义务，也可以是一种建制性义务，如罗尔斯分析的“诚信”。只有先对“从道德的观点看”有大概的了解，对这些规则或要求的讨论才有可能进行；而对“道德的观点”的进一步了解，当然也是依赖于以此作为前提的对种种规则的深入讨论的。

其次，只重视分析进路和只重视综合进路，都是片面的，原则上都应该避免；但在不同语境当中，同一种片面性会有很不一样的意义；而在中国，更应该克服的是那种以“事物是普遍联系的”为理由而忽视对各关系项仔细分析的倾向，以及那种以“具体情况要具体分析”为理由而忽视对一般规律和规则的研究和遵守的倾向。与西方相比，中国一直没有形成一个很强的形式逻辑传统，与形式逻辑关系密切的抽象分析工作，因此也没有得到足够重视。这种情况，再加上一些别的因素，使得现代社会非常重要的一些概念区别，在中国人的思维当中，即使在知识界，也往往是不那么清晰的。一个突出的例子是“权力”与“权利”的混淆，不仅在日常语言当中经常出现，就是在政治话语和学术讨论当中也不难见到。[4]正是针对这种忽视概念区分的情况，《论规则》中力求从各种角度来说明几种规则之间的区别，强调忽视这些区别的危害性。笔者之所以在《论规则》中强调遵守普遍规则的重要性、培育规则意识的重要性，之所以在其他一些论著中强调既要捍卫普遍主义又要注意区分不同类型的普遍主义，所针对的很大程度上也是中国这个特殊语境。

以上三点，不能说是深思熟虑的结果；之所以在有时间写出基于更多阅读和思考的想法之前要写出以上文字，是为了早一点回应黄勇和郁振华百忙之中作出的评论，更是为了以实际行动向这两位优秀学者有所靠拢。

2016 年 4 月 10 日

于苏州河边清水湾

注　　释

1 见冯契：《中国古代哲学的逻辑发展》（下），上海人民出版社 1985 年版，第 1002—1010 页。

2 Jürgen Habermas：*Justification and Application*：*Remarks on Discourse Ethics*，translated by Ciaran Cronin，The MIT Press，Cambridge，Mass and London，England，1993，p.164.

3 Alessandro Ferrara：*Reflective Authenticity*：*Rethinking the Project of Modernity*，Taylor & Francis e-Library，2002. p.163.

4 就像 20 世纪上半叶的“民权”概念中的“权”字一样，时下很热门的“话语权”概念中的“权”字，可以是指“权利”，也可以是指“权力”，两者的含义非常不同，不应该混淆。当然，与“人民的权力”和“人民的权利”一样，“话语权利”和“话语权力”两者也应该是都很重要的，但只有在明确区分两种含义的前提下，我们才能谈论它们是如何重要的，以及这两种意义的“话语权”之间有什么关系。

论规则与规则意识*

* 《现代社会与规则意识》(童世骏、周武著，上海书店出版社 2001 年版）中的一章。

改革开放以来，我国社会生活的各个方面都发生了巨大的变化。这种变化也反映在人们的词汇和语言当中。一个很有意思的现象，是“规则”一词的使用频率比以前高多了。以前人们常说“要按客观规律办事”，现在人们则常说“要按游戏规则办事”，这“游戏规则”的范围不仅仅包括孩子们的游戏，或者是运动员们的比赛，而也包括诸如法庭的审理、股市的交易、人民代表的选举、世界贸易组织的运作这样一些对于社会生活具有极为重要意义的事情。

那么，到底什么是规则呢？是不是所有规则都是游戏规则？规则和规则意识是什么关系？如何培养公民（包括我们自己）的规则意识？本文力图对这些问题作简要的回答。

一、谈谈规则

1. 什么是规则？

讲到规则，很多人首先会想到交通规则。每个人从很小的时候就知道，交通规则是我们每个人都必须遵守的。下面就以交通规则为例来讨论一下规则的问题。有两个句子：

上海市民过马路走横道线。（1）

上海市民过马路应当走横道线。（2）

这两个句子都与交通有关，但是性质却是不同的。句子（1）是描述一种情况，而句子（2）是提出一个要求，是表述一条交通规则。那么，句子（2）的特点到底有哪些呢？

第一，它是一个有关人类行动的命题。在这点上，句子（2）和句子（1）没有区别。但是，我们完全可以对有关人类行动以外的对象进行描述：我们不仅可以说“上海市民过马路走横道线”，我们也可以说“熊猫喜欢吃竹子”、“长江的水从西向东流”。我们却不可以对人类行动以外的对象提出要求：我们虽然可以说“上海市民过马路应当走横道线”，我们却不能说“熊猫应当吃竹子”、“长江的水应当从西向东流”。当然，有时候似乎也有例外。假如我们在野外捕捉到一种动物，看上去像熊猫，却发现它喜食小动物，我们会说：“这家伙看上去像熊猫，但怎么喜欢吃小动物呢？熊猫应该吃竹子呀！”我们也可以根据我国水源分布的实际情况，作出一个决定：“长江的一部分水应当向北流”。这两个例子看上去都是关于人类行动以外的对象的，但实际上仍然同人类行动有关。在熊猫的例子中，我们的意思是：根据我们对动物的分类，熊猫的特征之一是喜食竹子。根据这种分类，当发现一只动物不吃竹子而吃动物的时候，我们就不应该把它当作熊猫，尽管它看上去很像熊猫。当然，我们的动物分类方法、我们对熊猫特征的认定都会变化，但在这变化发生以前，我们就应当把一种吃动物的兽类归入其他动物而不归入熊猫。在长江的例子中，我们实际上是说我们要求我们自己把长江的一部分水送到北方去，以缓解北方水资源贫乏的问题，也就是说，在这里要求的对象是人，而不是长江。所以，这两个例子中，我们所说的实际上仍然是人类行动。

第二，它是一个规范性命题。从字面上看，句子（2）和句子（1）之间的唯一区别是它包含了“应当”这个词。与“允许”、“不准”一样，“应当”是一个规范性的模态词，包含这些词的句子我们叫作规范性命题，表示对某种人类行动的肯定或否定，而不是对一个客观事实的肯定或否定。后者也可以说是描述性命题，或者说一种有关“是不是”问题的句子，比如句子（1）也可以改写成“上海市民过马路是走横道线的”。而很显然，描述性命题和规范性命题是很不同的，“是不是”的问题和“要不要”的问题是很不同的。上海市民是不是遵守交通规则，与上海市民应当不应当或要不要遵守交通规则，是两回事。当然，两者之间也有联系：从实际工作的角度来说，之所以强调“上海市民要遵守交通规则”，恰恰是因为上海市民并非都是遵守交通规则的。

第三，它是一个普遍命题或者说全称命题。在这点上，句子（2）和句子（1）似乎又是一样的，因为这两个句子都是全称命题。但是这里也有一个微妙的区别。描述性命题不仅可以有全称命题，也可以有特称命题、单称命题。比如，我们不仅可以说“上海市民过马路走横道线”，我们也可以说“大部分上海市民过马路走横道线”，或者“张先生过马路走横道线”。听了这两个句子，我们知道了两个事实。但是，规范性命题的情况与此不同。从表面上说，我们似乎也可以有特称的规范命题和单称的规范命题。从表面上看，我们不仅可以说：“上海市民过马路应当走横道线”，我们也可以说“大部分上海市民过马路应当走横道线”、甚至“张先生过马路应当走横道线”。但问题是，当我们听到有关部门规定“大部分上海市民过马路应当走横道线”的时候，我们总忍不住要追问一下：到底哪些上海市民过马路应当走横道线，你能不能把规定说得更明确一些？把这个规定说得更明确一些，实际上就是把一个含糊不清的范围的界限划清楚，从而，凡是在这个范围内的所有人都要遵守这个规定，这样就使这个规定从一个范围较大的全称命题变成一个范围较小的全称命题。范围虽然小了，命题却仍然是全称的。同样，在说“张先生过马路应当走横道线”的时候，说话的人心里实际上往往有一个依据，那就是“上海市民过马路应当走横道线”这样一个全称的规范命题。可以这么说：特称的规范命题和单称的规范命题严格地说来是没有独立地位的；它同全称的规范性命题密切相连，甚至可以说是“寄生”在全称的规范性命题之上的。从这个角度来说，全称性可以看作是规范性命题——至少是作为规则的规范性命题——的一个特征。

第四，它是一个可以用“正当与否”加以评价的句子。对句子（2）和句子（1），我们都可以用“正确与否”进行评价，也就是说，这两个句子都有一个“正确”还是“不正确”的问题。但仔细考虑一下，我们会发现这两种情况中“正确”的含义是不同的。就句子（1）而言，“正确”的含义是“真实”：它所描绘的是不是一个事实，或者说它的内容是不是符合实际的情况。就句子（2）而言，“正确”的含义是“正当”：它所提出的要求是不是符合人们的利益、是不是公平、是不是有可能做到，等等。在观察了一段时期以后，有人会说，好多上海市民过马路并不走横道线，乱穿马路的现象还不少，所以，“上海市民过马路走横道线”这个描述是错误的，也就是不真实的。但是，从这一点，我们并不能得出结论说，“上海市民过马路应当走横道线”这个要求是错误的，或者说不正当的。如果有谁要说这个要求不正确或者不正当的话，他就必须提出别的理由，比如说这个要求不符合上海市民的利益，或者说这个要求歧视上海市民，或者说这个要求太难了，根本做不到，等等。幸好，对“上海市民过马路应当走横道线”，大概没有人会提出反对意见。但我们知道，关于节日是不是允许燃放烟花爆竹的规定，确实存在着各种不同意见。

总起来说，规则是一种可以从正当与否的角度来加以评价的有关人类行动的普遍的规范性命题，或者更简单一些：规则是一种我们可以追问其是否正当的普遍的人类行动规范。规则的这些特点，使它区别于规律、命令、契约，同时也同它们有密切联系。

2. 规则与规律

所谓规律，指的是对象之间不以人们意志为转移的恒定的、本质的联系。这个意义上的规律首先是指自然规律，即人类世界之外的自然世界的客观规律。但是，我们同样也可以谈论社会历史领域和人类思维领域的客观规律，因为在这些领域我们也可以发现不以人们意志为转移的恒定的、本质的联系。

这样的规律，毫无疑问是人类行动必须遵守的。本文一开头提到的“按客观规律办事”的口号，是新中国成立以来几十年经验教训的结晶。无数历史事实证明，客观规律是违背不得的；再伟大的人物，再崇高的动机，一旦违背客观规律，都逃脱不了客观规律的惩罚。大跃进时期所放的那一个个“卫星”，什么粮食亩产十万斤，什么钢铁产量超英美，在客观规律面前都很快成为一个个吹破的气球。

重要的是，当这些气球被吹破的时候，客观规律本身并没有被违反。发现规律的过程固然离不开人的作用及其理性能力，但人只能发现自然规律，而不能创造和改变自然规律。就拿真正的人造卫星的发射来说，按照牛顿的万有引力定律，向上抛出的物体必然朝向地心的方向下落。这样一条规律并不会因为它不符合某某人的意志而失效；如果我们要使向上抛出的物体不再回到地面，我们就必须使其以一个能脱离地球引力的速度（所谓“第一宇宙速度”，其值为 7.9 千米／秒）离开地面，人造地球卫星正是利用这一规律而发射成功的；而人造地球卫星所证明的不是万有引力定律的无效，相反，它所证明的正是这一规律的必然有效性。所以，规律的最突出特性就是，不管人们的行为和愿望如何，只要规律所需的条件具备，规律就一定会发生作用。对于规律，人们只有服从和利用，决不能违背之。

规则与规律的最大不同，就在于规则有可能被违反，而规律是不可能被违反的。或者确切些说，违背规则的事情是有可能发生的，而违背规律的事情是不可能发生的。发射卫星的失败，并不意味着出现了一例违反规律的事件，并不是说万有引力定律、第一宇宙速度定律没有体现在这个事件之中，而只是说在这里自然规律是以一种违背人类意愿的方式在发生作用。但是，当一个人过马路不走横道线的时候，却确确实实发生了一件违反交通规则的事件，也就是说，“过马路应当过横道线”这条规则在这里确确实实遇到了一个反例。在很多情况下，一条规则被颁布之后因为无人理睬而形同虚设、被人遗忘；在有些情况下，人们甚至可以明确地决定废除某一条规则，或者规定几套规则。以围棋规则为例，不同的围棋比赛可以使用不同的围棋规则，比如应氏杯就有应氏杯的规则，三星火灾杯就有三星火灾杯的规则，日本人有日本人的规则，中国人有中国人的规则。同样是围棋可以有不同的规则，但这并不影响人们下围棋，只要在同一局围棋比赛中使用同一套围棋规则就可以了。而当人们分析某些围棋规则不利于围棋本身的发展、给围棋比赛带来不便时或者发现围棋的规则存在自相矛盾时，人们就会选择对围棋规则的修改，而不是选择继续遵守不合理的规则。

当然，人们对规则的修改和制定一样都不是任意的，而要考虑人们的习惯、时间的限制、比赛的条件，乃至生理的、物理的可能性等等。以田径比赛为例，田径比赛所比较的是人的体能的更高、更快和更强，而这种比较只有在人们对克服地球引力的过程中表现出来，因此在衡量田径比赛的成绩时向来是以完成单位距离的时间长短以及投掷、跳跃距离的远近为标准的。在田径比赛中还没有见到过跑得最慢的人成为冠军的规则，也不会有超越生理极限的入门线规定。

这个例子同时也说明了自然规律与规则之间并不是绝对

对立的。规则固然不同于规律，但规则必须以一定的客观规律为基础，至少，规则必须以不违反客观规律作为其基础。我们前面提到，规则有一个是否正当的问题，而规则的正当性理由中最重要的一条，就是它不能违背客观规律。即使是道德规则，虽然同自然规律之间的联系之紧密程度远远不及技术规则，也还是间接地同自然规律有关的。比方说，伦理学上有一个著名命题，那就是“应当蕴含着可能”，这个命题也可以转换成“不可能之事不是义务”，意思是，道德上应当做的事情，只能是实际上可能做的事情。

规则与客观规律之间的联系还表现在其他一些方面。首先，“要按照客观规律办事”这个要求本身就是一条规则。客观规律固然是不可能违反的，但“要按照客观规律办事”这条规则却是完全可能违反的。当我们批评某人做的某件事违背了客观规律的时候，我们其实是批评他违背了“要按照客观规律办事”这条规则。

其次，有些规则的基础不仅仅是（在消极的意义上）不违背自然规律，而且也是（在积极的意义上）以特定的自然规律为基础的。“带电操作必须使用绝缘保护手段”这条规则的基础就是这样一些自然规律：人体是一个导体、电流通过人体组织和器官会引起剧烈高温、剧烈高温会导致丧失生命，等等。这样一些自然规律，再加上“人要保存生命”这样的个体要求和“社会要保护其成员生命”这样的社会要求，构成了我们为上述规则进行辩护的理由。

第三，规则经过人们的学习、掌握，从而在某种程度上由外在的规则内化成为自身的天性，也就是所谓“习以成性”、“习惯成自然”。在人们对之具有明确意识之前，人们的习惯、习俗常常具有类似客观规律的性质。人类学家、社会学家、经济学家的任务，常常是观察人类的行动，总结出一些普遍的倾向、概率和模式，并以此为依据提出一些有关人们的文化行为、社会行为和经济行为的定律、公式和预测。有时候人们也把这种倾向、概率或模式叫作规则。但这些规则与典型的规则的区别在于，人们对这些规则常常是没有明确意识的，或者，他们即使意识到这些规则，也是从来没有想过这些规则是有可能加以改变的。人类行动的这种自发性一般来说是自觉性程度较低的表现。但是，当自觉的遵循规则行动达到一定的程度，或者说，当遵循规则的自觉训练、修养到达一定的程度，人们对于规则的遵循，就会从自觉的、勉力而行的境界，进入“从心所欲不逾矩”的境界，这时候，行动似乎也带上了自发的性质，但其实这是更高程度的自觉的表现。

3. 规则与命令和契约

同样是对于人类行动的规范，规则与命令和契约有一些重要的区别。搞清楚这些区别，有助于我们对规则的特点的认识。

命令作为人类行动的规范，具有两个特点。第一，命令是以特定的行动者之间的等级关系为基础的。比如科员依据科长的指示将一批文件送到指定的地点和指定的人手中，这时我们就说这个科员接受了科长的命令，或者说科长命令他的科员办一件事。在这里，科长和科员之间的上下级关系是“命令”这种规范之所以成立的一个前提。这种上下级关系赋予发布命令者以权威，这种权威要求被命令者承认他所发布的命令是有效的，并加以执行。同时，这种上下级关系也具有这样一种含义：如果命令不被执行的话，命令者将给与被命令者以制裁或者惩罚。命令的第二个特点，是命令总是比较具体的，是应当做成某一件特定的事情的要求。在命令中通常不仅指名道姓地指出做这件事情的行动者，而且也明确规定了做这件事情的具体的时间、地点，甚至方式。

相比之下，典型的规则并不需要规则的发布者和规则的执行者之间的这种等级关系作为前提。有些规则根本就不是由哪个个人或部门颁布的，而是在漫长的历史过程中慢慢形成的，然后才被人意识到、被人有意识遵守的，比如道德规则，比如市场交易的有些规则，以及现代法律制度的有些部分。有些规则，比如体育运动项目的竞赛规则，虽然常常是由某个体育组织颁布的，但这种体育组织的权威之所以得到承认，恰恰是因为它不是规则所调节的那个项目竞赛中的任何一方，因而不像命令的发布者与命令所预设、所复制的那种人际关系之间的关系：命令的发布者理所当然地是这种人际关系中的一方。现代社会最常见的规则是法律规则。在民主制度之下，虽然在具体的立法程序过程中不同的人们、不同的部门之间有不同的职能分工，但从原则上说，现代法律规则是公民自己为自己制定的行动规范，任何人，即使是立法者本身，也不得凌驾于法律之上。同样，典型的规则也不是对某人某时某地要做某事的规定，而是以一般的方式提出一个一般的要求。有时候，一条规则的实际内容是对某个人的某个具体行动的规定，但既然是作为规则而不是命令而提出的，在它的表述中出现的就应该只是某类行动者，而不应该是某个行动者，尽管这个类实际上只有一个个体。比方说，假如某个学术团体要制定一个规则，说该协会的会长最多只能连任一次，而这个规则制定的时候，它的会长已经是第二次连任了。很显然这个规则的表述必须补充对一个例外的说明，说明这条规则不适用于这个领导人。但既然是作为规则的补充而提出的，这说明就不应该指名道姓地说“最多只能连任一次”这条规则不适用于这位会长，而只能抽象地说，这条规则不适用于本规则制定时在任的那位会长。

同命令一样，而同规则不同，契约通常也是具体的。一份合适的契约不仅对契约各方的权利与义务作出具体的规定，对各方如何履行义务的时间地点和方式也会作出具体的规定。比如一份有效的商业合同就会详细规定交易货物名称、成交款项数额、交货方式、交货地点、钱款支付方式等等。同样与命令相似，而区别于规则，契约作为行动规范也具有明确的制定者，那就是契约的签订者。如果契约具有法律效力的话，契约签订者必须是具有法人地位的自然人或团体。但是，契约的制定者不像命令的颁布者那样通常是单一的，而必须是多个的，也就是两个或两个以上的签约者。而且，如果说命令是以命令者和被命令者之间的等级关系为前提的，那么契约就是以契约签订者之间的平等关系为前提的。典型的契约是签订契约者的一种自愿的选择，在暴力或者其他形式的胁迫的情境下签订的契约是无效的。就契约关系中各方处于一种平等关系而言，契约与规则相类似，因为典型的规则应该也是对它所涉及的所有人都一视同仁的。但是，与典型的规则不同，契约作为行动规范所约束的对象并不是某一个类的全体个体，而是具有明确范围的特定的个体，那就是具有特定身份的签约各方。契约实际上是签约各方的相互承诺：承诺履行自己所承担的义务，承诺尊重对方所享有的权利。这种承诺所要求的签约者的自愿性，在规则中常常是见不到的。有的规则，如前面讲的现代法律系统，固然可以理解为是由规则的遵循者自己制定的，尽管这种“自我立法”常常具有许多中介甚至假象。但在许多情况下（对于特定的个人来说，也包括在他有投票权之前已经颁布的法律规则），规则并不是规则的遵循者自己制定的，甚至常常是某些行动者在从事一种行动之前就已经存在，而这些行动者为了自己的利益或自己的团体成员身份所不得不接受的既定的东西。从这个角度说，规则有时候比契约更具有外在的强制性。

当然，规则、契约和命令之间的界限是相对的，经常不能做出非此即彼的分类。我们可以有要求执行某条规则的命令，可以有承诺执行某条规则的契约，也可以有要求服从命令、要求履行契约的规则。我们在讲到规律的时候说过，尽管客观规律本身并不是行动规则，但“按客观规律办事”却是一条行动规则。同样，尽管命令和契约本身并不是规则，“服从上级命令”和“履行所签订的契约”，却是现代社会相当重要的行动规则。在有些情况下，服从上级命令是一个组织的内在要求；加入这个组织，就意味着承诺遵循“服从上级命令”这条规则。所谓“军人以服从为天命”就是这个意思。在现代社会具有普遍意义的是自愿者团体，加入这样的团体，就意味着同团体的其他成员达成了一系列的契约，这些契约一般表现在这种团体的章程当中，而服从这样的章程，就是“履行所签订的契约”这个规则的集中体现。

二、规则包括哪些类型？

在上面的讨论中，我们其实已经可以看到，有各种各样的规则，它们在许多方面相互区别。不搞清楚不同种类规则之间的区别，往往会导致严重的错误。对于规则可以作各种各样分类，但最重要的分类标准是两个，一个是规则的功能，那就是规则对于行动所具有的约束力，另一个是规则的根据，那就是规则的正当性是建立在什么基础之上的。

1. 构成性规则和范导性规则

首先，按照规则对于行动的约束力，可将规则分为两类：构成性规则和范导性规则。

构成性规则是指构成某一类行动的规则，违犯了这种规则，就意味着退出它们所规定的那一类行动。例如《围棋入门》中介绍的围棋基本规则的第一条："下子：对局者二人，一方拿黑子，一方拿白子。拿黑的一方先走，双方依次轮流下子，即黑方走第一、三、五……着，白方走第二、四、六……着，直到终局。走棋时要将棋子下在交叉点上，不能放在格子中间。……围棋子一经放下就不能再加以移动（除非被对方吃掉）。"这就是构成性规则。如果有人要像下象棋那样把围棋子在棋盘上走来走去，那么他就并不是在下围棋时违犯了一条规则，而是根本不是在下围棋。因为在对围棋的一个完全的定义中，是包括"围棋子一经放下便不能再移动"这条规则的。

范导性规则与构成性规则不同，它不对适用该规则的行动作出定义，而是指出最好怎么做。违背它，并不意味着你不再做这种行动，而是意味着你在做这种行动的时候做得不好。围棋中也有一些范导性规则，要成为好棋手就必须遵守它。换言之，违反这种范导性规则的人仍然是在下围棋，但他下得不太好。比方说围棋的布局有一个基本要求：各处棋子之间的配合必须恰当，每个棋子必须充分发挥它的效力。有些战术，对于不同的人有不同的吸引力，它们离开典型的、作为构成性规则的游戏规则更远，而体现了棋手对于某种风格、性格和某种审美价值的追求。如聂卫平和武宫正树都喜欢走的“三连星”布局，加藤正夫喜爱的“中国流”布局，小林光一喜欢的“错小目”布局。这些布局都可以总结出一些规则，但这些规则不是围棋的构成性规则，而是一些范导性规则。

区别构成性规则和范导性规则具有重要的意义。我们平时所说的一些“崇高理想”，往往可以当作我们的社会行动的范导性规则来看待。类似于“革命者应该大公无私”、“共产党员应该全心全意为人民服务”这样的要求，在党章中可以找到不少。党章作为党组织的章程，其主体是一些构成性的规则，违犯了这些规则就失去党员的资格，就好像把围棋子在棋盘上走来走去就退出了围棋比赛一样。共产党作为一个无产阶级先锋队组织，党章中当然要提出党的理想目标和党员的理想品质。但党的理想和党的纪律毕竟是有区别的。每个党员都应该承认党的理想，努力按照这种理想行事，这条可以称为党的构成性规则。但既然称为理想，就不可能充分实现，更不可能被全体党员充分实现，因而不能把实际上达到全心全意为人民服务这一条作为每个党员必备的条件。从党的建设的角度来说，我们不能只要纪律而不要理想，也不能只谈理想而忘了纪律。我们不能因为一个党员没有徇私枉法就表扬他是一位优秀党员，也不能因为一个党员没有达到大公无私的标准就把他开除出党。

2. 技术性规则

依照规则的不同根据，我们还可以把规则分成三类：技术规则、游戏规则和道德规则。

技术规则是指为达到一既定目的而采取的有效步骤、手段或方案。在通常情况下，技术规则是以一个或一个以上的客观规律作为基础的。自然规律通常是以全称直言命题的形式来表述的，比如“所有金属均导电”。正如美国哲学家杜威等人所指出的那样，这种直言命题也可以转化为具有相同操作意义的假言命题：“对于所有 x 来说，如果 x 是金属，并且把电流与 x 相接，那么电流就会通过 x 而得到传递”。这个表述实际上揭示出了一个因果规律：把电流同金属接触是原因，电流通过金属而得到传递是结果。这种用假言命题的形式来表述的自然规律同技术规则之间具有明显的结构上的相似性。技术规则所表述的实际上是一种目的—手段关系，而这种目的—手段关系是以客观的因果关系作为基础的：手段所对应的事件是原因，目的所对应的事件是结果。从上面的分析我们可以看出，技术规则中的手段项对应于假言命题的前件（如果……），技术规则中的目的项对应于假言命题中的后件（那么……）。也就是说，我们可以从上面分析的自然规律中得到这样一条技术规则：如果要导电的话，就使用金属材料。我们也可以得到这样一条否定性的技术规则：为防止触电，切勿用手碰连接电源的金属。

在社会领域，也有大量技术性规则，它们是以社会规律为基础的。例如："要适当控制人口增长"，"对外贸易中要注意结算币种"，"对学生要因材施教"等，这些技术规则都是以一些社会科学规律为基础的。当然，社会领域中各种事件之间的因果关系非常复杂，所以这个领域中的技术规则往往比工程技术领域的技术规则有更大的争议。

在德国哲学家康德那里，除了这里讲的技术性规则和下面要讲的道德规则之外，还有一种规则叫作"明智的准则"或"实用的准则"，它们教导人们为了实现幸福就应该做什么。其实，这类准则在很大程度上也可以归入技术规则的范畴，因为正如康德本人也承认的，这种准则所表述的说到底也是一种目的—手段关系。在这种准则中，目的通常就是大家都追求的幸福，而手段则是节约金钱、珍惜时间、勤劳致富、努力学习、重视友情、家庭和睦，等等。这种明智的准则同上面讲的那种典型的技术规则之间的区别在于，人们对于“幸福”的理解有各种各样，关于幸福这个目的和金钱、知识、友谊等等手段之间的因果关系，也常常极有争议。

我们在前面已经说过，我们平时常说“按客观规律办事”，实际上是说按照以客观规律为基础的技术规则办事。水总是往低处流，这条规律并没有告诉我们应拿水怎么办。只有相对于一个目的，根据一条或更多的客观规律制定出来的技术规则，才告诉我们为实现这一目的，应该怎么做。

3. 游戏规则

与技术规则不同，游戏规则很难说是以什么客观规律为基础的。这种规则所调节的行动是人与人之间打交道的活动，这种活动不仅包括围棋、足球这样的体育活动，而且包括股票交易、商品买卖这样的经济活动，乃至日常交谈、学术讨论这样的精神活动。这种活动的规则之所以称作游戏规则，是因为它们的规则和典型意义上的游戏的规则一样，都是以约定为基础的，是用来约束处于特定“角色”中的人们的行动的。前面讲到的围棋规则，只对下围棋的人适用；凡下围棋的人都赞同，至少都应当赞同，不然就不是下围棋了。有人觉得目前的围棋规则不合理，要加以改进。但在围棋界普遍接受新的围棋规则之前，只有不符合现行规则的才是真正不合理的。

围棋规则是长期以来形成的，当它成为一种正式运动项目以后，其规则又是由像围棋协会这样的权威机构颁布实施的。相比之下，语言规则（词法、句法、修辞法）的来源更难追寻，也更难靠权威机构来颁布实施。一般来说，像围棋这样为娱乐而设立的游戏活动是在对规则十分明确的情况下进行的，而语言交往活动中的人却很少有对语言规则十分清楚的。语法学不是颁布语言规则的科学，而是总结、澄清语言规则的科学。

按通常的理解，游戏活动是人们可以自由出入的，游戏规则是人们可以自由制定和修改的，违反游戏规则并不一定会受到惩罚——比如在足球比赛中，裁判没有发现球员犯规，这球就照踢不误；球员适当时候故意犯规，还是一种特定的战术技巧。

有的哲学家还强调“策略性规则”（“田忌赛马”的规则就是一个例子）作为规则的一个类型的重要性。策略性规则所涉及的不是人和自然的关系，而是人与人之间的关系。但行动者在依据策略规则行事的时候，实际上把他人当作自己要取得成功就必须克服和战胜的对象，而不是把他当作尊重和理解的对象，因而是用对物的态度来对人。从这个角度来说，策略性规则是具有很明显的技术性规则意义的游戏规则。通常的游戏规则是行动者要参加游戏就必须遵守的规则，而策略性规则则是游戏者要赢得游戏所要遵循的规则。出于上述考虑，我们不把策略性规则当作一种独立类型的规则来处理。

4. 道德规则

所谓道德规则，既不是以客观规律为基础的，也不是以约定为基础的。更确切些说，它们同客观规律有些联系，同人们的约定也有些关系，但这种关系同技术规则与客观规律之间的关系相比，同游戏规则与约定之间的关系相比，有一些重要的区别。正是由于这些区别，我们不会把技术规则和游戏规则称作“义务”，而只会把道德规则称作“义务”。前面讲过，任何规则，都有一个正当与否的问题。技术规则的正当性根据在于自然规律和诸如节省材料、保护生产者安全健康之类的人类需要。这类根据通常是没有什么争议的；争议仅仅在于某条技术规则是否同这些依据符合，而不在于这些依据是不是值得当作依据。游戏规则的正当性根据在于参加一个活动的人们的约定。同样，人们根据什么才达成约定，这是可能发生各种分歧的，但游戏规则之为游戏规则是以约定为基础的，这一点是不会有太大的争论的。相比之下，道德规则的正当性的基础问题更加复杂一些。对于伦理学上的后果论者来说，道德规则的正当性的根据是依据该规则而实施的行为的结果造成的非道德意义上的善（健康、幸福、社会功利等），而对于非后果论者，这种正当性的依据则或者来自神谕（天启论），或者来自自然（自然法理论），或者来自道德直觉（直觉主义），或者来自实践理性（康德主义）。不管如何认定道德规则的基础，有一个现象是任何一派伦理学理论都必须加以解释的，那就是，违反道德规则和违反技术规则、违反游戏规则是具有不同后果的。

违反技术规则，行动者会遭到惩罚，这种惩罚一般是由自然规律所引起的，因为技术规则的基础是自然规律。违反技术规则的结果是一个行动没有引起合乎目的的后果，在许多情况下还会引起有害于行动者的后果，尽管人们可以用别的技术手段去补救、抵消。在这里，违反技术规则的行动是作为一个客观的事件而引发一个客观的但是不符合目的的后果的，两者之间的关系是一个因果关系，如直接用手拿金属工具接触电源会造成触电事故。因为是一种客观的因果关系，所以违反规则的人是无法掩盖自己的违规行为的，也是无法要求任何个人或组织加以原谅或者赦免的。当然，很多违背技术规则的行动并没有造成不合目的的结果（如有的建筑工人说："我那么多年在建筑工地没戴安全帽，至今不是还好好的嘛！"），但这样的行动会受到公司劳动安全部门或政府有关部门的批评甚至处分。在这种情况下，个人的掩盖、他人的原谅似乎都是可能避免惩罚的。但问题是，在这种情况下，技术规则不仅仅是技术规则，也成了公司员工的行为准则，而这种准则类似于游戏活动的参加者必须遵守的游戏规则，违反了就要受处罚。而且，即使某个个人的某一违规行为没有受到工伤事故之类的客观事件的处罚，但同类的违规行为达到一定数量之后，是可以看出有害事件的比例会有一个上升，因而这里也存在一个因果关系。

违反游戏规则，行动者也会受到惩罚，但这种惩罚并不是由违反规则的行动作为一个客观事件而引起的另一个客观事件。当然，违反活动的构成性规则，必然导致该活动不可能进行下去，而对不少人来说，这也是一种惩罚（对那些因为不懂足球规则而被同伴排除在球场之外的孩子来说，这种惩罚的味道非常难受）。但是，这种“必然性”并不是一种必然的因果关系，而是指一种必然的意义关系：既然一个活动就是由这个活动的构成性规则所定义的，那么违反了这个构成性规则当然就意味着活动本身的破坏。在许多情况下，这种活动的破坏本身还并不意味着对违反规则的行动者的惩罚。构成对违反规则者的惩罚的，是参加活动的其他人、这个活动的组织者所施加的惩罚。正因为如此，违反游戏规则者的隐瞒经常是有效的：一个违反游戏规则的行动只要没有被发现，就没有什么惩罚随之而来。同样，即使违反规则的行动被发现之后，违规者还是有可能要求活动的同伴和组织者加以原谅和赦免的。

相比之下，违反了道德规则，虽然通常并不导致一个原则上必然随这种违规行动而来的不合目的的客观的因果事件，但也不是可以通过个人的隐瞒和他人的宽恕而避免惩罚的。

关键在于，一条规则，如果被行动者当作一条道德规则而不是技术规则和游戏规则来对待的话，就赋予行动者以一种相应的道德义务感或责任感。实际上，衡量一个人是否把一条规则当作道德规则来对待的标准，就是看这个人有没有同这条规则相联系的道德责任感。这种道德责任感表现在两个方面。一方面，如果这个规则得到遵守的话，行动者自己会对自己的行动感到心安理得和自尊自信，行动者所属的团体的其他成员及其代表会对他表示赞许和褒奖。这种自我满足和社会褒扬在遵守技术规则和游戏规则的时候或许也能见到，但在那两种情况下，自我满足和社会褒扬的真正原因往往是在于行动者在掌握高难度的技术规则和游戏规则的时候所表现出来的认真、诚实、勤奋和机智，而这些都是可以进行道德评价的。另一方面，行动者如果违反了道德规则的话，他自己会因为违反道德规则而感到内疚和羞耻，他所属的团体其他成员及其代表会表示谴责甚至处分。这里最重要的是行动者的自我谴责而不是社会谴责，因为社会谴责如果不经过个人的自我谴责而起作用的话，就同违反游戏规则的情况没有什么区别。正因为违反道德规则会导致这种自我谴责，所以我们说，违反道德规则虽然不会引起一个惩罚性的自然事件，也不一定引起一个惩罚性的社会事件（比如卢梭在《忏悔录》中提到的年轻时偷人东西、抛弃朋友这些事件，并没有别人发现，也没有别人给他以惩罚），但只要一个人确实把一条规则当作道德规则来对待而不仅仅是当作技术规则甚至游戏规则，并且意识到自己违反了这条规则，他一定会为此而感到内疚和羞耻，就像卢梭在写《忏悔录》时的心情那样。对于真正有道德的人来说，这种内疚和羞耻是比任何外在的惩罚更使人痛苦的惩罚。

总之，从规则被违反所导致的结果可以看出，道德规则与技术规则和游戏规则确实是具有重要区别的。道德规则的正当性基础既不是客观规律，也不是主体间约定，从某种意义上说是介于两者之间。道德规则的正当性在于同它有关的人们的基于客观理由的共识。道德规则以主体间的共识为基础，就此而言它同游戏规则相似；但作为合理、正当的道德规则的基础的这种主体间共识，与游戏规则所要求的主体间约定不同：游戏的约定往往是任意的（如围棋比赛规定执白先行还是执黑先行，并没有什么客观的标准），而道德的共识则是有客观根据的，不是人们可以任意改变的。就这点而言，道德规则又类似技术规则。但道德规则的客观根据并不是自然界的客观规律，或主要不是自然界的客观规律，而是人类社会的客观规律、道德主体的客观需要，尤其是不同主体在撇开偏见的情况下都能够接受的那些论证理由。应该承认，这些理由在不同的历史时期常常会发生变化，所以道德规则并不像技术规则那样“天不变道亦不变”。但毕竟它具有超越单个主体之外的那种稳定性和强制性。在人的成长过程或者说人的社会化过程中，这些理由内化成为人的道德意识和道德情感，也就是我们通常所说的“良心”或“良知”。违反道德规则的人之所以不仅会受到公众舆论的谴责，而且会受到自己“良心”的谴责，就是因为一个违反道德规则的行动是同道德规则之所以正当的理由相冲突的。

5. 以上三种规则的混合——法律规则

除了上面几种规则之外，我们有必要专门讨论一下法律规则。法律规则可以说是现代社会最重要的规则，但严格说来，法律规则并不是上面三种规则之外的第四种规则，而是这三种规则的混合。法律首先是一种游戏规则：法律系统之所以建立，是因为一个社会的成员要在一起过共同的社会生活，而这种社会生活就像一个巨大的社会游戏，需要由一定的规则来加以构成和调节。有一种说法，说坏的法律总比没有法律好。这种说法很容易被用来替坏的法律进行辩护，但确实看到了法律秩序对于人们共同生活的重要意义。但社会生活毕竟不是游戏活动，它是需要从道德的角度和技术的角度加以辩护的。从道德的角度来辩护，要求法律系统符合正义原则；从技术的角度加以辩护，要求法律系统符合效率原则。正义原则和效率原则对法律系统的作用，使得整个法律系统同时带上了道德规则的特点和技术规则的特点。当然，在法律系统之内，各种法律有不同的特点，有的更接近技术规则（如环境保护法），有的更接近游戏规则（如证券交易法），有的更接近道德规则（如宪法和刑法）。同时，同一条法律规则，行动者既可以从这个角度来看待，也可以从另外一个角度来看待。出于对法律的尊重而遵守法律，与仅仅因为害怕坐监牢而遵守法律，这两种情况虽然形式上都是遵守法律规则的行动，实质上却具有极大的区别。

三、谈谈规则意识

1. 什么是规则意识？

在现代社会，以现代法律制度为代表的公共规则系统具有极为重要的地位。因为这种重要地位，我们一方面要完善社会的规则体系，另一方面要培养个人的规则意识。如果没有规则体系，规则意识就是空洞的，也就是说是没有内容、没有对象的。同样，如果没有个人的规则意识，规则体系就是盲目的，也就是说是没有方向、不知道如何运用的。

规则意识所涉及的，不仅是行动者关于规则的知识懂得多少，而且是行动者在多大程度上愿意并且能够自觉地遵守规则。

关于规则的知识是规则意识的重要部分，因为在现代社会，同我们的职业生活和日常生活有关系的规则已经是一系列相当复杂的系统，往往只有经过用心学习，才有可能了解和掌握。学会一门专业技能，就是掌握这个专业的技术规则。参加人际交往，不仅要掌握适用于任何人际交往的游戏规则，而且要掌握每个特定的社会活动特有的游戏规则。作为一个有道德的人，当然还必须知道哪些规则是道德的规则，哪些规则我们应当从道德的角度来加以看待。我们经常碰到好心人办错事的情况，有些情况就是因为不懂得道德规则的缘故。比如说，现代道德规则中非常重要的一条是尊重他人在个人事务上的选择自由。而我们常常看到，许多对个人隐私的粗暴侵犯、对子女婚姻的强行干预，就是在好心之下做出来的错事。

但是，规则意识不仅仅包括对于规则的知识，而且还包括自觉遵守规则的愿望。经常有人把一个罪犯的犯罪原因归结为他是一个“法盲”。其实，对法律缺乏了解，在很多情况下只能解释一个人犯罪的部分原因。有时候，一个人犯罪根本就不是因为他不懂得法律——甚至可以这么说，世界上最懂得法律的人除了法官和律师之外，就是屡屡犯罪的惯犯，尤其是犯罪集团的头目。重要的不仅是知道规则，而且是愿意遵守规则。这尤其表现在没有强制性力量阻止违反规则的时候，也能够遵守规则。可以说，这正是人之所以区别于动物、成年人区别于未成年人的地方。比方说，有一块私人果园，主人如果要防止牛、羊等动物进去吃果子的话，必须把果园的篱笆扎得牢牢的。但是，如果仅仅是为了防止邻居、路人或其他人进入这块果园的话，一般来说他只需要挂一块牌子“私人果园，非请莫入”就可以了。对于愿意遵守不得侵犯他人财产这条规则的人来说，一个具有特定意义的符号就足够让他知道什么是该做的、什么是不该做的，而不需要一种物理的障碍，使得他的某种逻辑上可能的行动成为物理上不可能的事情。

再进一步说，规则意识还不仅仅表现为人们经过反思和努力而遵守规则。在前面我们说过，当自觉的遵循规则行动达到一定的程度，或者说，当遵循规则的自觉训练、修养到达一定的程度，人们对于规则的遵循，就会从自觉的、勉力而行的境界，进入孔子所说的“从心所欲不逾矩”的境界。在这种境界中，遵循规则已经成为一种习惯，外在的规则成为一个人内在的行为准则，因而当他遵守规则的时候，他并不感到受到一种外部力量的强制和制约。当然，这并不意味着一个人应该逆来顺受、像机器人一样自动接受要求他接受的任何规则。我们在前面说过，规则是有合理与否、正当与否的区别；只有对于合理、正当的规则的遵守，才可能给人带来真正意义上的自由。

2. 为什么要培养规则意识

上面我们其实已经谈到了规则意识在现代社会之所以重

要、之所以有必要培养规则意识的一个重要原因，那就是规则对于人的自由所具有的重要意义。我们知道，许多规则是只适用于成人，而不适用于孩子的。这并不说明孩子比成人更自由，而恰恰说明孩子还不适合享受只有规则才能赋予的自由。孩子还不具有成熟的理性能力、不能承担充分的行为责任，因此需要成年人的监护。仅仅这一条就说明，成年人要遵守的规则虽然比孩子要多，但孩子并没有成年人那么自由。自由并不等于任意，自由在于知道什么是可以做的、什么是应该做的、什么是不可以做的，而这些都需要行动者具有较高的理性能力。这种理性能力不仅仅表现为权衡利害，而且也表现为对于个人所应该遵守的规则的了解和尊重上面。只有对于具有自觉的规则意识的行动者来说，规则——我们这里的讨论都假定规则本身是合理的、正当的——才不仅仅是一种外在的强制，而成为行动者内在的要求。从整个社会来说，只有当社会成员普遍具有高度的规则意识的时候，规则才能既维护社会的秩序，也保证个人的自由。我党第一代马克思主义者李大钊所说的“大同团结”和“个性自由”的统一，只有在我们不仅有合理的规则体系，而且有愿意自觉遵守这些规则的社会成员的时候，才有可能实现。

规则意识在现代社会的重要性的第二方面涉及执行规则的社会代价问题。规则的执行当然是有代价的。为了规则的切实执行，社会要采取措施让规则所适用的行动者知道这些规则，要采取措施澄清规则同某一个特殊情境的相关性，要采取措施把规则所要求出现的事态实现出来，也要采取措施来惩罚违反规则的行动者，并因此来教育其他行动者自觉遵守规则，等等。在这些方面，尤其在最后一个方面，社会成员的规则意识越高，规则执行的代价就可以越低。在批评美国的基础教育状况的时候，有人曾经说过这样一句话：你不想多花钱办学校，就只能多花钱来办监狱。这句话可以用来说明规则意识同执行规则的社会代价之间的密切联系。当人民都能自觉遵守交通法规、社会公德、国家法律等等的时候，纳税人的许多钱就可以花在满足人民的生存需要、享受需要和发展需要上面，而不是用来维持庞大的警察队伍、纠察队伍和律师、法官队伍。

规则意识的重要性的第三方面同规则之运用的准确性有关。规则只有在运用中才有真正的效力，但规则是普遍的，不管其涉及的一个类是多么狭小，它对于这个类来说总是普遍的；而执行规则的场合总是特定的、单一的。于是，在普遍的规则和单一的场合之间就需要过渡和连接。这个任务是由规则的解释来完成的。一条规则，对于某个特定的情景，到底是不是相关、到底具有什么样的意义，规则本身不可能作出明确的规定，因为具体的情境是千差万别的。因此，规则的诠释往往是规则具体执行的不可缺少的前提。但问题也常常出在这里。比如，曾经有规定说公款接待客人的标准不能超过“四菜一汤”。这可以说是一条规则。这条规则颁布之后，人们的行动并不简单地分为遵守和不遵守两种。有些单位和个人在用公款招待客人时仍然是八大盘、十大碟地端上来。这当然属于不遵守规则的现象。但那些端上四盘比人家八大盘“内容”更多的菜的人呢？中国人是很会搞发明的，尤其在吃的方面：不仅可以用四个特大盘子来装菜，而且可以用上下几层的盘子来装菜。从形式上讲，这并没有违反上述规定。这也是在“执行”那条规定，然而，这是经过特定“解释”之后。有人会说，这里的毛病出在那条规定本身有问题：如果有关部门规定不能超过（比方说）十元钱的接待标准，就没有空子可钻了。这话有些道理。制度建设、规则系统之完善的一个重要方面是不仅要有规则、不仅要有意图良好的规则，而且也要有表述得当、逻辑严密的规则（如何制定规则，这也是一门专门的学问）。但问题不全在规则或规定的表述上面。假如某机关的人花了十块钱的公款到下属单位去“买”了两只大甲鱼、一串大闸蟹来招待客人——我们知道，这完全不是不可能的——那么，那条修改后的规定在形式上仍然得到了遵守，尽管很少有人会认为这条规定在实质上也得到了遵守。这里一个非常重要的问题是个人的规则意识程度问题。一个行动者如果具有自觉地遵守合理规则的意识，那么他就会努力准确地、完整地诠释规则的含义，不仅根据规则的条文，而且根据规则的精神实质来决定特定的情境之下如何准确地解释和执行这条规则。

3. 如何培养规则意识

规则是一种社会现象，培养规则意识的最重要条件是有一个合适的社会环境，在这个环境中不仅具有完善的规则体系，而且大部分社会成员能自觉遵守规则。党的十四大确立建立社会主义市场经济体系的目标，党的十五大确立建立社会主义法治国家的目标。市场经济和法治国家这两大现代化工程的实施，再加上党中央多次强调的社会主义精神文明建设的任务，一方面要求我们的公民具有相应的公民素质，其中最重要的就是上述意义上的规则意识，另一方面也为这个规则意识的培养提供了很好的条件。市场经济、法治国家的制度框架和精神文明的文化环境是公民培养和形成规则意识的最好的课本、最好的教室和最好的老师。在这个框架中，人们通过具体的实践活动不仅更容易了解、记住他们需要遵守的规则，而且更容易培养遵守规则的能力和习惯。随着市场经济的逐步建立，随着整个社会的法治化程度的提高，随着社会主义精神文明建设程度的提高，相信规则意识一定可以逐步深入人心，逐步占据我国社会生活的主导地位。

但是，应该承认，我国的市场经济建设、法治国家建设和社会主义精神文明建设的任务都还很艰巨，现状与目标之间的距离还相当遥远。对于规则意识的培养来说，这提出了一个很大的难题。一方面，合理的社会规则体系，是要有具有自觉的规则意识的人们来建立、运用和实施的。另一方面，自觉的规则意识又需要合理的社会规则体系来培养。如何解决这样一个矛盾，马克思在《费尔巴哈论纲》中所说的那句名言可以给我们以深刻的启发：人是环境的产物，而环境是要靠人来改造的，解决这个矛盾，只有依靠革命的实践。在社会主义现代化建设的革命实践中，社会制度的建设和人的素质的培养是一而二、二而一的过程——社会制度的建设过程同时就是人的素质的培养过程。

在这个实践过程中，人们的主观能动性是非常重要的。从个人的角度来说，每个人都要努力学习和实践来培养自己的规则意识；从社会的角度来说，必须为社会成员规则意识的培养创造良好的条件。在这方面，正面教育无疑具有首要的地位。下面的内容，就是在通过正面教育来培养规则意识的过程中要注意的一些问题。

首先，要提高行动者的抽象思维能力。

前面讲过，规则总是带有普遍性的，因此，如果没有一定的抽象思维能力的话，就不可能理解规则的意思，当然也不可能有自觉遵守规则的愿望和能力。不同的规则有不同的普遍性程度。在培养规则意识的时候，要设法逐步提高行动者掌握抽象规则的能力。《邓小平文选》第二卷有一处提到毛泽东同志是如何制定三大纪律八项注意的，对于我们理解规则的普遍性程度的问题很有帮助。邓小平说，毛泽东一方面坚持三大纪律八项注意的基本精神不能变，另一方面注意结合新的情况提出新的要求。根据我们上面的分析，结合新的情况提出新的要求，其实也就是根据新的情况（红军战士所处的客观情境和红军战士本身的觉悟程度）来调整规则适用的行动情境的普遍性范围。比如，起初对红军战士的规定是"不拿工人农民一点东西"，后来改为"不拿群众一针一线"。这里"群众"的概念的外延显然大于"工人农民"。"打土豪要归公"这条规定后来改为"一切缴获要归公"。这里的"一切缴获"的外延显然大于"打土豪"之所得的外延。此外，先前的"洗澡避女人"后来改为"不调戏妇女"，"不搜俘虏腰包"改为"不虐待俘虏"，也属于这种情况。在士兵觉悟程度较低的情况下，在活动范围较小的情况下，只能提出一些比较具体、比较直观的要求，否则他们会因为规则与他们的行动情境距离太远而无所适从。但是，随着情况的变化，如果仍然坚持原来的要求，就会出现一些值得注意的问题。一方面，不对规则的普遍性程度作适当提高，三大纪律八项注意的"基本精神"所不许可的许多事情，也就只好听之任之。如果一个人拿了小业主的东西，这是不是违反了"不拿工人农民一点东西"的纪律？殴打俘虏没有违反"不搜俘虏腰包"的纪律，这是不是允许？另一方面，这样也会妨碍士兵认识他们之所以要做或不做一件事情的理由、妨碍他们提高行为的道德境界。假如有两个士兵，都做到了“不搜俘虏腰包”，但一个是仅仅认为搜俘虏腰包这件事情是不对的，说不定他会觉得辱骂甚至殴打俘虏没有什么不对，而一个则不仅知道搜俘虏腰包这件事情是不对的，而且知道这件事情之所以不对是因为这是虐待俘虏，而虐待俘虏是不对的，显然，后一个士兵的道德境界要比前一个高一些。当然，这位士兵的道德意识水平还有待于上升到“不得侮辱任何人的人格”、“要尊重每个人的基本人权”这样的水平。只有在这样的现代公民意识的基础上，才能建立起现代的法治国家。

现代公民意识的基础是现代的普遍主义道德。康德在论证这种普遍主义道德方面作出了杰出的贡献。康德伦理学中有一个命题叫作“绝对命令”：“你的行动，应该使自己的准则，同时对一切有理性的东西都是普遍规律”。这个命题可以作多种解释，在我国伦理学界也经常遭受非议。其实这个命题包含了深刻的道理。它实际上提出了一个行动规则是不是一个道德规则的衡量标准：道德规则作为适用于全人类的规则，具有最高程度的普遍性，只有经过这种“普遍性标准”之检验的规则，才是配得上“道德规则”之名称的规则；只有尊重并遵守这样的规则的行动，才是具有道德意义、道德价值和道德尊严的行动。孩子时期的抽象思维能力较低，不可能指望孩子理解这种意义上的道德规则。对于教育者来说，必须循序渐进，从普遍性程度较低的规则着手，逐渐提高到普遍性程度较高的规则，最后达到普遍主义道德的水平。

其次，要善于区分事实性问题和规范性问题。

事实性问题是关于“是什么”的问题，而规范性问题是关于“应当做什么”的问题。规则固然同事实问题有关，但本身并不是一个事实。当然，现代英美哲学中有一个概念叫“制度性事实”，其意思是社会的制度既是规范性的规则系统，同时也是既定的社会事实。实际上，只有当我们从客观的观察者的角度来观察的时候，社会的制度才可以作为事实加以描述或记载。当人们在描述或记载一个社会制度的时候，关心的仅仅是这种描述是否真实，而不是社会制度本身是否正当，尤其不是描述者自己是否准备服从这种制度。一开始关心后面两个问题，观察者的角度就转变为参与者的角度，社会制度就成了名副其实的规则体系，他要问这个规则体系是否正当，他自己是否准备服从这套规则。事实问题和规范问题之间的关系在哲学上是一个大问题，有许多不同的意见。但从培养公民的规则意识的角度来说，我们要强调的是必须把这两个问题区别开来，必须能够把规则当作规则来对待。只有规则，才要求我们采取一个具有实践意义的态度：我们的行动要服从它，还是不服从它。用本文一开头的例子来说。“上海市民过马路走横行道”这个陈述并不要求我们采取一个实践的态度。如果我们对这个命题要有一个态度的话，那也仅仅是理论的态度或理论的兴趣：我们想知道这个命题是不是符合实际。但作为上海市民，“上海市民过马路应当走横道线”这个规则内在地要求我们采取一个实践的态度。套用哈姆雷特的话来说：“遵守，还是不遵守，这才是问题的所在。”

事实问题和规范问题的区分，是我们在前面讲过的个体学习过程中所掌握的种种分化中的一个。个体学习过程可以从内容和形式两方面来考察。从内容方面，个体掌握越来越多的关于自然界、人类社会和他自己的知识。从形式方面，个体的理性能力得到成长，而这种理性能力的一个最重要表现就是拥有越来越多的概念、范畴，并且能够把这些概念、范畴区分开来。这种能力的重要性可以从反面来说明。在我们的日常生活中，有些成年人的行为之所以显得有些幼稚，就是因为他们像孩子一样犯了混淆基本范畴的错误。比如，有人在马路边对出了故障的自动取款机、自动售货机大动肝火，拳脚相加，那是像小孩一样没有实现“人”和“物”的分化。有人在公共汽车上因为别人不小心碰疼他而破口大骂，则是像小孩一样没有在思想上实现对“有意行为”和“无意行为”的区分。有人不按规定排队上车，理由是“别人不是也没有排队嘛”，这是把“别人没有排队”这个事实误认为“别人可以不排队”这个规则了。类似的混淆范畴的事情在学术界也时常可见。在一次全国性学术讨论会上，有位发言者居然对一位前辈解放前的爱国主义精神进行质疑，理由是那时的国家是中华民国，而不是中华人民共和国，这显然是把政府（state）和国家（nation 和 country）混淆起来了。

第三，对于规则意识的培养来说，重要的不仅是区别事实问题和规范问题，而且是区别不同的规则类型。

日常生活中人们规则意识薄弱的最常见的一个表现，就是把不同类型的规则混淆起来。我们前面已经讲过游戏规则、技术规则和道德规则这三类规则的区别，这里着重讲一下在人们的日常生活中如果把这三类规则混淆起来的话，会出现什么样的后果。

首先，不能把技术规则当作游戏规则。前面说过，与游戏规则相比，技术规则是人们不能不遵守、不遵守就必然受到惩罚的。球员犯规可以逃避裁判的眼光，技工违反操作规程虽可以逃避车间主任的眼光，却逃避不了自然规律的“法力”——技术规则的根据不是人们的约定，而是相应的自然规律。违反技术规则就是违反自然规律；操作事故、安全事故是作为客观的因果链上的一个环节而被违反技术规则的行为引起的，自我原谅和请求别人原谅都无济于事。把技术规则当作游戏规则，常常意味着把客观规律“视同儿戏”，害人害己。在有些情况下，这也是迷信的一种根源。比如在发生旱灾的时候供奉龙王或曝晒龙王，就是把大自然当作一位游戏的伙伴，甚至是一场不体面游戏的伙伴，想通过利诱或威胁的手段使其让步、逼其就范。

其次，不能把道德规则混同于技术规则和游戏规则。

假如我们把道德规则混同于技术规则，就会认为道德规则像技术规则一样是以外在的自然规律为基础的，因而是不变的（所谓“天不变道亦不变”），违反它就像违反自然律那样必然导致惩罚（所谓“天谴”、“天怒”）。反过来，当人们发现违反道德规则并没有引起客观的因果性的惩罚，或遵守道德规则并没有引起客观的因果性的收益，也会随之而无视道德规则的约束——迷信是不足以使人趋善避恶的。

那么，把道德规则混同于游戏规则呢？按照原先的排球规则，“持球”属于犯规；按照新的规则，“持球”不算犯规。“持球”算不算犯规，这没有什么道德意味，即使算犯规，我们也不能说一个经常“持球”的人不是“好人”，而只能说他不是“好排球手”。不是“好排球手”的“好人”多的是。违反游戏规则也会遇到惩罚，但这种惩罚通常只是外在的，而且是可设法逃避或被赦免的。相反，违反道德规则即使人们没有发现、没有惩罚，一个真正视之为道德规则的人也会受到自己“良心”或“良知”的谴责。把道德规则混同于游戏规则，一个人会看上去循规蹈矩，实际上却可能并没有是非观念（所谓“良心”和“良知”）。因为他之所以循规蹈矩，可能只是为了不让同伴（相当于“队友”和“对手”）、上级和群众（相当于“裁判”）发现他“犯规”。孔子说“乡愿者，德之贼也”，大概就是因为有人把道德规则仅仅当作游戏规则，对此老人家十分看不惯。

当然，游戏规则本身也是可以同道德有关的；在现代社会，或对于成人来说，“不能故意违反自愿加入的游戏的规则”本身，也是一条具有道德意味的规则——它涉及的是一个人的道德判断能力和人际交往能力。这种“道德能力”和通常讲的“道德品质”不同。举一个例子来说：假如有一个人，他心地很好，总是真心真意地坚持让别人享受他认为好吃、好看、好用的东西，结果却常常引起人们的反感。在这种情况下我们可以说这个人“良心很好”，却有点“怪”——所谓“怪”，就是指不符合道德判断能力和人的社会交往能力的正常发育的标准。总之，重要的不仅是做一个政治上、伦理上的“好人”，而且是做一个道德上、心理上的“成人”，而“成人”的一个重要特点是知道要信守诺言，遵守规则。因此，假如一个人在公共汽车上逃票，我们可以说他同时犯了两个错误。“乘车必须付钱”，作为“未经许可不得无偿占用他人劳务和财产”这条更普遍规则的一例，是一条具有道德意味的规则，人们的道德良知是执行这条规则的内在保证。但那个人认为违反了这条规律没啥了不起，无人查票我就继续坐车，就是把它当成了游戏规则，就好像足球比赛中球员越位而裁判没有发现，这球可以照踢不误一样。这是错误之一：把道德规则降格为游戏规则。然而，即使“乘车必须付钱”只是一条游戏规则，而同道德无关，既然是他自己要坐车的，那么故意违反这条规则，也就像大人打牌作弊，或输了赖皮、不肯给人刮鼻子一样，天真而不可爱了。这是错误之二：故意违背自愿加入的游戏的规则。

总起来说，规则意识是个人素质的重要方面，规则意识因此可以看作是素质教育的重要方面。从我国的实际情况来看，我们尤其要强调的是：这种素质教育不仅仅是基础教育的任务，不仅仅是学校教育的任务，而且也是整个国民教育的任务。要完成这个任务，除了上面讲的几个方面之外，还要补充以下两点。

第一，在规则意识的培养方面，各级干部，尤其是各级领导干部负有极大的责任。规则不仅体现在书面条文中，而且体现在人们的行动中，尤其体现在具有榜样、典范作用的人的行动之中。领导干部的行动不仅影响所在部门、单位和地区的工作的全局，而且受到这个部门、单位和地区的广大群众的密切关注。因此，他们的行动不仅要从行动结果的方面来加以评价，而且要从这种行动本身具有的示范作用的方面来加以评价。在我国目前的情况下，应该承认领导干部不仅是许多重要规则的主要执行者，而且也是这些规则的主要制定者。规则的制定者是不是规则的自觉遵循者，对老百姓具有极大的影响。令人遗憾的是，有些领导干部往往在要求别人遵守规则的同时，自己却明里暗里在违反和破坏规则。

第二，从上面所讨论的内容来看，还必须强调对于规则意识之培养非常重要的一条：学习哲学的重要性。规则意识之形成的前提是人的理性能力的提高，而人的理性能力的提高要求提高人的抽象思维能力、要求区别事实问题和规范问题，要求区别各种不同类型的规则，从而也要求一般意义上的区别不同范畴的能力。显然，要培养这些能力，仅仅学习科学技术知识是远远不够的。在很大程度上说，更重要的是人文学科，尤其是哲学方面的学习和修养。在所有的学科中，以专门研究各种范畴及其相互关系为己任的，唯有哲学。重视学习哲学，在我党是一个优良传统。我们以前比较重视通过学习哲学来提高世界观和方法论上的自觉性。现在，我们也要重视通过学习哲学来提高尊重规则和执行规则的自觉性。

规则意识与社会文明*

——“规则、法治与民生”出版座谈会上的发言

（2015 年 8 月 21 日）

* 本文以“规则意识决定做人的境界”为题发表于2015年9月5日的《解放日报》“思想者”栏目，发表时经过编辑。

规则是公共的，规则意识是个人的；社会文明的程度不仅体现在政府部门制定了怎样的规则体系，而且体现在社会成员具有怎样的规则意识。在法治国家和现代治理体系的建设的路线图已经基本明确的情况下，人们的法治意识和现代治理能力的培育，应该提到更加重要的议事日程上来。

一、规则的四个特点

先谈谈什么是“规则”。“规则”与另一个概念“规范”常常是可以互换使用的，但我想把两者区别一下，我把规则理解为是有关“应该做何事”的规范，而不是关于“应该是何人”的规范。

人生在世，时常要做一些选择，而每一个选择，说到底都是在回答三个问题："有何物？""做何事？""是何人？"大一点的问题，大学本科毕业，是出国深造还是国内求职？是去政府还是去国企？是进入体制还是在体制外发展？小一点的问题，上海书展开幕，我是去还是不去？我是工作日去还是周末去？是坐公交车去，还是坐出租车去？在进行这些选择的时候，我要考虑的选择依据无非涉及三个问题：对我有利吗？合我品味吗？有违规则吗？严格地说，"有违规则吗"应该是第一个问题：只有在我们的行为不被某条规则禁止的前提下，我们才能考虑这个行动是否会给我们带来利益、是否符合我们的价值取向。

简单地说，规则就是帮助我回答"做何事"这类问题的那些判断或语句，它们当然不仅告诉我们哪些行为是被允许的，而且告诉我们哪些行为是被提倡的、被要求的。规则（rules）和规范（norms），都是对人的规范（prescribing 或 regulating），但规范的范围更宽，不仅规范我做何事，而且规范我做何人：我是否要有较好学问、是否想担任公职，等等；而规则主要是指对人的行动有所约束的那类规范：我出国读博怎样才能拿到签证，工作日去书展能否在单位请假，如此等等。

规则除了（就其效用而言）具有规范性（prescriptiveness）以外，还具有理据方面的普遍性（universality）和适用范围方面的广泛性（generality）。所谓规则意识，就是与规则的这些特点相对应的人类意识。

首先是规范性。规则的规范性表现在，对行动主体，规则告诉你一件事情你是否可以做或是否应该做；对行动的评价者，规则告诉你对某个行动者你要进行谴责还是赞许。我把规则分为技术规则、游戏规则和道德规则；它们各有其基础或依据，但都在不同意义上具有规范性，表达有关“ought”（应当）的意思，而不是“is”（是）的意思；它们所回答的是“规范问题”，而不是“事实问题”。《孟子》中有这么一段：“挟太山以超北海，语人曰‘我不能’，是诚不能也。为长者折枝，语人曰‘我不能’，是不为也，非不能也。”孟子在这里所说的“不能也”，涉及的是一个事实问题，而“不为也”，则涉及一个规范问题。一件事情，一个人有能力做还是没有能力做，不是这个人所能选择的，也不是别人应该做价值评判的，它作为一个事实客观存在着。但一件事情我是“为”还是“不为”，我当然就是在做选择，而你也可以做评价，这里我做选择和你做评价所依据的，都是某条“规则”。而如果一个人无法区分“能不能”的问题与“为不为”的问题，无法区分“事实问题”和“规范问题”，那么，他或者无法进行恰当的选择，或者无法进行恰当的评价。比方说，火车站广场一位旅客把烟蒂扔在地上被卫生执勤者发现罚款，他辩解说：“人家也都这样的，我为什么不可以啊？”这位旅客就可以说缺乏规则意识，不知道“人家是否也这样做”是一个事实问题，而“这件事情对不对”则是一个规范问题；人家也随地扔烟蒂不等于随地扔烟蒂就不算错。

其次是普遍性。规则是对某类行动而不仅仅是对某个行动的许可不许可，而行动之为“类”，是具有普遍性高低程度的。大家可能都知道“三大纪律八项注意”，“三大纪律”中的“不拿群众一针一线”最初是“不拿工人农民一点东西”，前者就比后者的普遍性程度高一些。“三大纪律”中另一条“一切缴获要归公”原先是“打土豪要归公”，前者比后者的普遍性程度也要高一些。在“八项注意”当中，“不调戏妇女”是由先前的“洗澡避女人”改过来的，“不虐待俘虏”是由先前的“不搜俘虏腰包”改过来的，都属于这种情况。说一个人具有规则意识，是说这个人对普遍性程度比较高的规则内容，也能理解。

第三是广泛性。规则所约束的行动是某类行动中的每一个，而不是某个特定行动，同样，规则所约束的行动主体也是某类行动者中的每一个，而不是某个特定行动者。从一个国家的“法律面前人人平等”，到一个学校的“校规面前人人平等”，行动规则从内容上讲最简单、但在执行中往往也是最困难的一个方面，就是规则所约束之行动主体在一个类当中的广泛性。我们经常听到的那些话，“制度是死的，人是活的”，“特事特办”，“下不为例”，往往都与对规则的广泛性的理解有关；甚至“原则性与灵活性相统一”、“既要讲正气也要讲政治”这样一些提法，如果理解得不恰当的话，也会与规则约束主体的广泛性相抵触。

除了上述三点以外，规则的特点或许还可以加上第四点：规则之间的连贯性（coherence），因为任何规则都不是孤立存在的：一方面，诸多规则关联起来构成制度，是规则发挥其约束和范导作用的主要方式；另一方面，规则或规则体系为了得到论证和得到运用，往往要通过与其他规则或其他规则体系发生关联。规则一方面要“向上”，与更加普遍的规则或原则发生关联，以取得正当性（validity）；另一方面要“向下”，与普遍性较低的规则尤其是特定时空范围之内的个案发生关联，以取得实效性（efficacy）。这种“向上”和“向下”两个方面的转换或应用，就是通常所谓“法律诠释”的任务。法律诠释的问题很专业，我不敢多讲，只想强调这一点：最能体现规则意识之所以重要、培育规则意识之所以困难的，就是因为规则的连贯性特点，对规则相关人们（规则的制定者、运用者和执行者）的诠释规则之能力和意愿，有很高的要求。

二、规则意识中的两个向度：能力和意愿

完整地说，规则意识的内涵一方面取决于规则的上述特

点即规范性、普遍性、广泛性和连贯性，另一方面取决于规则相关人们的相关能力和意愿。

无论从规则意识之自我培育的角度，还是从公众规则意识之培育和引导的角度，规则意识中的“意愿”，相对来说都是更不容易解决的问题。意愿的问题与能力问题当然是密切关联着的，比方说一个车技不太好的人，在筹划外出旅游时，往往就不大愿意选择长途自驾。但意愿的形成和改变，不像知识技能的形成和改变，是可以指望别人的传授示范和自己的学习模仿发挥重要作用的；做某件事或某类事的意愿背后，常常是一个人或一个群体的整套价值观念、心理动机和利益考虑。虽然价值观念、心理动机和利益考虑并非不可能受到传授示范和学习模仿的影响，但它们的培养，却根本上需要社会环境更加持久和系统的影响，和主体自身更加自觉和坚定的修养。

接下来我们分别讨论在规则意识的能力和意愿两方面的培养当中，分别要处理好哪些问题。

三、规则意识中的“能力”向度

在培育规则意识的能力方面，要特别重视解决好以下三个问题：区别规则的不同模态的能力；区别规则的不同依据的能力；利用规则进行实践推理的能力。

第一，区别规则的不同模态的能力。规则有的是“绝对命令”或“无条件要求”，如毛泽东的题词“向雷锋同志学习”；有的是“假言命令”或“有条件要求”，如邓小平的题词“谁愿做一个真正的共产主义者，就应该向雷锋同志的品德和风格学习”。有的还不一定是命令，而是建议，如坐公交车辆时，我们要遵守“让座给老弱病残怀孕妇女等有特殊需要者”这条规则；这条规则如果是针对车上标明留给特殊需要者的老弱专座或“爱心专座”而言，应该看作“命令”，年轻力壮者一定要让座给年老体弱者；而对于其他座位而言，它应该是一条“建议”，它的执行很大程度上要靠占座者的态度。有报道说一老人要求一女子让座，不让位就坐在她腿上，甚至还有人出口骂人、动手打人的。还有报道说一位乘客，自称是老师，要求座位上的男孩让位，看到男孩拒绝让位，她居然把男孩的书包扔出窗外。这些报道中都没有提所涉及的是公交车辆上的老弱专座，还是一般座位；但即使所涉及的是老弱专座，也不能为了让人遵守让座规则，而违反“不得伤害他人”这条约束性强得多的社会规则。

第二，区别规则的不同依据的能力。我在《论规则》中讲得比较多的是从规则的依据出发，对“技术规则”、“游戏规则”和“道德规则”的区分：技术规则的依据是客观规律，游戏规则的依据是人际约定，道德规则的依据是作为人类进化和文明进步之成果积淀的内在良心或道德意识。在这三类规则当中，技术规则的依据可以说是最刚性的；当我们说“有法必依、违法必究”的时候，实际上是要使得社会上通常是基于人际约定的那些规则，都能具有类似于技术规则那样的刚性效力，或如卢梭所说的那样，使“国家的法律也像自然的规律那样不稍变易”。前几天我到南京去讲课，看到动车上有这样一则“警察提示”，我觉得实际上也是要使得“安全规则”中技术规则的成分与游戏规则的成分更加紧密地结合起来：“吸烟引发报警，导致紧急制动，危及行车安全，违者依法处理”。吸烟本来并不会危及行车安全；但通过“吸烟引发报警，导致紧急制动”这样一种机制，吸烟者就可能因为“危及行车安全”而受到“依法处理”。可想而知，这样一种执行规则的机制，前提是动车上违规吸烟现象发生得其实并不多；要不然的话，执法成本会高得无法承受。如果是在飞机上，也来一个“吸烟引发报警，导致紧急制动”，执法成本就更是无法想象的。就整个社会的法治建设来说，在利用技术手段加强执法监督效率的同时，还需要让人们更多地像对待道德规则那样对待社会规则，哪怕戴上了柏拉图《理想国》中所说的“吕底亚的牧人的戒指”，可以为所欲为而无人发现，也会受自己良心的监督，也会如中国古人所说的“慎独”，做到像孔夫子所说的“从心所欲不逾矩”。

第三，利用规则进行实践推理的能力。这种能力首先包括概括能力和抽象思维能力，因为规则总是普遍的，特别是在较大范围的社会空间当中要遵守的规则，往往是普遍性层次比较高的。比如社会主义核心价值观中的那十二个词，只有抽象能力很强的人，才能真正把握其实际含义。但仅仅把握普遍规则的抽象含义还不够；实践推理的关键，是能够在普遍规则与具体行动情境之间找到关联。我们行车在高架上，会在广告牌上一会儿看到“富强”、“自由”、“爱国”等，一会儿看到“开车不抛物，文明伴你行”，后者大概是社会主义核心价值中“文明”和“法治”两个价值的体现，也可以说是“应当文明行事”和“应当遵守法律”这两条规则的体现，而这两条规则与“不抛物”要求之间，普遍性程度上当然是隔着很大距离的。对于实践推理能力比较强的人，只要接受了“文明”、“法治”的要求，就自然知道不应该在公路上抛物；但事实上不具备这种能力水平的人还有不少。到了哪一天，我们看到“开车不抛物”的反应，就像看到“洗澡避女人”的反应一样，觉得哭笑不得，我们的交通文明状况，乃至整个社会文明状况，就大为提高了。

实践推理能力不仅表现在能够理解普遍规则、能够实现从普遍规则向具体行动的推理，而且能够在发生“鱼，我所欲也；熊掌，亦我所欲也”但“二者不可得兼”情况的时候，找到恰当的解决方案，或进行代价最小的排序和取舍，或作出创造性的综合，或整个地改变问题的提法、改变思考问题的进路。从发展战略方面的“绿水青山”与“金山银山”之争，到实验医学中的动物权利与人类健康之争，再到西方伦理学界热衷于讨论的“电车难题”这样的道德悖论，都涉及人们的道德思维或实践推理的能力问题。中国不少学者对西方人不厌其烦地讨论“你会杀死那个胖子吗”这样的问题不以为然，但通过各种各样思想实验甚至真实实验来了解人们是如何进行道德判断和实践推理的，确实有助于我们对道德判断和实践推理的背景和预设、程序和逻辑有更好的理解，从而对规则意识的培育，也可以具有重要启发。

四、规则意识中的“意愿”向度

在培育规则意识的意愿方面，要特别重视解决好以下三个问题。

首先，规则的创制者和规则的遵循者之间的关系。我们经常把民主与法治放在一起说，这不是偶然的。没有法治，民主就会成为“群众专政”；而没有民主，法律的遵循者如果不同时也是法律的创制者，后神学—形而上学时代法律规则的正当性依据也就没有办法落实。但是很显然，任何稍有规模的社会的民主政治，都不可能实现法律规则的创制者和遵循者之间直接的完全的重合；在一个作为“关键少数”的

“先锋队”服务于“绝大多数”人民群众的政治文化当中，马克思所说的那个著名悖论，一方面“人是环境和教育的产物”，另一方面“环境正是由人来改变的，而教育者本人一定是受教育的”，尤其亟待解决。

其次，改革开放所需要的思想解放与现代治理所需要的依法治国之间的关系。真正意义上的改革和开放，多多少少是针对或涉及规则或者规则体系的；在改革开放的初期，不止一位中央领导说过“思想再解放一点，胆子再大一点，办法再多一点，步子再快一点”。改革开放开始三十多年以后，我们不仅可以说，“解放思想从来就不意味着损公肥私、假公济私”；我们还可以说，“解放思想应该尽早从突破旧有体制机制束缚的1.0版本向建立更合理体制机制的2.0版本转变”。党中央在推进上海自贸区建设的时候，一再强调要取得可复制可推广的经验，就体现了这种转变。但通过“试验区”和抓试点的方式，能否“尽快”形成可复制可推广的经验？可复制可推广的“经验”当中，有多少属于具体做法，有多少属于“制度”层面或规则体系层面的东西？回答这些问题，都需要作艰苦的努力；国际贸易领域乃至整个经济领域中改革开放与制度建设的这种结合，能否向其他领域推广？如何向这些领域推广？这些问题，也都需要理论和实践相结合的扎实深入的探索，才能解决。

第三，最重要的问题，是规则的工具价值和内在价值的关系。一个东西有内在价值，是说这个东西构成了我们所追求的目标的内在要素；一个东西有工具价值，是说这个东西有助于我们所追求的目标的实现。中华民族的“实用理性”传统之深厚，是众所周知的。美国传教士明恩溥在鲁迅非常重视的《中国人的气质》一书中就有这样的话：“在中国，‘能抓住耗子的猫就是好猫’，成功就是一切。”这种思维方式和价值取向在对于规则的态度上尤其明显。在理解规则和制度的时候，它们对所要实现的目标所具有的工具价值，确实是一个重要角度，但我们不能把它变成唯一角度。为了实现某个阶段的工作目标，我们常常很快会制定出“办法”、“意见”、“细则”、“决定”和“多少条”出来，这些多多少少都具有规则的性质；而一旦目标实现，它们的使命往往也就随之完成了。即使在这些规则或类似规则的规范性文件仍然有效的情况下，也经常会按照“目的的正当证明手段的正当”的思路，“开一个口子”，“特事特办”一下。

这里我想强调的是，即使从功利的角度来看，是否要遵守规则，也不能只根据特定场合是否遵守规则而造成的利害得失来加以考虑，而要根据规则作为一个体系是否保存而造成的利害得失来加以考虑。“后门”进来的确实也会有好人；但关键问题并不在于从后门会进来多少好人，而是高校招生规则体系被一个一个“后门”凿得千疮百孔以后，中国还有没有好大学，中国社会还是不是一个好社会。我们如果真要重视功利，就应该重视大的功利、长远的功利，重视因为遵守合理规则而带来的效率和利益。

但实际上，规则不仅有工具价值，而且有内在价值；用康德的话来说，人作为理性的存在，其尊严是与其遵守普遍法则的能力和意志相联系的。是否知道“规则”是什么意思，是否知道“遵守规则”是什么意思，是否愿意遵守一条他知道其意义并承认为有效的与己有关的规则，是衡量一个人是否成熟的重要标志，也是衡量一个社会是否文明的重要标志。规则确实是约束人的，但只有人是可以用规则来约束，而不必用绳索、栅栏或围墙来约束的。虽然规则本身的内容是对“做何事”问题的回答，但我们作为行动者是否有按照规则来“做事”的能力和意愿，则是对“是何人”问题的回答。换句话说，我们有没有规则意识，我们的规则意识强不强，不仅会决定我们做事的效率有多高，也会决定我们做人的境界有多高。

总之，规则意识与社会文明之间的密切联系就在于，规则意识的提高、社会文明的提高和人之为人的成熟程度的提高，其实是从不同角度描述的同一件事情；提高中国社会的文明程度要做许多工作，培育人们的规则意识是其中非常重要的一项。

规则意识与理性素质 *

* 本文发表于《毛泽东邓小平理论研究》1996 年第 1 期，题为“发挥规则作用，多方面提高人的理性素质”。

江泽民在党的十四届五中全会闭幕时的讲话中指出了社会主义精神文明建设的两个基本任务，一个是提高全民族的思想道德素质，一个是提高全民族的科学文化素质。这两个方面是密切联系着的。从人的“理性素质”的角度出发，有利于把这两个方面有机地联系起来，而从规则同理性素质的关系着手，又有利于切切实实地提高人的理性素质、纠正实际工作中可能出现的偏差。本文的写作，就是基于这两点考虑。

一

邓小平20世纪90年代初几次谈到上海人的素质。1991年春节视察上海时他说“上海人聪明，素质好”，并鼓励上海的同志“只要守信用，按照国际惯例办事，人家首先会把资金投到上海，竞争就要靠这个竞争”。[1] 1992年春节视察上海时他又说“上海在人才、技术和管理方面都有明显的优势”，认为这是上海可以有一个较高发展速度的有利条件。[2] 从邓小平的谈话中可以看出，理性素质是人的素质的一个十分重要的方面。他在谈到上海人的素质时用了“聪明”二字，不是偶然的；他说“上海在人才、技术和管理方面都有明显的优势”，也同人的理性素质有直接关系。所谓“聪明”，就是理性素质高。德国社会学家马克斯·韦伯把现代化过程归结为合理化过程，而合理化过程主要包括两个方面，一个是工具合理化，一个是形式合理化，这两者的特定含义可以分别用上海人说一个人“聪明”时常用的两个词来说明，即“门槛精”和“拎得清”。“门槛精”，就是讲究窍门、讲究方法、讲究工具相对于目的的合理性。“拎得清”，就是懂得区别、懂得界限、懂得思维形式的合理性。现代化过程作为一个合理化过程，其核心内容就是人们在思维、行动和社会组织系统上注重工具合理性和形式合理性。

“拎得清”和“门槛精”，形式合理性和工具合理性常常是连在一起的。一般来说，思维混乱、“拎勿清”的人，是难以高效率地达到既定目标的。正因为如此，在韦伯那里，“形式合理性”常常被当作“工具合理性”的一个方面。但实际上，形式合理性不仅和韦伯重视的工具合理性有关，而且和韦伯所忽视的现代化过程中的“价值合理性”也有密切关系。现代化之所以为一个合理化过程不仅和人们追求既定目标的手段有关，而且和人们对目标的设立本身有关。

在这方面，邓小平的有关论述也有助于我们对现代化之所以为合理化过程的理解。邓小平坚持我们的现代化过程的社会主义性质和方向，与此相应，他要求培养“有理想、有道德、有文化、有纪律”的“四有”新人。[3]这些都同提高人的理性素质有密切关系。“有文化”这一条同人的理性素质的密切关系刚才已经提到了。现代文化的最重要部分是科学知识，科学知识是技术的基础，而技术是服务于人的目的的理性手段或“门槛”；知识的掌握和增进又同人们思路清晰、有条理、善于概括抽象，也就是“拎得清”，是互为因果的。不仅“有文化”，而且“有理想”、“有道德”和“有纪律”，也同人的理性素质有密切关系。“有理想”：理想是层次最高、内容最丰富的概念；一个概念混乱、抽象能力差的人是无法真正做到“有理想”的。“有道德”：道德要求人们善于分辨善恶，进行道德判断和道德推理。现代复杂社会对这种分辨能力、判断能力和推理能力的要求比前现代社会要高得多。缺少这种能力，一个人哪怕再善良，也无法履行现代社会中的种种义务，成不了一个真正“有道德”的人。“有纪律”：纪律的目的是让人们的行动有条有理，互相协调，以符合特定的目的、价值和理想。一个人理性素质不高，会表现为行为散漫、自我控制能力薄弱、无法遵守纪律，因而导致其行为缺乏应有的可预见性、可期待性和可协调性。孔子说“吾道一以贯之”。“四有”新人的最重要素质就是在不同层次上以社会主义之“道”统率自己的行动，使自己的行为表现出系统性、条理性和目的性，这是一个人的理性素质的最高表现，也是整个社会的团结、有序和合理（合乎道理、合乎法理、合乎情理）的基本前提。

二

理性素质作为一种可能性存在于我们每个人之中，要使得这种可能性变成现实性，首要条件是我们要意识到自己身上、自己心中的这种可能性，努力修养，日积月累，不仅变天性为德性，而且变天性为理性。根据我们上面的分析，真正的德性是和理性分不开的。同时，由于人身上有种种可能性，因而光靠自己的努力而没有外界的教育和培养，也不能保证使人的理性的可能性而不是非理性的可能性变成现实。

教育和培养有两种形式，一是具体的、针对情境的，一是普遍的、超越特定情境的。以道德教育为例。比如一个叫李明的小孩偷拿了一个叫王强的小朋友的铅笔。老师对他说：“这个行为是不对的。”对老师的批评，根据他的道德思维能力的高低，他可能有种种不同的理解。他的理解可能是“我，李明这次拿叫王强的这个小朋友的这支铅笔是不对的”，也可能是“任何人不经过同意拿属于任何别人的任何东西是不对的”，也可能（一般来说）是处于这两个极端之间的。只有当一个孩子能把一个特定的情境和一条普遍的规则联系起来，他才一方面懂得了这条规则的含义，另一方面具有了“从道德的观点”来看待事情，即进行道德判断和道德推理的能力。

因此，在培养广义的人的理性素质（包括道德领域的理性素质）方面要防止两个倾向：一是要求空泛，不问对象、场合；一是就事论事，不问原则。以刚才的例子来说。幼儿园的老师如果对全班小朋友说：“任何人未经许可不得擅自拿别人的私有之物”，小朋友们一定会目瞪口呆，不知所措，或者是因为用词太抽象、太普遍，他们理解不了；或者是因为没有针对性，小朋友们会纳闷，老师为什么偏偏在这个时候这个场合向他们宣布这条要求。但反过来说，幼儿园老师如果就事论事地对那个拿别人铅笔的小朋友说：“刚才拿某某同学的铅笔是不对的”，也起不了道德教育的作用。在前一种情况下，老师没有告诉孩子一条普遍规则的具体含义；在后一种情况下，老师没有告诉孩子判断一个特定情境的普遍标准，没有告诉孩子不仅擅自拿张三的东西是不对的，而且拿李四、王五等等的东西也都是不对的。只知道就事论事教育孩子的教师即使把学生管得服服帖帖，也可能培养不出普遍的道德判断能力和推理能力。同样，只知道教学生如何做一件具体的事情，特定的实验和操作，但不教会学生在特定的实验和操作背后的普遍规则和普遍规律，也势必无助于培养学生举一反三、由此及彼的思维能力和创造能力。

这里可以看出规则在素质培养、尤其是理性素质培养中的作用。全面地说，培养人的理性素质之所以必须发挥规则的作用，是因为规则有这样一些形式上的特点：

其一，公开性。规则一定是要颁布的；从原则上讲，是必须为制度所适用的对象所预先知道的。我们知道，合理的东西总能够为人们所共享、交流和相互衡量监督。规则本身也有一个正确与否、合理与否的问题；如果把规则“秘而不宣”，则无法对规则本身的合理性问题进行商讨和推敲。

其二，普遍性。规则必须是以全称命题的形式出现的。规则所适用的不是一个个体，而是一类个体。不管这个类多么小，它必须覆盖这个类中的全体，否则就不叫规则，而只能叫命令。规则常常有例外，但即使这个例外，也通常是在规则的表述中有所提及的。我们知道，人们的理性能力的重要特点是能够进行从个别和特殊上升到普遍，又能够根据普遍的规则对特定的情境进行判断和评价。

其三，稳定性。规则在制定、颁布以后，就具有了对于规则的制定者和颁布者来说的相对独立性，不能够随心所欲地加以改动。我们知道，合理的行动不能是朝三暮四、无法预测的。

规则的内容有各种各样，但只要是规则就有一些形式上的特点或优点。从这些形式上的特点或优点可以看出，发挥规则的作用对于人的理性素质的培养是必不可少的。规则提供的是一种合理的环境，在这种环境的熏陶、训练甚至强制之下，人们久而久之会把习惯转化成为自然，把外部的理性之物转化为内部的理性之物，真正成为具有高度理性素质的人。

三

但是，发挥规则的作用还有一个是不是恰当的问题。规则有不同的种类，忽视这些种类的区别，即使运用了规则，也无助于多方面的理性素质的培养。

规则大致可分为三类：博弈规则、技术规则和道德规则。博弈规则也叫游戏规则；人们常常把规则和游戏放在一起说，但其实并不能把所有规则都叫作“游戏规则”。

按通常的理解，游戏是人们可以自由出入的，游戏规则是人们可以自由制定和修改的，违反游戏规则常常是不必受到处罚和自责的——比如在足球比赛中，裁判没有发现球员犯规，这球就照踢不误；球员适当时候故意犯规，还是一种特定的技术技巧。

与游戏规则或博弈规则相比，技术规则是人们不能不遵守，不遵守就必然要受到惩罚的。球员犯规可以逃避裁判的眼光，技工违反操作规程虽可以逃避车间主任的眼光，却逃避不了自然规律的“法力”——技术规则的根据不是人们的约定，而是相应的自然规律。违反技术规则就违反自然规律；操作事故、安全事故是作为客观的因果链上的一个环节因违反技术规则的行为引起的，自我原谅和请求别人原谅都无济于事。把技术规则当作博弈规则，常常意味着把客观规律“视同儿戏”，害人害己。在有些情况下，这也是迷信的一种根源。比如在发生旱灾的时候供奉龙王或曝晒龙王，就是把大自然当作一位博弈的伙伴，甚至是一场不体面博弈的伙伴，想通过利诱或威胁的手段使其让步，逼其就范。培养人的理性素质的一个重要方面是使得人们知道技术规则和博弈规则之间的区别。一个“有文化”的人，不仅是一个懂得许多科学知识的内容的人，而且是一个掌握科学知识的精神的人，一个掌握获得和运用科学知识的方法的人。这就意味着他一方面学会了许多技术规则，另一方面学会了区分技术规则和博弈规则。

除了博弈规则和技术规则之外，还有一个大类的规则就是道德规则。道德规则的基础是所谓“实践理性”，就是人们对于行为规则的普遍适用性、正当性的判断能力。孔子讲

“己所不欲勿施于人”，孟子讲“羞恶之心人皆有之”，康德以能否作为普遍道德律令来判断行为规则的合法性，马克思主义讲以全人类利益为最高利益，是“实践理性”的不同表现。它们之间当然有重要区别，但在这里重要的是指出：道德规则和技术规则、博弈规则的依据和基础是不同的；对于精神文明建设、人的素质培养来说，尤其重要的是不把道德规则混同于技术规则和博弈规则。

假如我们把道德规则混同于技术规则，就会认为道德规则像技术规则一样是以外在的自然规律为基础的，因而是不变的（以前人们所说的“天不变，道亦不变”并没有错，如果我们把“天”和“道”分别理解为“自然规律”和“技术规则”的话），因而违反它就像违反自然规律那样必然导致惩罚（旧时候人们的“天谴”“报应”等说法用在技术规则的违反上，也不错）。反过来，当人们发现违反道德规则并没有引起客观的因果性的惩罚，或遵守道德规则并没有引起客观的因果性的收益，也会随之而无视道德规则的约束——迷信是不足以使人趋善避恶的。

假如我们把道德规则混同于博弈规则就会只有对于规则的外部的保证，而没有对于规则的内部的保证。违反博弈规则也会遇到惩罚，但这种惩罚通常只是外在的，而且是可设法逃避或被赦免的。相反，违反道德规则即使人们没有发现、没有惩罚，一个真正视之为道德规则的人也会受到自己“良心”或“良知”的谴责。把道德规则混同于博弈规则，一个人会看上去循规蹈矩，实际上却可能并没有是非观念（所谓“良心”和“良知”）。因为他之所以循规蹈矩，可能只是为了不让同伴（相当于“队友”和“对手”）、上级和群众（相当于“裁判”）发现他“犯规”。

当然，博弈规则本身也是可以同道德有关的，在现代社会，或对于成人来说，“不能故意违反自愿加入的博弈的规则”本身，也是一条具有道德意味的规则——它涉及的是一个人的道德判断能力和人际交往能力。作为成人，遵守诺言是一条基本的道德准则。对于一个组织的成员来说，只要加入组织是自愿的，只要他在加入时曾经宣誓遵守这个组织的规则即纪律，那么他就没有理由不遵守这个组织的纪律，哪怕他后来是多么不想遵守。现代社会区别以往社会的一个特点是法律规则在人们的生活中起非常重要的作用。法律规则首先是一种纪律，即社会这个大组织的纪律。按照维特根斯坦的广义的用法，加入一个组织就是加入一种博弈或游戏。从这个意义上也可以把法律规则叫作“博弈规则”。但作为这种博弈规则的根据的不仅仅是约定（如证券交易法），而常常也可以是自然规律（如环境保护法），或实践理性（如宪法和刑法）。

上面分析表明，从哲学上说，在邓小平讲的“有理想、有道德、有文化、有纪律”中，“有文化”、“有纪律”、“有道德”都和规则有关，它们分别同上面讲的三类规则（技术规则、博弈规则和道德规则）有比较特殊的联系。

再进一步说，“有理想”也同规则有关。在这里可以引进哲学中的又一个区别：构成性规则和范导性规则之间的区别。在康德那里，“知性范畴”是知识的构成性规则，因为没有了这些范畴在康德看来知识就无法成立；“理性理念”是知识的范导性规则，因为知识最好受这些理念引导，但不能说没有了这些范畴知识就不成其为知识。同样，“理想”和“纪律”作为规则对于人的行动的约束方式是不同的：纪律告诉我们必须做到什么，理想告诉我们最好做到什么。违反了纪律是要受处分的，但违反了理想则一般不受处分，至少不受同等程度的处分。遵守一个团体组织的纪律，对于这个团体组织的成员来说是题中应有之义，在通常情况下没必要特别褒奖，而符合理想，则一般来说超出了对这个团体的成员的起码要求，因而值得特别褒奖、鼓励和倡导。也就是说，在英雄模范和小人歹徒之间，并不存在一个非此即彼的关系。不注意纪律和理想之间的区别，会导致把违法乱纪的人仅仅看作不是英雄模范而已（假如有人说：“这个党员受贿，所以他不是一个优秀党员”，就属于这种情况）；也可能导致把违背理想当作违法乱纪（假如有人说：“这个党员不全心全意为人民服务，所以应该把他开除出党”，就属于这种情况）。这两种情况，都无助于完成培育有理想、有道德、有文化、有纪律的社会主义公民的光荣任务。

四

规则不仅有种类上的区别，而且有普遍性程度上的区别。注意这种区别，也是恰当发挥规则在培养人的理性素质方面的作用的必要条件。

规则在普遍性程度上的区别可以从行为主体和行为情境这两个角度来考虑。

首先，从规则对于行为主体的约束面来看。规则对其有约束力的人的范围是有大有小的。规则作为规则是适用一个类的全部个体的，但这里所讲的“类”有大有小。比如《婚姻法》适用的范围是年满 20 岁的女子，年满 22 岁的男子，比《宪法》的适用面要小，和《党章》的适用面相比，可以说更大（多数男女不是党员）也可以说更小（不到婚龄的人也可以入党）。要恰当地发挥规则的作用，就要注意规则适用的行为主体的范围的大小，不能过宽，也不能过窄。邓小平反对阶级斗争扩大化，就是反对把适用于敌我矛盾的政策、法规运用于人民内部；他又再三强调法律面前人人平等，就是坚持凡在法律适用的范围内，没有特殊公民。做到这两条，不仅是一个政策水平问题，政治道德问题，而且是一个理性素质问题。随意扩大和缩小规则适用的人的范围，实际上等于取消规则，取而代之的只能是个人的任性和武断。

其次，从规则所适用的行为情境来看。以本文第一节的例子来说。幼儿园老师如果对李明小朋友说："你不许拿王强同学的这支铅笔"，她所颁布的是一条命令，而不是一条规则，因为规则所适用的行为情境都是一个类，而且通常这个类不只有一个个体。但如果她说"你不许拿王强的铅笔"，就接近一条规则了：只要是王强的铅笔，李明都不许拿。她如果说："别人的东西你都不能拿"，就更接近于典型的规则了。

区别规则适用的行为主体和行为情境的普遍性程度的高低，对于有针对性地进行道德教育，是十分重要的。在有些场合，普遍性程度低一些是必要的，或者是因为教育对象的理解能力不够，或者是因为所要解决的问题本身比较特殊。但在进行教育的时候，应创造条件逐步提高规则的普遍性的程度，因为就其本性来说，道德规则的覆盖面是比任何其他规则都广的，因为道德的一个基本要求是承认人作为人的人格的普遍平等；道德规则在原则上是不能因人而异的。[4]邓小平曾专门讲过毛泽东是如何制定三大纪律八项注意的，对于我们理解规则的普遍性程度的问题很有帮助。

邓小平说，毛泽东一方面坚持三大纪律八项注意的基本精神不能变，另一方面注意结合新的情况提出新的要求。[5]邓小平这里讲的主要是指根据新的情况调整规则适用的行动情境的普遍性范围。比如，起初是“不拿工人农民一点东西”，后来改为“不拿群众一针一线”。这里“群众”的概念的外延显然大于“工人农民”。“打土豪要归公”后来改为“一切缴获要归公”。这里的“一切缴获”的外延显然大于“打土豪”之所得的外延。此外，先前的“洗澡避女人”后来改为“不调戏妇女”，“不搜俘虏腰包”改为“不虐待俘虏”，也属于这种情况。在士兵觉悟程度较低的情况下，在活动范围较小的情况下，只能提出一些比较具体、比较直观的要求。但在士兵觉悟比较高的情况下，在活动范围比较大的情况下，如果仍然限于比较具体、比较直观的要求，就会出现一些值得注意的问题。一方面，不对规则的普遍性程度作适当提高，邓小平说的三大纪律八项注意的“基本精神”所不许可的许多事情，也就只好听之任之。如果一个人拿了小业主的东西，这是不是违反了“不拿工人农民一点东西”的纪律？殴打俘虏没有违反“不搜俘虏腰包”的纪律，这是不是允许？另一方面，这样也会妨碍了士兵认识他们之所以要做或不做一件事情的理由，妨碍他们提高行为的道德境界。假如有两个士兵，都做到了“不搜俘虏腰包”，但一个是仅仅认为搜俘虏腰包这件事情是不对的，一个则不仅知道搜俘虏腰包这件事情是不对的，而且知道这件事情之所以不对是因为这是虐待俘虏，而虐待俘虏是不对的，显然，后一个士兵的道德境界要比前一个高一些。当然，这位士兵的道德意识水平还有待于上升到“不得侮辱任何人的人格”、“要尊重每个人的基本人权”这样的水平。只有在这样的现代公民意识的基础上，才能建立起现代的法治国家。

根据实际情况适当掌握规则的普遍性程度不仅是为了适应人们的理性素质水平，而且有助于提高人们的理性素质水平。正像科学知识的学习，一定程度的知识必须在学生的思维能力达到相应水平的时候才能传授，而一定程度的知识的传授本身也促进学生思维能力的提高。同样，一定程度的规则的施行必须与特定阶段的人们的道德意识水平相适应，但在人们的道德意识水平已经有了提高的情况下仍然维持原来低层次的要求的话，也可能妨碍人们的道德水平的提高。我们目前宣传的“七不”规范很具体，普遍性程度很低，但这些规范很好，很恰当，那是因为我们上海市民目前的公德水平还不够理想，先得从小事抓起。但上海市民的公德规范如果始终停留在“不随地吐痰”、“不说粗话脏话”的水平，也会限制上海市民的道德意识的普遍性层次的提高。区分不同的教育对象，提出不同的规则要求；根据市民的德性水平和理性水平，提出恰当的规则要求，这是有效地进行社会主义精神文明建设的重要任务。

注　释

1 《邓小平文选》第 3 卷，人民出版社 1993 年版，第 366 页。

2 同上书，第 376 页。

3 《邓小平文选》第 3 卷，人民出版社 1993 年版，第 190 页。

4 技术规则也不能因人而异，但技术规则涉及的不是人的行动的正当与否，而只是人的行动的成功与否。道德教育的一个重要任务是教会人们知道“成功的”不等于是“正当的”。所以讨论道德教育时，技术规则可以撇开不谈。

5 《邓小平文选》第 2 卷，人民出版社 1994 年版，第 119 页。

规则意识的培育实践*

* 本文包括的三个部分分别发表于《文汇报》"文汇时评"栏目 2001 年 11 月 7 日，《社会科学报》2002 年 4 月 11 日，以及《新民晚报》2006 年 10 月 23 日。

一、规则意识和公民道德

公民道德建设的一个重要方面是培养公民的规则意识。无论是社会公德、职业道德还是家庭美德，如果没有道德规则意识与之对应，就仅仅是一些外在强制，甚至还会沦为一纸空文。朱镕基在考察北京国家会计学院时再三强调的“不做假账”的规则，只有在具有相应的规则意识的会计那里，才能得到真正的落实。

规则各种各样，不仅有道德规则，也有技术规则和游戏规则。普遍、公开、理性的规则系统，作为社会现代化过程的一个重要方面，越来越成为公共生活秩序的重要保证。但在现代社会中，即使是对技术规则和游戏规则的遵守，也常常是具有一定道德意义的：在你保证要遵守某条规则，比如参加一个活动、加入一个组织或者缔结一个合同之后，是不是真的遵守这条规则，就有一个是否遵守诺言的道德问题了。比方说，按照要求进入建筑工地必须戴安全帽，而如果要参观这个建筑工地的话，就必须承诺戴安全帽。“建筑工地必须戴安全帽”本身是一条技术规则而非道德规则，但我们在作出“参观工地时戴安全帽”这个承诺之后是不是信守这种承诺，则是一个道德问题。道德建设与先进文化建设其他方面的密切联系，由此可见一斑。

之所以说公民道德建设的一个重要方面是培养规则意识，说到底是因为无论哪种规则，都要由具体的个人来制定、运用和执行，而人们的这些行动，无疑是由自己的意识来支配的。从整个社会来说，首要的问题是“规则是否良好”的问题；而对于公民道德教育来说，直接的问题就是“意识是否良好”的问题。

所谓规则意识，首先是指关于规则的知识。俗话说，不知不为过。公民道德教育的一大任务是使现代公民应当遵守的道德准则家喻户晓，使人们懂得并明辨是非善恶。但规则意识不仅包括关于规则的知识，而且也包括遵守规则的愿望和习惯。会计做假账，往往并不是因为他不知道“不做假账”是会计从业人员的基本职业道德和行为准则。从某种意义上说，世界上最懂得法律的人除了法官和律师之外，就是屡屡犯罪的惯犯或犯罪集团的头目。因此，重要的不仅是知道规则，而且是愿意遵守规则。这尤其表现在没有强制性力量阻止违反规则的时候，也自觉予以遵守。对于愿意遵守规则的人来说，一个具有特定意义的符号，比如告示标语，就足够让他知道什么是该做的、什么是不该做的。但是，具有遵守规则的能力还不等于具有遵守规则的愿望。相比之下，成年人道德教育应比青少年道德教育更重视后一方面的问题。

再进一步说，规则意识还不仅仅表现为人们经过反思和努力而遵守规则。当遵循规则的自觉训练、修养到达一定的程度，人们对于规则的遵循，就会从勉力而行的自觉境界，进入孔子所说的“从心所欲不逾矩”的自然境界。在这种境界中，遵循规则已成为第二天性，外在规则成为内在要求。公民道德教育的最终目标，就是使“爱国守法、明礼诚信、团结友善、勤俭自强、敬业奉献”这些基本公民道德规范，最终内化成为每个公民自身所具有的公民道德素质。

从规范向素质的转变，对于个人来说，意味着规则不再仅仅是一种外在强制，从而在某种意义上使人获得了真正的自由。对社会来说，这种转变意味着执行规则的社会成本可以因此而降低。为了规则的切实执行，社会要采取措施向人们宣传、澄清规则，并对违规现象施以各种惩戒等等。社会成员的规则意识越强，这些工作就可以做得越少、越省力。另外，就规则本身来说，也只有在具有良好规则意识的人那里，才不至于因普遍而相对固定的规则与复杂而经常变化的具体情况之间的矛盾而变成一纸空文。因为，只有在具有良好规则意识的支配下，人们才会去努力准确地、完整地解释规则在特定情况下的含义和要求，而不是用“情况特殊”作为违规的借口，或者通过有意曲解规则来敷衍了事。

二、“游戏规则”非同儿戏

据报道，工商执法部门最近根据国外某软件公司投诉集中采取行动，打击各地广告公司使用画面设计和排版的盗版软件的行为。有媒体称之为“我国加入世贸组织以后收到的第一张罚单”。市场经济本来就是一个有“游戏规则”的经济活动模式，但好像只有在这张罚单面前，我们的公司老总们才真正意识到，“游戏规则”非同儿戏。

人们之所以常常会把“游戏规则”视同儿戏，是与这类规则本身的特点有关的。游戏规则是一种“角色规则”，它所规范的是从事特定活动、具有特定角色的人们的行动，而不像道德规则那样适用于所有人，也不像技术规则那样可以说不仅适用于所有人，而且也适用于所有动物——比方说，人和猫都会发生触电事故。一般来说，游戏规则是人们之间约定的产物，而不像技术规则那样主要以自然规律作为依据，也不像道德规则那样以“道德良心”或“实践理性”作为基础。这种区别在违反规则造成的结果上表现得尤其明显。运动员违反规则，可能被裁判发现，也可能不被裁判发现。即使被裁判发现，运动员也有可能设法说服（甚至贿赂）裁判或体育组织饶恕自己，因而免受惩罚。即使受到惩罚，这种惩罚也不同于违反技术规则和道德规则的后果。在违反技术规则的情况下，惩罚是作为一个客观的因果事件而有规律地出现的。在违反道德规则的情况下，最严重的惩罚来自具有道德素质的人自己由此而感到的内疚和羞耻，而不是他人和集体对这种行动的责备和处分。相比之下，违反游戏规则的惩罚非但是有可能逃避的，而且仅仅是一种外在的东西，并不具有道德的意义。比方说，我们不能因为一个球员经常被罚下场就说他是一个道德上的坏人。

但这些都不意味着“游戏规则”可以视同“儿戏”。除了违规可能带来无情处罚这个理由之外，游戏规则之所以非同儿戏还有以下三个理由。

第一，一种“游戏”或活动内部的有些规则虽然其本身可能既非技术规则，也非道德规则，但这个活动从总体上说却可能是有客观规律作为基础的、并可能是有道德意义的。比方说，香港的车辆在道路左侧行驶，内地的车辆在道路右侧行驶，这两种规则仅仅是两地不同约定的结果。但是，这两条规则都符合“相反方向行驶的车辆应该在不同车道上行驶”的规则，而这条规则当然是以客观自然规律作为基础的。另一方面，道路交通规则所规范的道路交通活动，是国民经济和人民生活必不可少的，因此也可以说是一种正当的活动。违反其中的有些规则可能并不直接具有道德意义，但如果因此而妨碍整个道路交通，则应该受到道德上的谴责。

第二，规范特定“角色”之行动的游戏规则，常常同时也是道德规则在特殊情况下的特殊表现。每个公民都有义务维护他人生命和社会秩序，在我国内地的汽车驾驶员这个行为角色上面，这就意味着要遵守交通规则，其中包括不得在道路左侧驾车。

第三，尽管某一类活动的游戏规则本身没有道德含义，但我们如果在加入这类活动的时候作了承诺，保证要遵守这类活动的规则，那么我们是否遵守那些游戏规则，同时也意味着是否遵守“要履行自己所作的诺言”这条道德规则。17世纪英国哲学家洛克甚至还说过，“许可、诺言和誓言，是全能的上帝也要受到的约束”。现代社会的“诚实守信”区别于传统社会的“诚实守信”之处，就在于强调所要信守的是这种“遵守某某义务和规则的承诺”。

当然，说“游戏规则”非同儿戏，不等于我们要对任何既定的游戏规则都盲目崇拜。有些规则对于一种活动具有根本意义，违反了往往意味着所进行活动的性质改变了。但游戏规则毕竟是人们为一定目的而作的约定的结果；要改变一种游戏的不公正性，就要从改变此游戏之规则入手。我国加入世贸组织的一个重要理由，是可以对该组织规则的制定产生影响。除了这种所谓“构成性规则”之外，还有另外一类所谓“策略性规则”：它们所涉及的不是“这是什么游戏”的问题，而是“怎样玩好这种游戏”的问题。要玩好一场游戏，仅仅“不赖皮”是不够的，还要多懂几种赢得游戏的“招数”和“打法”才行。

三、当违规操作成为习惯动作

上海社保资金案调查至今，私企老板张荣坤成为第一个被宣布逮捕的个人，有关部门正在继续调查一些涉嫌严重违纪的干部。许多人想晓得，这些干部到底贪污了多少？其实，即使涉案人员不中饱私囊、徇私枉法，“社保基金”案件作为一起“违规操作”案件也值得我们深思。

应该承认，许多领域的改革，最初是以“违规操作”的形式拉开序幕、打开局面的。在改革开放初期，“解放思想”或多或少意味着“违规操作”。1978 年冬天，安徽省凤阳县小岗村的 18 位农民关于土地承包的合同之所以要在绝密的悲壮的气氛中签署，就是因为签署这份合同是一次天大的“违规操作”。但这同时也意味着了不起的思想解放。没有“解放思想、实事求是”的思想路线，我国的改革开放就不会取得那么辉煌的成就。

但我们要看到，改革开放到了今天，“违规操作”的合法性已经完全不同于往日了：不仅大量不合理的旧规则已经被比较合理的新规则所取代；而且，即使有的规则仍然不合理，目前阶段的改革也应该通过正常的、合法的程序修改规则的形式，而不是采取在具体事例上违反规则的形式。确实，就某一条规则而言，在特定事例上违反它一下往往是会有好处的，有时候这“好处”还不一定是对个人和小团体的。但是，在这条规则上打开了缺口、损害了这条规则的严肃性，它对全局所带来的害处往往要大得多。更不用说，我们由此养成的违规操作的习惯、不尊重规章的习惯，对建设现代文明来说具有极大的危害。反思将近三十年的改革开放事业，我们不仅要重视在取得伟大成就的同时所付出的资源、环境、人际关系、文化传承等方面的代价，而且要重视我们为取得这些成就而在不同程度上养成的把“违规操作”等同于“解放思想”的代价。

“解放思想”就是古人所说的“解蔽”的意思。当违规操作也成为一个大蔽的时候，我们就要坚决摒弃以为“不违规就办不成事情”的想法，以遵纪守法和照章办事为荣，以违法乱纪和违规操作为耻。

良好的规则意识是领导干部的核心素质*

* 此文发表在《哲学分析》(双月刊) 2019 年第 1 期。

领导干部要胜任岗位、实现价值，必须具有较高的个人素质，比如先锋意识，服务意识，纪律意识，当然还有最近几年来一直强调的“四个意识”，即政治意识、大局意识、核心意识、看齐意识。这些意识都与规则意识有关——良好的规则意识是上述意识的基础，也是上述意识的表现。一个领导干部如果没有良好的规则意识，很难说他会有良好的先锋意识、服务意识、纪律意识和“四个意识”。

这里说的“意识”，不仅是一种“认识”，而且是一种“意向”；不仅是一种可以表达于口头中的“显性知识”，而且是一种真正体现在行动中的“默会知识”——也就是说，本文要说的规则意识，不仅仅与领导干部的“言”或“知”有关，而且与领导干部的“行”和行动能力有关。说一个领导干部具有规则意识，是说他在言行一致、知行合一、德能兼备的意义上具有规则意识。

值得我们关注的不仅是规则意识“有没有”的问题，而且是规则意识“好不好”的问题。党和人民对领导干部所要求的，不仅仅是做人“循规蹈矩”，做事“中规中矩”。做人“循规蹈矩”、做事“中规中矩”当然不错，但是不够。下面我们来谈谈在何种意义上领导干部不仅要具有“规则意识”，而且要具有“良好的规则意识”。

一、从“对错”的角度谈如何培育良好的规则意识

人之为人，最重要的特点就是会自我反思，会自我评价，包括会对自己的行动进行自我评价。对自己的行动进行自我评价的最基本角度是“对错”——是值得肯定的，还是需要否定的。如果要追问这种“肯定”或“否定”的根源是什么，大概无外乎是利益和价值两类，因此就有“利害”和“好坏”这两种评价。

“对错”评价的深层根据可以是利益或价值，但“对错”评价的直接标准则是规则——规则就是告诉我们该怎么行动的普遍要求。规则是一种行动要求，而不是事实描述，也不是态度表达；规则是对某一类行动在某一类情况下的普遍要求，而不仅仅是对某一个行动在某一次情况下的特殊要求。“路上的车辆都在马路右侧行驶”是描述，不是规则；“你开

车必须在路的右侧走”是要求，但不是普遍的要求，因此也不是规则；只有“行驶在公路上的汽车必须靠右侧行驶”不仅是要求，而且是普遍的要求，所以它是一条规则。

有了规则，我们就知道了该怎么行动，或者说，我们就知道了怎样“正确地”行动。车辆行驶、行人行走是否正确、是对的还是错的，交通规则是判断的依据；用某种外语说一个句子说得对不对，那种外语的语法规则是判断的依据。规则与“对错”的关系，首先表现在规则提供了行动对错的判断依据。孟子说“不以规矩，不能成方圆”；我们也可以说，“不以规则，不能知对错”。

进一步说，仅仅知“对错”还不够，还要知不同意义上的“对错”，因为在不同的情形下，“对错”可能是不同程度的，也可能是不同性质的，不能一概而论。媒体好几次报道公交车上年长者逼青少年让座位，有的长者甚至坐在年轻人腿上、把孩子的书包扔出窗外、扇年轻人耳光。这里涉及了多种意义上的“对错”：公交车上年轻人该不该给年长者让座位，年长者该不该要求年轻人让座，多少年纪的年长者可以要求年轻人让座，哪种座位（比如是不是“爱心座位”）上的年轻人更应该给年长者让座位，年长者该不该强行要求年轻人给他让座，年长者该不该对不让座的年轻人实施暴力，等等，这些“该不该”要区别清楚，最好的办法，是诉诸相应的行动规则：一般意义上的“让座给老弱病残怀孕妇女等有特殊需要者”这条规则，与针对“爱心专座”而言的让座要求，是有区别的；同样的让座规则，对大学生的意义，与对小学生的意义，是不同的；在公交车上的让座规则，与任何时候都不得伤害他人的规则，当然也具有非常不同的约束效力。

在实际生活中发挥作用的规则，大致可以分为三类：技术规则、游戏规则和道德规则。

技术规则的依据是客观规律；违反某条技术规则（比如违反消防安全规则）就是违反某条客观规律（比如易燃物到一定温度就会燃烧）。

游戏规则的依据是人际约定；违反某条游戏规则（比如违反足球规则）就是违反某个人群的约定（如国际足联的规定）。

那道德规则的依据呢？

道德规则的依据不是客观规律；尽管人们常说“善有善报、恶有恶报”，但在实际生活中，这常常只是善良人们的一种善良愿望。两千多年前司马迁就对人们常说的“天道无亲，常与善人”的说法提出质疑，说伯夷、叔齐、颜回这样的好人，或者饿死，或者病死，而盗跖这样的坏人，则居然得以寿终，“余甚惑焉，傥所谓天道，是邪非邪？”这与违反技术规则终将受到惩罚的情况不一样，比如，违反消防安全规则的情况与发生消防事故的概率之间，是有相当确定的关联。

一两次没有关闭高温实验设备就离开实验室，不一定每次都会造成实验室火灾；但缺乏对实验室进行严格安全管理的学校、研究所，一定会有较大的概率发生安全事故。

道德规则的依据也不是人际约定；尽管道德规则的具体表现与特定群体的约定有关，比如有些学校规定老师进教室的时候学生要起立致敬，有些学校没有这样的规定，但人与人之间要相互尊重，学生要尊敬老师，老师要关心学生，这样的道德规则，却是不依赖于特定群体的约定，而具有其特有的客观性和普遍性的。违反道德规则虽然不像违反基于客观规律的技术规则那样会启动一个客观的因果过程，如在高温空间储存易燃品会引起火灾，却往往也无法像违反给予人际约定的游戏规则那样可以指望通过向他人隐瞒或求他人宽恕而躲避惩罚。读过奥古斯丁和卢梭在中老年时写的《忏悔录》的人，都会对他们道德上的“悔其少作”留下深刻印象。一些在那个疯狂时代殴打过老师的当年“红卫兵”们，几十年后走到老师及其家属们面前表达沉痛忏悔、真诚道歉，也体现了道德规则发挥作用的独特方式。

这里可以看到，道德规则的依据既不在于外部客观世界，也不在于外部人际约定，而在于人们的内心，确切些说，在于那些把道德规则当做道德规则而不是游戏规则的人们的内心，在于康德所说的“我心中的道德律”；对具有这种内在道德意识的人们来说，哪怕自己的违规行为没有被发现，或者违规行为虽然被发现了但却被宽恕了，自己还是会受到惩罚的，因为“我心中的道德律”的约束强度，与“我头顶的星空”所遵循的自然律的约束强度，是有可比之处的。“文革”前华东师大党委书记常溪萍被誉为“焦裕禄式的领导干部”。人们谈起常溪萍，往往会提到这样一件事情：常溪萍作为校领导，在家里是有学校安装的电话机可用的；但他知道学校给他家里装这个电话机，是为了让他用于工作的，于是，他在电话机旁边放一个小盒子，自己或家人用这个电话机每打一个私人电话，就按照当时公用电话的收费标准放 4 分钱，集中起来交给学校。对于常溪萍来说，“不能损公济私”这条规则是否得到遵守，违反以后该有什么样的处理，是不需要外力和他人发挥作用的，他自己内在的道德意识就一直在默默履职。

总之，培育良好的规则意识，不仅意味着我们要根据规则来确定自己行动的对错，而且要根据规则的不同类型，来明确自己行动之对错的意义，而不能把不同性质的对错混淆起来。

第一，不能把技术规则与游戏规则混淆起来。一方面，如果把技术规则混同于游戏规则，就会轻视作为技术规则之基础的客观规律，以为违反技术规则就像违反游戏规则那样，是可以通过隐瞒违规事实、或通过请求宽恕甚至通过贿赂收买而逃避惩罚的。“豆腐渣工程”哪怕挂满奖状锦旗，也免不了到头来楼倒桥塌的可悲结局。另一方面，如果把游戏规则混同于技术规则，会忽视在许多情况下我们是可以甚至必须改变规则的。比方说，所有车辆都必须在道路同一侧行驶，这是没法改变的，因为不同车辆在同一车道相向而行一定会发生碰撞、以一定速度碰撞的两车一定会酿成大祸，这是有客观规律的根据的；但根据交通状况对规定哪些车牌号的车辆哪些天能上路行驶，则是完全可以做出人为规定、进行人为调整的。

第二，不能把道德规则与游戏规则混淆起来。一方面，如果把道德规则混同于游戏规则，就会动脑筋回避对违规行为的外部惩罚，而忽视“敬畏”、“内疚”和“自责”等内在道德心理机制的作用。严格地来说，像“助人为乐”这样的规则，如果只是为了得到外部赞许或为了逃避外部惩罚而去遵守它，它就不再是我们通常以为的道德规则，而成了游戏规则。孔子很反感的“乡愿”，就是那种只是为了取悦于乡党邻人而做好事的人。孔子认为，不能因为“乡人皆好之”就说可以，因为“乡人皆恶之”就说不可以，而“不如乡人之善者好之，其不善者恶之”。另一方面，如果把游戏规则等同于道德规则，就会出现这样两种情况，一种是不必要的上纲上线，动不动就指责人家“标新立异”、“旁门左道”；一种是不必要的内疚自责，比如因为工作中无意中违反了最近才做出的某条操作规定而受到处分，可以（也必须）认错、检讨，但如果因此而抬不起头、见不得人了，却大可不必。有时候，同样一条规则，既可以被理解为是有道德意义的，也可以被理解为是没有道德意义的。比如“借钱要还”这条规则，可以是被理解为“借钱”这个“游戏”或“活动”或“实践方式”的题中应有之义，因而被理解为一条游戏规则，也可以被理解为是“不得强取他人金钱”这条道德规则的一种表述。在实际生活中，某人违反了“借钱要还”这条规则，是不是意味着他犯了一个道德错误，判断这一点，要根据他自己和相关者对他的行为作何理解。比方说，假如我女儿向我借钱，后来不还了，我作为父亲或许会说她违反了借钱的游戏规则，但决不会说她违反了道德规则，因为她实际上是不跟我玩“借钱”这个游戏了，而转向了“要钱”这个游戏；对于父亲来说，女儿跟他玩“要钱”这个游戏，通常是会乐意配合的。

第三，不能把道德规则与技术规则混淆起来。一方面，不能把道德规则混同于技术规则。道德规则的依据是人性法则，技术规则的依据是自然法则，在英语中人性和自然都是 nature，从这个角度讲，道德规则和技术规则都不能归结为人与人之间的约定，而具有客观的、刚性的依据。但人性并不是与人类实践无关的非历史的现成之物，而是在人类实践的历史过程中构成的，并不是如董仲舒所说的那样，“天不变道亦不变”，如果这里的“天”是指大自然的话。在以往的历史上，一些可以说当时道德水平最高的人，也曾赞同过蓄奴、多偶、酷刑、男尊女卑等，可见即使自然之“天”不变，道德之“道”也是可能变化的。但另一方面，也不能把技术规则混同于道德规则，不能给违反技术规则的行动及其后果赋予不必要的道德含义。毕竟，因为没有遵守实验操作规则而导致的实验失败，与因为没有遵守廉政纪律而造成的风气败坏，不是同一个范畴的事情。科学实验和技术创新中的“宽容失败”，可以从这个角度加以理解。

上面对技术规则、游戏规则和道德规则分别作了论述，但在现实生活中，常常是三种规则兼而有之的。确切些说，任何规则，只要是被一个群体认可、并且被一个群体当做评价对错之依据的，就都是“游戏规则”，比如消防规则、交通规则，它们是作为消防部门和交管部门来制定和执行的有关消防行为和交通行为的规则。消防行为和交通行为就像足球、象棋一样，是有一些活动参加者应该或必须认可的规则的，因而我们也把这种规则叫做“游戏规则”，这里的游戏是指一种 game，一种 practice，一种有明确定义的活动方式。消防规则或交通规则与足球规则或象棋规则不同在于，消防规则和交通规则的制定要更多地考虑有关消防和交通的客观规律，所以它们在很大程度上是基于客观规律的技术规则。消防规则和交通规则的制定也要考虑道德的因素，比如必须对职位高低、财富多寡的人们一视同仁，从这个意义上说，消防规则和交通规则也有道德规则的成分。但不同的规则，其中的“游戏规则”成分、“技术规则”成分和“道德规则”成分是不同的，因此，同样是违规，我们要搞清楚它是什么性质的问题；同样是要防止违规，我们要弄明白该采取什么针对性的措施。从这个意义上说，我们不仅要有规则意识、不仅要愿意遵守规则，而且要有良好的规则意识、要善于遵守规则。

从“对错”的角度理解规则和规则意识，不仅要求我们根据规则来确定对错、根据不同类型或不同性质的规则来判断不同类型或不同性质的对错，而且要求我们重视规则本身也有一个对错问题。领导干部对规则的形成和制定承担更大责任，所以对规则本身的对错问题应该更加重视。

规则本身的对错，表现在规则的内容、形式和规则形成的程序三个方面。

规则的内容，是指规则要求人们做的是一些什么事情。在 2015 年的一次国务院常务会议上，李克强总理讲了三个故事，都是与规则（即办事规则或相关政策）的内容的正当性有关的，其中一个是说一个公民要出国旅游，需要填写“紧急联系人”，他写了他母亲的名字，结果有关部门要求他提供材料，证明“你妈是你妈”！

规则的形式，是指规则规则对人们的要求，是以什么方式提出的。这方面比较普遍的问题，是同普通民众利益密切的一些文件和政策，常常是内部掌握的。政务公开就是要解决这个问题。中央关于全面推进依法治国若干重大问题的决定中专门有一部分讲讲深入推进依法行政、加快建设法治政府，其中一项重要任务，全面推进政务公开，推进决策公开、执行公开、管理公开、服务公开、结果公开，重点推进财政预算、公共资源配置、重大建设项目批准和实施、社会公益事业建设等领域的政府信息公开。

规则形成的程序，是指规则是以借助于哪种方式、经历过哪些过程制定出来的。我们通常所说的“潜规则”之所以很成问题，不仅是因为它的内容往往藏污纳垢、它的形式往往云里雾里，而且是因为它不知道是怎么形成的，完全没有经过现代社会的规则通常要经过的形成过程，亦即由身份明确的规则制定者按照表达明确的规则制定程序而制定出来的。自己或家人住过医院动过手术的，往往有这方面的独特体会，觉得要不要送红包、给谁送红包、怎么送红包、送多少大的红包等，真是一门高深莫测的学问。

对于领导干部来说，规则制定之程序的正当性是一个特别重要的问题。社会的现代化程度，往往表现在社会的公共秩序是否受经过正当程序而制定的公共规则（其主要形式是法律）的支配。规则制定程序的正当性有两个最重要条件，分别与规则制定过程中的说理过程和规则制定过程的参与人员有关。以垃圾分类规则为例，现在已经不必再讨论垃圾要不要分类的问题，但怎么对垃圾进行分类，还是大有讲究的，需要有一个涉及物理、化学、生物学、经济学、社会学、管理学等许多知识领域的科学论证过程。垃圾分类造福于民，也有赖于民，因此垃圾分类规则的制定过程不仅要有科学性，而且要有民主性，要让居民们广泛参与，听取他们的意见。现代社会要制定包括法律在内的公共规则，已经很难指望由神圣文本提供神圣依据或者由权威人格保障权威效力，而越来越把现代社会成员的这样一种观念作为前提：我要遵守的规则，最好是由我自己参与制定的规则。在一个人数较多的社群或集体当中，“参与”的方式很难是直接的，而往往是间接的，也就是说以多数人对少数人进行授权的方式，让少数人代表多数人直接参与规则的制定过程，体现他们的意见和意志。

二、从“利害”的角度谈如何培育良好的规则意识

“利害”与“对错”虽然常常是重叠的，但它们的含义不一样。我们大概都会赞成，“符合人民利益的”就是“对”的，“损害人民利益的”就是“不对”的，从这点上说，利害问题与对错问题是统一的。但是，这种“统一”只是外延上的统一，而不是内涵上的统一，而且，这种统一只适用于赞成用人民利益作为对错标准的人们。但是实际上，就算是在

口头上，也并不是谁都把人民利益作为对错标准的。更何况，即使都说是把人民利益作为对错标准的，对什么是人民利益、什么叫符合人民利益，常常有非常不同的看法。尤其是，在“人民利益”这样的宏大叙事之外，我们每个人在自己的日常生活中可能都有体会，“对的”事情却会对我们“不利”，对我们“有利”的事情却恰恰是“错的”事情。因此，就培育良好的规则意识而言，这样的问题绝对不是可以轻易绕过去的：遵守规则有什么用？当遵守某条规则会对我们不利的时候，我们是否仍然愿意遵守这条规则？

举一个例子，在地铁站候车，先下后上、排队上车，是一条基本的公共规则。但在大家都在排队候车时你虽然后来才到却挤进队伍前面；地铁到站后，候车的人们都在等最后一位下车者走出车门，你却一下子挤进车厢。在这种情况下，你会觉得，别人遵守规则吃亏了，你不遵守规则却占便宜了。

再举一个领导干部们经常会碰到的情况作为例子：考核评比。常常会出现这种情况：某部门信心满满地参加所在单位的考核评比，但最后的结果却排名很靠后，于是那部门负责人就大为不满，说考核评比不公平，要不承认考核评比结果。考核评比很有可能不公平，考核评比之后提意见很正常，甚至正式提出申诉也很合理，但仅仅是自己部门没有被评为先进，不能作为考核评比不公平的论据，不然就是在循环论证。要判断考核评比是否不公平，最重要的是看考核评比的程序是否得到了遵守，如果程序没有问题，再去看参与程序的人们是怎样运用工作绩效的评价标准的。“程序公平”往往不等于“实质公平”，而“程序公平”实际上就是指事先被各方都认可的规则，哪怕规则运用的结果某方觉得非常不能接受，却是得到了遵守的。普通人经常会问的这个问题，领导干部要做出更深思熟虑的回答：在规则运用结果对我不利的情况下，我该如何对待相关的规则？

考察规则与“利害”问题的关系，至少有三个角度。

第一，从个人和集体的关系来看。规则对个人是否有利与对集体是否有利，可能是不重叠的；一般来说，我们应该尊重那些虽然对自己不利、但对集体有利的规则。就上面举的单位考核评比例子而言，如果考核评比总体上是对集体的运行和发展有利的，如果考核评比的程序总体上是公平的、是能在考核评比之前被各方认可的，那么，单位的个体成员就应该接受这样的规则，尽管与此同时他们可以甚至应该努力争取这规则被修改得更加公平合理。

对于领导干部，还可以进一步说，对集体不利，其实也是对自己不利的，因为身为领导干部，你的最大的利益其实是把单位的工作做好。你在一个单位或地区做领导，当然是希望你领导的单位或地区是有秩序的（规则带来秩序）、有效率的（规则降低交易成本），但如果你不带头遵守纪律、遵守规则，那么，虽然在特定事情上你违规做成了，但因为大家可能都会学你的样，都不守规矩，你领导的单位或地区就要花多得多的精力和资源去管理和整治。

作为领导干部，还不能简单地满足于在规则对集体有利还是对个人有利之间做一个非此即彼的判断和选择。按照马克思的说法，集体有真假之分，而真正的集体是为集体中的个体成员服务的。说一条规则“对集体有利但对个人不利”，通常是指那规则对集体中的多数个体成员有利，而对少数个体成员不利；而那种对多数成员不利的规则，是不可能真正对集体有利的。但值得强调的是，即使对这里所说的“少数成员”，也要作具体分析，看这些少数成员之所以为少数成员，是不是根据一些与他们的努力和选择无关的因素来进行的选择的结果。在当今中国，由于改革开放和现代化的成就，由于近几年来党和政府精准扶贫的努力，低于贫困线以下的地区和家庭，在全国无疑是属于“少数”的，但国家的政策法律并不能因为他们是少数而弃之不顾。

作为领导干部，还有必要关注营造照章行事、依法治理的社会状况所需要的文化基础问题。妨碍人们遵守规则的一个常见原因，是“大家都争前恐后，我一个人排队没有用”这样的个体心理，以及“独木不成林”“法不责众”这样的社会状况。要改变这种局面，每个人都应该下决心“从我做起”“从现在做起”；但与普通社会成员相比，一个部门或单位的领导干部对改变这样的局面，多了一些责任，那就是，不仅通过自己的带头作用，而且通过只有领导岗位上才能有效推进的集体行动，来对营造相应的“法律文化”或“规则文化”。

第二，从近期和长远的关系来看。规则对我们近期是否有利与长远是否有利，可能是不重叠的；一般来说，如果某条规则在长远对我们是有利的，我们就不能因为它对我们近期是不利的，就不去遵守。

拿刚才举的那个地铁排队的例子来说，虽然在某一天，看到大家都排队上车、先下后上时，我不遵守规则挤到前面、抢先上车，会占到便宜，但如果第二天在我的这种行为影响下，大家都不排队了，也不先下后上了，车辆到站，大家蜂拥而上，争相上车，地铁的班次还是那些，车上的座位还是那些，上了车子、坐到位子的人数还是那些，但包括我在内的每个人都为乘上车子、坐上位子，付出了许多额外的力气。

同样的例子可以放大一下做点分析。在当今中国，公共场所不遵守公共规则的，往往不是青少年，而是中老年；父母们或祖父母们带着很不情愿的男孩女孩闯红灯、抢座位的情况，并不少见。对这些年长者们我们可以这么说：即使生长在匮乏时代和无序环境的你们已经习惯于没有文明秩序的公共生活，你们也要为自己的孩子们着想，克制自己的不守规则的习惯，为孩子们和他们的孩子们留下一个文明有序的生活环境。

就整个中华民族而言，我们为建设社会主义法治国家要完成的最艰巨任务，大概不是法律制度系统的建立和完善，而是支撑法律制度发挥良好作用的法治文化的建立和完善，其中包括从上到下养成敬重法律、遵守规则的习惯和能力。要按照法治国家建设的要求实现民族心理和群体文化的根本改造是一个长远任务，我们为完成这个长远任务要从现在做起；与我们的后代相比，我们为克服陋习或许要准备付出更多刻苦努力。

第三，从做事和做人的关系来看。规则的具体内容是告诉我们做什么事、是与我们怎样“做事”有关的，但规则作为一种社会现象则涉及我们做什么人，是与我们怎样“做人”有关的。人脱离动物王国进入社会生活的根本标志，就是人能够遵守规则而不仅仅是服从规律。人和动物以及世上万物一样，都要服从规律；但只有人，还能同时遵守规则，也就是程度不同地自觉按照人们约定的游戏规则行动、按照人们总结的技术规则行动、按照人们敬重的道德规则行动。为了保护一块有明确产权归属的果园不受破坏，果园主人通常用两个办法：一个是竖立“私人果园（或集体果园），非请莫入”的牌子，一个是构筑围绕果园的栅栏，前者是针对可能进入果园的人的，后者是针对可能进入果园的动物的。在无人看管的情况下，仍然有人会不顾警示、跨栏入园。从“做事”的角度讲，这样做或许是能得“利”的——能偷到果子，如果没有被抓住和罚款的话；但问题在于，违规行为即使从“做事”角度讲是赚了便宜的了，从“做人”的角度讲，却实际上是吃了大亏——让自己向动物水平靠拢了一些。

三、从“好坏”问题的角度谈如何培养良好的规则意识

从“做人”而不仅是“做事”的角度讲培育良好的规则意识，实际上已经涉及了我今天要讲的第三点，即从“好坏”的角度谈如何培育良好的规则意识。

“好坏”与“对错”、“利害”常常是重叠的，我们做的事情可能既是对的、有利的、也是好的。但仔细思考一下，我们有时也会碰到这样的情况：做一件事情我们虽然觉得是对的，却未必是有利的，或者我们觉得既是对的、也是有利的，但我们内心里会觉得它却是不好的。到了一定年纪，回忆过去，我们常常会发现，自己在某时某刻随大流做的某件事情，虽然是“对”的——是符合当时的行为规则的，也是“有利”的——没有给集体添麻烦，也没有给自己添麻烦，甚至还给自己带来一些好处，但自己内心深处是觉得不“好”的——这里的“好”，是与我们在人格成熟阶段内心拥有的良好生活理想有关的，而不是与某条行动规则有关。

我这里有意用了“人格成熟”这个说法，因为在我看来，

是否拥有良好的规则意识，是人格是否成熟的重要标志，而“成熟”则是我们拥有良好生活的必要前提。成熟的人和善良的人通常是重合的，但我们也常常会看到，推开别人抢着上车、上车以后跟其他乘客争抢座位的那些中年妇女，其实是为了让随行的老人或孩子坐上位子、乘车舒服一点；不能说她们不善良，但从遵守公共规则的角度来说，她们或许是地方文明办常说的“小手拉大手”的帮助对象。

前面我们说过，把人和动物区别开来的一个重要标志，是动物只能服从规律，而人还能遵守规则。“服从”是被动的、盲目的，而“遵守”是主动的、尤其是自觉的——我知道我在遵守什么样的规则。果园外的动物不进果园是因为那栅栏的物理性质阻碍了它的进入，而果园外的人不进果园，则是因为那警示牌的符号告诉他不能进入，他理解了符号意义，并且选择用符号表达的意义来规范自己的行为。

但人要真正学会遵守他认可其正当性的规则，是有一个过程的。孩子一生下来与动物无异，唯一的区别是人类婴儿与其他动物的幼崽相比能力要弱得多。但人类婴儿拥有巨大的学习和掌握规则的能力。不出几年，孩子就能流利讲话，这也意味着他已经掌握了某种语言的复杂的语法规则；再过几年，孩子就能清楚地知道，与家人打交道和与其他人打交道有什么不同，与长辈交往和与同辈交往有什么不同，这些也都是掌握规则的结果。儿童成长的过程，就是这些社会规则逐步内化、逐步进入儿童的言语行为当中的过程，或者说，是儿童逐步学会根据这些规则来自觉或不自觉地判断自己或别人的话有没有说错、事有没有做对的过程。

遗憾的是，在实际生活中，我们常常会看到一些自然年龄早就成熟，但文化年龄却还相当幼稚的情况。以前上海曾有“七不”规范，即不随地吐痰、不乱扔垃圾、不损坏公物、不破坏绿化、不乱穿马路、不在公共场所吸烟、不说粗话脏话。这里所提的七种要求，本应该成为小学阶段的行为规范，却成为上海市文明委向全市市民提出的倡议。

更令人遗憾的是，“七不”规范要求杜绝的那类行为，还常常被国人带出国境，出国际洋相。因此，中央文明办联合国家旅游局在十多年前公布了一份《中国公民出境旅游文明指南》，其中包括“衣着得体，请勿喧哗”、“排队有序，不越黄线”、“安静用餐，请勿浪费”这样一些要求。这些要求看上去非常“小儿科”，但实际上非常有针对性。

遵守规则不仅与人的成熟有关，而且与人的尊严有关。成熟人格是真正超越动物水平的人类个体，从这个意义上说，成熟本身就是人之所以为人的尊严的重要基础。但尊严不仅涉及人和客观世界（动物世界）的关系，而且涉及人和人之间的关系，值得从人际关系的角度多说几句。

人与人生活在同样的社会空间中，他们的行为要相互协调，必须服从同样的规范要求。马克思曾从生产力发展和人性进步的双重角度来刻画人类社会的进步发展的三个阶段："人的依赖关系（起初完全是自然发生的），是最初的社会形态，在这种形态下，人的生产能力只是在狭窄的范围内和孤立的地点上发展着。以物的依赖性为基础的人的独立性，是第二大形态，在这种形态下，才形成普遍的社会物质变换，全面的关系，多方面的需求以及全面的能力的体系。建立在个人全面发展和他们共同的社会生产能力成为他们的社会财富这一基础上的自由个性，是第三个阶段。第二个阶段为第三个阶段创造条件。"

马克思的这段话可以从规则的进化角度加以理解。所谓"人的依赖关系"的一个重要表现，是人们的行为不受人人适用的普遍规则的支配，而受特定人们（比如奴隶主、国君）的特定命令的支配，从而体现了不同形式的人身依附关系。在这个阶段上，人虽然不是动物，但并没有具备人所应得的人的尊严。所谓"以物的依赖性为基础的人的独立性"，是指支配人们行为的不再是特定人们的特定命令，而是表现得像客观自然规律那样的无人称的普遍规则。人们因为受这样的普遍规则支配，而不是受特定人们的特定命令支配，而获得了独立性，而彼此独立的人们之间的关系因此也是平等的。"平等"是"尊严"的核心要素；法治和人治的区别，由此可见一斑。但是，在这第二阶段，这种普遍规则还并不是由规则的遵守者们自己制定的；或者，他们以为是自己参与制定的，但实际上受到了他们无力控制甚至并不自知的社会力量和意识形态的支配，所以，在这个阶段，人们对普遍规则的依赖，很大程度上仍然像是对物的力量的依赖一样，还谈不上真正意义上的自由。只有到了第三个阶段，人们所遵守的社会规则，是他们既自觉又自愿地参与制定的，也就是说，是在既认识了客观规律又满足了自身需求的前提下参与制定的；只有在这样的情况下，人们才获得了真正意义上的自由个性，从而也具有真正意义上的人的尊严。

从党的十八大以来，以习近平同志为核心的党中央加强全面从严治党，坚持反腐败无禁区、全覆盖、零容忍，取得了十九大报告中所说的“不敢腐的目标初步实现，不能腐的笼子越扎越牢，不想腐的堤坝正在构筑”的伟大胜利。反腐败斗争的这三个目标——不敢腐、不能腐和不想腐，或许可以从规则论的角度作这样的理解：它们分别对应于前面说的三类规则，即“技术规则”“游戏规则”和“道德规则”。把“不敢腐”作为目标，就是要让规章制定执行得非常严格，就像高效率的技术规则那样，几乎一违反就会自动带来惩罚。可能就是因为这个缘故，反腐败斗争中用来形容纪律“零容忍”的，往往是一些技术术语，如“高压线”“雷区”“笼子”等。把“不能腐”作为目标，就是要把规章制度制定得非常严密，就像高精度的游戏规则一样，什么空子都钻不了。可能就是因为这个缘故，反腐败斗争中用来形容纪律“全覆盖”

的，往往是一些博弈（游戏）术语，如“底线”“红线”“禁区”等。把“不想腐”作为目标，则是要把规章制度理解得非常严谨，就像高境界的道德规则一样，让人不屑于随波逐流、同流合污。在反腐败斗争的同时之所以要那么强调理论学习和理想教育，就是要让共产党员、领导干部尤其是党员干部把纪律要求内化于心、外化于行，从“做尊严的人”的角度、从“做高贵的人”的角度，而不仅仅是做“正确的事”的角度、从做“有利的事”的角度，来理解党纪国法和理想信念的要求。

在我看来，从做一个“好”人的角度，从做一个不仅善良，而且成熟的、有尊严的人的角度来理解党纪国法和理想信念的要求，是效果最好、效力最高的反腐倡廉手段；换句话说，道德规则意识是反腐倡廉的最坚固的堤坝。

四、从普遍规则与特殊语境之间关系的角度谈如何培育良好的规则意识

典型的规则是普遍的，而实际的行动情境是特殊的；人作为理性存在的最重要任务，是要把理性地把握的普遍规则理性地运用于特殊情境。这种“运用”并不像课堂上老师教了某个普遍原理之后，举几个特殊例子来说明这个原理那么

容易。这里的“理性”也不像是把科学定律运用于某个自然领域或某个工程领域那么确定。因为，在实际生活中，某条普遍规则的含义究竟是什么，往往取决于它被运用于特殊情境之中；而无数个特殊情境中哪个是与某条普遍规则相关的，恰恰又取决于对普遍规则的理解。具有“良好规则意识”的一个标志，是善于处理这类学者所谓“解释学循环”。对于培育良好规则意识这个任务来说，处理好普遍规则与特殊情境之间的关系，是层次最高的要求，也是难度最高的要求。在孟子那个时代，“男女授受不亲”是很重要的社会规则，但它的含义到底是什么，要在运用过程当中才真正明确。有人问孟子，“嫂溺则援之以手乎？”孟子回答说：“嫂溺不援，是豺狼也。男女授受不亲，礼也；嫂溺援之以手者，权也。”经过这样的“极限测试”，“男女授受不亲”的普遍之礼的含义、它应该怎么加以运用，才比较清楚。

孟子在这里所说的“权”是“权衡”的意思，不是权威的意思。规则意义的解释、规则运用方式的确定，常常要诉诸权威。但是，在众说纷纭之时靠权威来“定于一尊”，即使能适用于特定情形，也只能有效于特殊时刻。以变换的方式套用一句俗语，具体情况千差万别的实际生活当中，“没有规则是万万不能的，但规则并不是万能的”，需要运用规则的人们根据实际情况来对规则的意义和要求作出具体理解。

中国传统的“中庸”之道，是处理普遍规则与特殊语境之间关系的重要原则。所谓“中庸”，是“无过无不及”的意思，但“过”和“不及”两个极端之间的中项是什么，并不像1和3之间是2，2和4之间是3那么容易判断。儒家在解释“中庸”的时候所说的“时中”，就是要说到底什么是介于“过”和“不及”之间，取决于特定语境下的智慧判断。

像在其他地方一样，大智慧很可能与小机智难分彼此，而在我们的民族传统当中，把“不及黄泉，无相见也”诠释为“阙地及泉，遂而相见”这样的“智慧”绵延不绝，“规则是死的，人是活的”这样的“智慧”也随处可闻。要真正能培育其良好的规则意识，对这种貌似大智慧的小机智要特别警惕。

为正确地处理好普遍规则与特殊语境的关系，我们尤其必须处理好以下几个关系。

第一，规则与私情的关系。

规则之所以是普遍的，是因为它必须是适用于每一类人的某一类行动的，是覆盖这里所说的“类”的所有个体的。在现代社会是所谓“陌生人社会”，公共规则的适用者常常不限于熟人圈子；处理公务时不分亲疏、不徇私情，是现代社会中一项最基本也是最重要的领导干部素质。

亲疏有别本身无可非议，与亲人打交道不同于与别人打交道也是人之常情。孟子说“古者易子而教之。父子之间不责善，责善则离，离则不祥莫大焉”，从一个侧面显示了在制定和运用（以及诠释）普遍规则时要做到不分亲疏、不徇私情，是一道千年难题。我国现行的刑事诉讼法中，有这么一条："经人民法院依法通知，证人应当出庭作证。证人没有正当理由不按人民法院通知出庭作证的，人民法院可以强制其到庭，但是被告人的配偶、父母、子女除外"，也说明在规则制定的时候，在不考虑特定人的亲疏关系的前提下，是可以对亲疏之别做出特别规定的。但是，在规则的制定、执行和诠释过程中，称职的当事人是不能对与自己有特殊关系的人们给予区别于其他人给予特殊对待的；假如哪个法院院长命令下属法官让某被告的非直系亲属也享受刑事诉讼法第 187 条的例外待遇（即不强制其配偶、父母和子女到庭作证），那他无异于知法犯法，当然也谈不上具有良好的规则意识了。

第二，规则与原则的关系。

在我们把某条规则运用于某个情境的时候，有时会发现，正当的规则未必导致正当的结果。比方说，"不说假话"是一条普遍认可的行动规则，但假如你女儿的仇人拿着凶器问你女儿藏身在哪个地方，而你也确实是知道她正在何处的，你要不要如实相告呢？"言而有信"也是一条人人肯定的行为规则，但假定一个官员在公开承诺某事之后发现或被提醒说得不妥，承诺不当，你是不是还希望他"君子一言，驷马难追"呢？一般来说，如果"正当的规则"与"不正当的结果"之间存在着并非偶然的关系，我们就要认真思考这里所说的

"正当"是什么意思，认真研究那规则在什么意义上是"正当"的，那结果在什么意义上是"不正当"的。在这种情况，我们不仅要根据规则来判断相关的行为是否正当，而且要看看规则本身应当符合的原则，根据原则来判断相关的规则是否正当、由规则运用所产生的结果是否正当。

从规则和原则的关系来理解规则和规则意识，我们可以能更好地理解，孔子为什么一方面说"人而无信，不知其可也"，一方面又说"言必信，行必果，硁硁然小人哉"，把这种人格放在"行己有耻，使于四方，不辱君命"者之下，也放在"宗族称孝焉，乡党称弟焉"的人之下；也可以更好地理解，孟子为什么一方面说"非礼之礼，非义之义：大人弗为"，另一方面又说"大人者，言不必信，行不必果，惟义所在"。

从规则和原则的关系来理解规则和规则意识，我们也可以对改革的重要性和艰难性有更好的理解。改革的实质就是改变已经证明为不合乎发展生产力、实现人民群众当家作主的价值原则的那些现有规则。从这个角度来说，有人说改革是通过"违规操作"而推进的，并不全错。但是，针对具体规则的"违规操作"，不能损害人民利益和国家主权，不能假公济私、损公肥私。基于原则而违规操作是需要大智大勇的，可以说是更高层次而不是更低层次的规则意识的体现，是真正意义上的"良好的规则意识"的体现。

为避免误解，我想把这里的意思说得更加明白一些："良好的规则意识"体现在妥善处理好"原则""规则"和"个案"三者之间的关系，而处理这种关系，大概有以下三种情况。

在第一种情况下，也就是在通常情况下，在规则本身是符合原则的情况下，我们是通过遵循规则而坚持原则的。

在第二种情况下，也就是在特定情况下，在实际情境发生较大变化的情况下，我们要对规则加以改进，而这种改进非但不能违背原则，而且要比原来的规则更符合原则的核心要求。

在这第二种情况下，我们还要尽量在承认实体性规则（告诉我们做什么事情、怎么做事情的规则）的较大可变性的同时，重视程序性规则（告诉我们怎么制定规则、怎么运用规则的规则）的较高稳定性，并且在用好规则诠释的可变性空间的同时，尽量维护规则文本的相对稳定性。

在第三种情况下，也就是在非常特殊的情况下，我们可以（甚至必须）在坚持原则的前提下超越规则甚至违反规则。

在这第三种情况下，我们作为违规者，要心甘情愿接受因为违规而带来的惩罚，就像足球比赛中的"战术犯规"虽然是有正当理由的，也要老老实实接受裁判发出的黄牌甚至红牌一样。"战术犯规"违反的只是足球运动的某条规则；拒绝裁判判罚则是违反足球运动的规则体系。

在这第三种情况下，我们作为违规者，还要尽量减少超越规则的个案，要尽力说清辩护违规的原则依据，要尽快根据原则制定新的规则，并且要尽可能把违规个案吸纳到新规则当中去。

在上述三种情况下处理好规则与原则的关系，与前面所说的处理好规则和私情的关系一样，对处理好普遍规则与特殊情境之间关系，既是必不可少的工作，也是难度极高的工作。但极重要而且极困难的工作还不仅仅是这两项。相比之下，对处理好普遍规则与特殊情境之间关系来说，还有一项工作是更加不可缺少、也可以说是难度更高的，那就是处理好普遍规则与我们自己作为独一无二的个人之间的关系。关于这一点，我想放到下面关于规则与范例的关系的讨论中，展开我的观点。

第三，规则与范例的关系。

规则是一种行为规范，但行为规范的形式不限于规则。在司法领域，法官判案不仅要依据成文的法律条文，而且会援引先前的法院判例。在日常生活领域，在我们要处理某个特别复杂的问题的时候，在我们就某事该不该做、该怎么做特别犹豫不定的时候，对我们帮助最大的，往往不是书本上读到的格言警句，或课堂上学过的规范体系，而是我们所佩服或敬重的某个人给我们的启发：他如果处于我现在这样的处境，会做怎样的选择？人生最大的幸运，可能就是拥有这样的前辈、时贤、同胞、朋友，在关键时刻能以他们的“榜样的力量”给我们以“不言之教”。

对于中国人来说，最著名的榜样大概是孔夫子了。孔子的弟子颜回说孔夫子是“仰之弥高，钻之弥坚。瞻之在前，忽焉在后。夫子循循然善诱之，博我以文，约我以礼，欲罢不能”。四百年后，司马迁以类似的口吻说到孔子：“‘高山仰止，景行行止。’虽不能至，然心乡往之。”从规则和规则意识的角度来说，孔子不仅以自己的言论为两千多年中国社会的伦理纲常（做事做人的规则）的形成提供了依据，也以自己的行动为后人怎么处理包括公私关系、经权关系在内的普遍规则与特殊情境的关系，树立了榜样。孔子对自己的一生有非常简洁明了的概括：“吾十有五而志于学，三十而立，四十而不惑，五十而知天命，六十而耳顺，七十而从心所欲，不逾矩。”这里最关键的是最后一句话：普遍规则与个人欲望的有机统一。

在讨论规则和规则意识的时候谈到人格典范的作用，要作两点说明。

第一，对作为典范的人格，要避免作神秘主义的理解，以为他虽然未必天然“口含天宪”，但一定自动“行为世范”。但实际上，像孔子这样的理想人格之所以为理想人格，既是因为孔子的卓越天分加上其自身的不懈学习、修养和体悟，也是因为孔子以后人们对他生平进行了解释、美化和理想化。尤其在现代社会，真正有说服力的是冯契先生经常说的“平民化的理想人格”；在原先供奉在神坛上的旧偶像已经纷纷走下神坛的情况下，应该不会有谁还想把新偶像放置到神坛之上，因为这样对神坛上端坐的人和在神坛前跪倒的人，都会是一种不敬，甚至非礼。对于世俗社会中真正值得敬重的人格典范来说，他的言语行为若真的堪为世人典范的话，是一定是要被放到恩格斯所说的“理性的法庭”上去的，是一定要经过世俗社会认可价值的唯一途径即在空间和时间上都向有说理论辩能力的公众开放的说理论辩过程的。从这个意义上说，“典范”和“规则”的正当性基础并没有实质性区别。讲到“规则”，往往会联想到“普遍性”，因为规则可以说是对某一类人的某一类行动提出要求的规范性的全称命题。“典范”作为一个特定人格或特定事例，当然并没有这种意义上的普遍性。但规则还与另一种意义上的普遍性有关：规则的正当性，原则上是应该得到制定规则、执行规则和遵守规则的人们的普遍的同意的。这种意义上的普遍性，典范和规则同样具有。

第二，从马克思主义的角度来看，人格典范所达到的“欲矩”统一（“从心所欲不逾矩”）或个人欲望与普遍规则的一致，不能作静态的、单向度的理解。普遍规则作为社会规范本身是需要根据人性价值加以调整和发展的，而个人欲望与社会规范之间的一致，并不能理解为经过修养让自己的欲望单方面地向既定的社会规范靠拢。相对于其他社会成员来说，领导干部对社会规则的形成和制定、诠释和运用、细化和改善承担着特殊责任；作为这种意义上的“关键少数”，他们尤其要看到，自己责任不仅仅是让自己的欲望和行动适应现有的规范和规则，而也是要在改造自我的同时积极有为地改造环境，使环境更适合人的生存、享受和自由而全面的发展。

但是，领导干部对改造环境承担特殊使命，又意味着他们像每个社会成员一样，本身也是社会环境的组成部分；不仅如此，他们作为社会中的“关键少数”，对于其他社会成员来说，是社会环境的特别重要组成部分——在“上梁不正下梁歪”的状况中，“上梁”之歪成了“下梁”之歪的最重要根源。因此，不仅领导干部的改造环境或“社会革命”的行为，而且他们的改造自我或“自我革命”的行为，都会对社会风气、道德风尚、法律文化等的水平和性质，发挥比其他社会成员大得多的作用。

规则意识，尤其是良好的规则意识，是人人都应该具有的；但本文上面的讨论，尤其是最后对规则与典范的关系的讨论，应该已经能够说明，领导干部具有良好的规则意识，比普通公民具有良好的规则意识，确实是有更加突出的重要性和挑战性的。

学术规范的哲学讨论之一*

* 本文以“对学术规范化问题的一些哲学思考”为题发表在《中国书评》总第10期（1996年5月）。

一

本文谈的是“学术规范化”问题，而不仅仅是“社会科学的规范化”问题。

“社会科学规范化”的讨论开始至今，参加者中真正从事社会科学研究的人并不多。对这种情况可以作三种解释。第一，“社会科学规范化”讨论的参加者（大概也包括发起者）对“社会科学”一词作了广义的理解，把通常所谓“人文科学”也包括在内。第二，“社会科学规范化”的问题本身不是一个社会科学问题，而是一个哲学（方法论）问题，属于人文科学领域。第三，之所以哲学以外的人文科学研究者也那么关注这个哲学（方法论）问题，或者是因为人文科学领域的方法论意识比较成熟，或者是因为这个领域的“规范化”问题尤其迫切，很可能是两者兼而有之。

当我们使用“人文科学”一词时，我们对于“科学”这个词的用法已经是“德国式的”（Wissenschaft），而不是“英美式的”（science）。这种意义上的“科学”（系统的、有条理的认知活动及其成果），在汉语中可以替换为“学术”。本文讨论的就是这种意义上的科学或学术的规范化问题。

二

本文对学术规范化问题的讨论是“哲学的”，而不是非哲学的，如历史学的、社会学的或学术界内部的本行业行为规范讨论。

对学术规范化问题作历史学研究十分必要。学术活动的规范，就像许多其他社会活动的规范一样，很大程度上是一个历史过程的产物，而这个历史过程又常常是没有同系统的反思相伴随的。如果各个学科都有一批人来系统地研究该学科目前的学术活动的规范及其遵守和执行的情况是怎么造成的，各个时期中这门学科中什么样的研究成果被认为是可以接受的或值得推荐的，对于学术规范化的讨论将是一个功德无量的贡献。

对学术规范化问题的社会学研究也是必不可少的。学术研究活动是十分重要的社会活动领域。社会学研究有助于对于其他社会活动领域的认识，也有助于对学术活动领域的认识。在后期维特根斯坦的影响之下，尤其是自从彼得·温奇发表其《社会科学之观念》一书之后，社会科学之研究对象区别于自然科学之研究对象之处就在于前者是受规则支配的或遵守规则的，这个观点已经被人广泛接受。对作为一个特殊“社团”或“族群”的学术界及其活动的社会学研究，也就是对其中起作用的规范或规则的研究。对学术规范的这种社会学研究不仅有助于对学术界现状的认识，而且有助于对这种现状的改变。参加目前这场讨论的许多作者不仅指出了学术规范方面存在的问题，而且从学术研究的社会环境、学术研究工作者的社会角色等方面进行寻找这些问题的根源。这种分析显然是解决这些问题必不可少的前提，尤其在中国这样一个学术和社会其他领域的分化程度还很低的国家。

对学术规范的历史学研究和社会学研究很大程度上是一种“外部研究”，是把规范问题当作“有关规范的事实”的问题来研究。真正把规范问题当作规范问题而不是事实问题来研究的，首先是“圈内人”，即规范对其行为有约束力的人们。对他们来说，重要的不是“存在着某某规范”，而是“我（们）是不是承认某某规范”。最近，38位中科院院士在《光明日报》上联名撰文“正确评价基础研究成果”，[1]对人文—社会科学的从业人员即使不是提出了挑战，至少也提供了启发。该文批评了我国自然科学基础理论研究领域的不少弊端、陋习。这些弊端和陋习令人遗憾，但平心而论，自然科学的权威人士能写出这样一篇文章，就很值得人文—社会科学领域的权威们和非权威们羡慕和深思。

但学术规范化问题也不能只靠各个学术领域的从业者们自己来解决。仅仅研究“关于规范的事实”是不够的，仅仅讨论“我们该如何来做”也是不够的。这不仅是因为后面这种讨论需要学科史和学科社会背景方面的知识，而且是因为这种讨论涉及一系列哲学问题，这些问题的研究必须在哲学层次上，也就是在超越具体学科领域的层次上进行。

三

最重要的哲学问题涉及学术规范化讨论的“关键词”：什么是规范？具体些说，与事实、价值相比，规范的特点是什么？

在同学术规范化讨论有关的意义上来说，规范和事实的关系问题也就是学术团体的行为规范和学术团体的行为惯例之间的关系、“符合规范的行为”和“属于常态的行为”之间的关系。对学术规范化的一种理解是“学术正常化”或“学术常规化”。按金岳霖的说法，“正常”与否，是对于一个类中的个体而言的，而不是对于类而言的：所谓“正常”就是具有类型，“我们决不可能碰见‘不正常的类’”。[2]照这样的理解，我们所能做的只是对目前我国的学术研究状况进行经验调查，根据调查结果来确定学术研究领域哪些行为（现象）是正常的、哪些行为是偏离常规的、反常的。这种做法适用于对人类性行为之类的研究，而不适合于对学术规范化问题的研究。在一个以抄袭甚至剽窃为常态的学术团体中，研究者个人的独创性研究和研究者之间的认真讨论反而是不正常的。

规范不同于事实，那么在什么意义上我们可以说“存在着一个规范”呢？芬兰哲学家冯·赖特（Georg Henrik von Wright）提出了一个“规范通论”（他的现代义务逻辑是其中的一个部分），对规范作了系统的研究。[3]冯·赖特把规范分为四类：法则（law）、规则（rule）、规定（prescription）和规程（directives）。“法则”包括中文的“自然规律”、“国家法律”和“逻辑规律”三种，其中自然规律其实不是规范，而逻辑规律和国家法律可以分别归入“规则”和“规定”之下。所谓“规则”（其典型是象棋规则），是指确定什么做法是正确的、被允许的做法的东西。所谓“规程”，也叫技术规范，它们涉及达到某个目的的手段，其标准表述是一种类型的条件句，其前件说明要达到的目标，其后件说明必须做或必须不做的事情。所谓“规定”，是处于权威地位的人对处于受主地位的人所发出的命令、许可或禁令，这是冯·赖特的规范论和义务逻辑着重研究的类型。在冯·赖特看来，说

“存在着一个规范”，可以作如下理解：其一，存在着包含这个规范的活动，如说“存在着象棋规则”，意思是说有一种叫象棋的游戏。但因为象棋之所以为象棋，本身是由象棋规则规定的，所以这种说法很成问题。其二，是上帝或自然所规定的，如说存在着道德原则，是说它们是上帝的命令或自然法则。冯·赖特认为把上帝和自然作为规范的颁布者最多是一种比喻，不能当真。其三，通过分析康德在《实践理性批判》中提出的著名命题“‘应当’蕴涵‘可能’”来理解。冯·赖特对康德的这个命题的理解为“一个规范的存在在逻辑上依赖于或预设了关于能力的事实”。这个命题运用于“规则”，其意思可以是说：一个游戏的规则的逻辑要求是：满足该规则对于从事游戏者提出的要求不得是不可能的。这个命题运用于“规程”或技术规范，其意思是：把某种东西当作行动目的来追求，预设了做那些为达到此目的所必需的事情的能力。这个命题运用于“规定”，其意思是：一个规定的存在，取决于一方之使用规定性语言（prescriptive language）（如颁布法令）导致建立规范施主（norm-authority）和规范受主（norm-subject）之间的“规范性关系”或“受制于规范的关系”，而这又预设了发出规定者具有对不遵守规定者给予惩罚或制裁的能力。

冯·赖特在很大程度上仍然是把规范问题还原为事实问题，也就是所谓“制度性事实”（institutional facts）。我们通常认为，一种得不到执行的规范是“形同虚设”的。上面介绍的冯·赖特的分析，是同我们的这种直觉相符合的。

如果说规范的存在可以通过“制度性事实”来理解，规范的效力（validity）问题则不能以这种方式来理解。在冯·赖特看来，规范的“效力”有两种含义，一种就是指规范之存在，一种是指除了一规范存在之外，还存在着另一条规范（次阶规范或高阶规范），它允许前一种规范（初阶规范）之施主对此规范的颁布。冯·赖特分别用“efficacy”和“legality”这两个英语词来表示“validity”的这两层意思，并认为严格来说，只有后者才是对“validity”的正确用法（是“规范性概念”而不是“事实性概念”：normative notion vs. factual notion）。然而，冯·赖特对于作为一个规范性概念的（规范）“效力”的分析，实际上仍然把它还原为事实性概念。他认为一个规范的效力是相对的，即相对于另一条、允许其颁布（承认其颁布为一种权利）的规范的存在（而不是后者的效力）。冯·赖特强调“效力”和“真理”这两个概念之间的区别：一个陈述之真可以从另一个陈述之真中推出，而一条规范之效力不能从它的高阶规范之效力中推出。但是，如果像阿佩尔和哈贝马斯那样，不是从命题和命题之间、规范和规范之间的形式逻辑关系，而是从命题和衡量其真理性的人之间、规范和衡量其正当性的人之间的语用学关系出发来考虑问题，规范和真理之间将具有很重要的共同点：它们之成立都需要主体与主体之间的共识或同意，而这种共识又有是否合理之分。这一点对于本文的讨论很重要，下面还会作进一步阐发。

一个更为麻烦，但对于理解什么是规范十分重要的问题是规范和价值（value）之间的关系。冯·赖特没有讨论规范和价值的关系问题，这是他的规范论的一个很大弱点。然而他对于所谓“理想规则”（ideal rules）的讨论，同这个问题有关。冯·赖特采用摩尔（G. E. Moore）的观点，区别两类规范：关于“所做”的规范和关于“所是”的规范。关于“所是”的规范（比如人应当诚实、勇敢等等）叫作“理想规则”，它同“善”和“德性”有关。冯·赖特认为这种规范实际上是关于某个概念的定义（正因为此他称其为一种规则），告诉我们（比方说）什么叫一个好教师、什么叫一个好士兵。冯·赖特认为，尽管从人格培养的角度来说，运用关于所做的规则即行为规范是很重要的，但不能把关于所是的规范还原为关于所做的规范，不能认为一个勇敢的人“根据定义”就是一个做勇敢之事的人。可惜的是，冯·赖特没有对这个观点作进一步论证。

在这里要提一下另一位北欧哲学家、挪威的 K.N. 特伦诺伊（Knut Erik Tranoy）的观点。特伦诺伊是冯·赖特的学生。他尽管不像冯·赖特和另一位北欧哲学家辛提卡（Jaakko Hintikka）那样作为一个逻辑学家研究义务逻辑，但在他的科学论中“规范”一词具有关键地位。他把科学方法论看作一个规范性体系（normative system），其中包括两个成分：规范和价值。在他看来，规范是其基本内容为许可、义务或禁令的命题或陈述，而价值是关于好和坏的东西。冯·赖特强调他所研究的典型的规范——规定——同道德规范、道德原则的区别（道德规范和原则不像规定那样是有一个颁布者和强制执行者的），特伦诺伊则强调科学规范同道德规范的共同点：它们主要是自律性质的，是不成文的，等等。他认为规范和价值两者之间一定有联系，但究竟如何联系，则是一个难题。他说他只能对它们之间的关系作一条假设：价值是规范的基础——对于一个行动领域来说，“实现其基本目的”是支配该领域中行动的规范性系统中的基本价值，而规范可以从这种价值中“引出来”，或者是通过手段—目的的关系，或者是通过形式逻辑关系。[4]

规范和价值的关系问题也是哈贝马斯的“商谈伦理学”（discourse ethics）的一个重要问题。哈贝马斯对规范和价值的区别不是手段和目的的区别，有点像冯·赖特的“所是”和“所作”的区别。但哈贝马斯更强调人们对它们进行辩护的方式的区别。在哈贝马斯看来，对于规范我们可以提出这样的要求，即根据其义务论上的有效性而对其进行辩护，而对于价值——它是由“属于集体的或个体的生活方式的特定的价值类型”所构成的——却不能提出这样的要求。规范和价值有许多不同的逻辑特性。[5]首先，规范涉及的是义务性行动（obligatory action），而价值所涉及的是目的性行动（teleological action）。其次，对规范的效力主张（validity claim）的解读是二值的（肯定的或否定的），而对价值的效力主张的解读则是有种种过渡的（是可以介于肯定和否定之间的）。第三，规范的约束力是绝对的，而价值的约束力是相对的。第四，规范系统和价值系统的融贯标准是不同的（价值之间的冲突比较常见）。这些区别导致它们的应用中的重要区别：一个人在特定场合的行动是基于规范还是基于价值，会导致不同类型的行动取向。"在这两种情况下'我应当做什么'这个问题是以不同的方式提出和解答的。根据规范我可以决定的是我被命令做什么事情，而在价值的视域之中，我可以决定的是我被建议做什么事情。自然，在两种情形之下，运用［规范或价值］的问题都要求选择对的（right）行动。但如果我们从一个有效的（valid）规范系统出发的话，该行动之为'对'是指它对所有人都同等地好，而在涉及一个对我们的文化或生活形式来说具有典型意义的价值组合的时候，那行为之为'对'是指总的来说、从长远来说对我们是好的。"[6]

冯·赖特、特伦诺伊和哈贝马斯对规则和价值的关系的讨论的角度和观点都不同，但都有助于我们加深对学术规范化问题的理解：学术活动的规范和学术工作者的德性之间的关系、学术活动的规范和学术活动的目的之间的关系、学术活动的规范和学术活动的风格、传统之间的关系。研究这些问题，一定会对学术规范化问题的讨论起很大的推进作用。但本文不拟对这些问题展开讨论。

四

讨论学术规范意味着把认识论和方法论重点从学术成果转向学术活动，这种转变的核心是这样一种认识，即重要的不仅是真理的定义问题、真理的标准问题，而且是真理的认可问题。我国学术界的不尽如人意的现状，同一种陈旧的真理观有关。

“科学”一词和其他许多词语一样（如“艺术”、“认识”、“计划”等等），具有所谓“活动/成果”的双义性。心理主义倾向的认识论和方法论研究重视认知者个体的研究活动，逻辑主义倾向的认识论和方法论注重认知成果或科学研究成果的基础、评价标准等等。随着科学哲学中的“历史主义转向”和整个哲学中的“语言学的转向”，对于学术团体的研究活动的兴趣逐渐增大，“科学论”很大程度上成了“科学活动论”。

与其他社会群体的活动一样，学术活动也有它自身的目标。虽然其成员从事研究可以是出于各自不同的个人目标，作为一个社会群体或社会子系统的活动，学术活动的目标无疑是真理。有人说学术活动的目标是有用的工具；但就连持这种观点的人也会赞同“学术活动的目标是真理”的说法，因为在他们看来，“有用就是真理”。有人说学术活动不是笼统地追求真理——并不是所有真理都是值得追求的；学术活动所追求的是值得追求的、与我们有关的真理（truth plus relevance）。这种观点仍然把真理作为学术活动的目标，不过对它稍微加了一个限定。

于是就有一个如何理解“真理”的问题。在这方面，金岳霖先生在《知识论》中的研究很有意义。在这本书里，金岳霖提出了一个在知识论上有重要意义的范畴区分：真的意义和真的标准的区别。他分析了几种主要类型的真假观：融洽说、有效说、一致说和符合说，认为其中只有符合说是对真的定义，而融洽说、有效说、一致说都涉及真的标准。命题所属之经验的融洽、命题在行动中的有效、命题与其他命题（意念和其他意念）之间的一致，都只能帮助我们确认一个命题与对象的符合，甚至仅仅排除那些不可能与现实符合的命题，而不能成为代替命题与对象之符合而成为真的定义。[7] 主张“有用就是真理”的人的错误不在于他强调真理和有用之间的联系，而在于他把这种联系看成定义项和被定义项之间的关系。在金岳霖看来，有用或有效的作用不在于帮助我们理解“真理”这个词的含义，因为这个含义只能是和外部世界的“符合”，而在于帮助我们判断某一个具体的知识是不是符合外部世界。

金岳霖的《知识论》写于20世纪40年代，后来他对自己的观点进行了彻底的自我批判。其实，他关于真理的定义和真理的标准的区分和50年代以来国内正统的真理观是基本一致的，差别仅在于后者没有像金岳霖那样使用精确的术语和细致的分析，以及没有像金岳霖那样把实践中的有效和真命题的其他标准相提并论。这种真理观的特点在于都把真理问题看作是一个只涉及主客体关系的问题，而没有看到它同时也是一个主体间关系问题。因为这种真理观只涉及真理的定义问题和真理的标准问题，而没有涉及真理观理应讨论的另一个重要问题：真理的认可问题（the acceptability of the validity claim of truth）：真理由谁来认可、通过什么程序来认可、必须满足什么条件才能接受一个人关于他的观点为真的说法？

在以往的种种真理观中，如果说真理的符合说的功劳在于回答了真理的定义问题，真理的融洽说、效用说、一致说的功劳在于回答了真理的标准问题，那么金岳霖没有提到的一种真理学说的功劳则是回答了真理的认可问题。这种真理观就是真理的共识论（the consensus theory of truth）。根据真理的共识论，真的命题，是指那些认知者（其典型形式是科学家们）都认为真的命题。这种真理观本身可以不涉及真的定义问题和真的标准问题：也就是说，主张真理的共识论的人可以对“真”的意思是什么、根据什么人们同意说某命题为真，有各种各样见解，或根本没有明确见解。他们作为真理的共识论者所说的是：不管“真”的意思是什么、不管识别真命题的标准是什么，只有那些认知者共同体的成员（在一定情况下）都认为真的命题才是真的。当然，以往的真理的共识论者往往像真理的效用论者、一致论者等等一样，犯了“混淆范畴”的错误，不过不是把真理的标准问题混同于真理的定义问题，而是把真理的认可问题混同于真理的定义问题。避免这种混淆，并不要求我们否定真理的共识论和效用论等的积极成果，而意味着我们可以在不同的意义上同时是真理的符合论者、效用论者和共识论者。[8]

真理的认可问题之所以重要，是因为这个问题其实是排除不掉的。在不重视真理的认可问题的时候，人们实际上是以一种非反思的形式在解决这个问题，或者是让每个认知者自身，或者是让某个权威来判断一个特定的认识是不是真理。在这两种情况下，真理的符合论定义、真理的实践标准和逻辑标准，都可以起作用，但到底某一认识是不是导致合乎逻辑的推论、客观实践的成功，是不是符合客观实际，都是凭个人——或者是普通个人，或者是权威个人——来判断和决定的。新中国成立以来的经历表明，离开了“尊重群众”的“尊重实际”和“尊重实践”，往往只意味着“尊重个人意见”和“尊重权威意见”。

为什么在真理的认可方面主体间的共识比个人意见和权威意见更可靠，这个问题可以通过对美国20世纪的哲学家皮尔斯（C. S. Peirce）的方法论思想的解释来回答。在皮尔斯看来，人类用于解决问题、走出困惑的方法可归为四种："固执的方法"（the method of tenacity）、"权威的方法"（the method of authority）、"先天的方法"（the *a priori* method）和“科学的方法”（the method of science）。我国当代哲学家冯契借用《庄子·秋水》的说法对人类认识层次作过这样的划分："意见是‘以我观之’，知识是‘以物观之’，智慧是‘以道观之’。此三者虽同为认识，却互有分别，而且层次不齐。"[9]我们可以从冯契那里转借这些说法来解释皮尔斯的观点。皮尔斯讲的“固执的方法”、“权威的方法”和“理性的方法”可以说都属于“以我观之”的境界。具体来说，“固执的方法”是以“小我”观之，“先天的方法”是以“大我”即全人类观之，而“权威的方法”则是以作为“大我”即全人类的代表的“小我”观之。这些都是以“我”观之，而这个“我”是孤立的、得不到“你”和“他”的批评、建议和补充的。皮尔斯讲的“科学的方法”，可以说属于“以物观之”的境界，因为这种方法要求对客体进行分析、操作，在这种基础上获得对于客体的认识。皮尔斯认为用这种科学方法的目标是指向一个康德式的范导性理念：真理或实在。这可以说是属于“以道观之”的境界。这个境界可望不可即，虽不可即但可望、值得望，因为这个理想可以引导科学认识不断突破现有的水平。对科学方法的认识如果仅仅停留在这一步上，其实还是没有超越“以我观之”的水平，因为无论是“物”还是“道”，都是单个的“我”在那里“观”着，见物见道，唯有这个“我”心里清楚。然而，皮尔斯没有局限于此。他在“以我观之”之外还强调引入另外一个视角——“以他观之”，确切些说是“以你我他观之”。在皮尔斯看来，真理说到底是不同科学家从不同角度进行的研究所终究要同意的东西。因此，这种“同意”比起用其他方法得到的结论来说具有更普遍的基础——不仅仅是证据的普遍性，而且是对于证据之评价的普遍性。任何证据都只有经过解释和评价之后才能支持或驳斥某个结论。撇开主体间共识来谈论证据，任何观点都可以找到支持它的证据；在同样意义上，任何观点都可以找到驳斥它的证据。“随心所欲”是科学的敌人，而正如金岳霖在《知识论》中也提到的，没有他人的监督，是很容易“随心所欲”的。

五

但主体间共识有合理和不合理之分。随“吾心”之所欲是不合理的，随“众心”之所欲也可以是不合理的。这个问题与学术规范问题在两个层次发生关系。在一个层次上，我们需要用一些规范来区别主体间关系的合理与不合理。在比这高的一个层次上，我们要说明，为什么这些规范可以用来做合理与不合理的划界标准，而别的规范就不行。

当我们说需要用一些规范来确定主体间共识的合理性的时候，可以有两种意思，一种是经验性的，一种是理想性的。在前一种情况下，我们需要一些规范来区别基于“理由”的主体间共识和基于其他考虑的主体间共识。举个例子来说。在众多的学术成果评奖中，专家评议、投票已经成了必不可少的环节。比起单纯由党政官员圈定人选，这无疑是一大进步。然而，专家评议和投票的结果是不是都以学术质量作为依据呢？投票赞同某成果得奖的人是不是都认为这成果真的达到得奖水平呢？如果投票结果是在考虑学术质量以外种种因素的情况下达到的，它所反映的主体间共识就不能说是合理的，而这种不合理性本来是可以避免的。学术规范的一大作用就在于避免这种不合理性。但是，任何阶段的人们不管怎样追求合理性，都不可能达到完全合理的共识，其中有种种无法避免的因素在起作用。在这种情况下，学术规范的作用在于要求人们自知无知，要求人们把目前的理由看作是相对的、有限的，是可以为更好的理由所超越的（尽管这超越或许同时也是一种包括）。没有前一类学术规范，我们无法拒绝那些不根据现在所拥有的理由的不合理的观点；没有后一类学术规范，我们无法容忍那些同样不根据现在所拥有的理由，但可能更合理的观点。在这两种情况下，“以你我他观之”都是同“以道观之”这个理想目标背道而驰的。

以上所说的“学术规范”都很抽象，不限于某一个学术领域。这正是本文强调的地方。邓正来的《化解整体的社会科学观——“中国社会科学规范化”讨论的讨论》[10]一文提醒人们注意社会科学内部的知识类型及其规范的区别，是有道理的，但存在如下问题。第一，哈贝马斯基本上把西方典型的社会科学纳入他所说的三种知识类型中的第一种，因为在知识旨趣上它们和自然科学属于同类。邓正来之所以能够在提出他的观点时求助于哈贝马斯，是因为我们现在所说的“社会科学”的不少部门（如历史学）在哈贝马斯那里是放在第二类和第三类的。第二，哈贝马斯虽然根据知识背后的构成性的人类旨趣对知识作了分类，但在更高的反思的层次上，他是强调各类科学作为专门化的论辩形式的统一性和共同性的。他在《知识和人类旨趣》中、在同波普等人进行“德语社会学界的实证主义之争”时之所以说实证主义的要害是缺乏对于自然科学本身的反思，[11]就是基于这个考虑。第三，就我国人文社会科学界的实际情况来看，许多伪劣产品就是在人文社会科学的学术规范与自然科学的学术规范不同的借口之下生产出来、甚至受到好评的。这个问题应当引起足够重视。因此，尽管不同学科的知识类型和相应的规范类型的区别不能忽视，但更重要的是寻找不同学科都必须遵守的学术规范，并为这种规范进行合理的辩护。

对这个问题，挪威哲学家希尔贝克（Gunnar Skirbekk）在特伦诺伊、阿帕尔和哈贝马斯的基础上进行了相当出色的讨论。[12]

希尔贝克区别了科学的外部规范和内部规范，科学的内部规范就是科学方法论。不同种类的科学研究有特定的方法论，而为所有科学研究共有的规范和价值系统则是一般方法论，或科学的一般的规范性基础。作为例子，希尔贝克列举了一些科学研究的规范性要求：科学成果的融贯性、简单性、完备性、明晰性和根据的充分性，把科学的内在规范与外部规范统一起来的相关性规范，尤其是命令我们接受真理、拒绝错误的客观性规范，以及证据的公开性、不同科学家之间的讨论，等等。科学研究的这些规范不仅仅要对于科学研究是内在的，而且要对于科学研究者是内在的：它们必须被所有科学家所内化，成为一种普遍的科学能力，其中包括职业性的诚实和真诚。

现在的问题是：这些规范是不是存在、是不是合理？希尔贝克强调的观点是，一旦我们提出这些问题，一旦我们要对科学的规范进行科学研究，我们已经预设了这些规范，我们必须预设这些规范，因为我们对规范所从事的本身就是科学研究。在这个意义上，科学研究的规范是我们不能不接受的。科学活动的核心是一种合理的论辩行动。我们对于什么是合理的论辩活动都有一些直觉，哲学的工作是对这些直觉进行重构、阐发：论辩由论证构成；论证不是私人的，陈述一个论证意味着为其主张一个普遍效力，即认为它对于所有合理的人来说都是有说服力的；一旦我们承认某个观点为真理，我们必须接受它，这意味着我们具有这样一种双重义务：必须接受迄今为止我们认为最好的论证，同时有必须准备这个论证被别的论证即更好的论证所取代。

对科学的最一般的规范性基础或框架进行的这种自我指涉性的论证（self-referential arguments）表明，真理是一种所有合理的论辩参与者所同意的东西。与前面提到的冯·赖特的观点不同，这个观点恰恰表明理论之真和规范之正当在"都有一个主体间性基础"这一点上是共同的：像命题一样，"一个规范在如下情况下是有效的，即每一个人——只有他被合理地社会化并合理地参与一个自由的讨论——都会就它达成同意"[13]。这样，希尔贝克不仅表明最一般的科学规范或学术规范不是如波普尔（Karl Popper）所说的是一种非理性的抉择，而且表明各种较为具体的学术规范也是可以有理性基础的。

学术规范的辩护问题看起来过于抽象，其实和"社会科学的规范化"问题大有关系。刚才已经提到不同科学分支的知识类型问题。这些知识类型之间有没有共同的学术规范？如何处理各学科特定的规范和普遍的学术规范之间的关系？

上述的讨论是有助于对这两个问题的回答的。更重要的是，学术规范化问题是和“社会科学的本土化”问题一起提出的。这两个问题的并列自然就提出了这样的问题：不同民族的科学研究（包括社会科学研究）在何种意义上是具有民族性的、具有本民族文化特点的，在何种意义是具有国际性的、具有跨文化特点的？假如我们承认是有一些普遍的、跨国界跨文化的学术规范的，还有一个如何培养这种学术规范的问题。波普尔认为批判理性主义立场的关键是尊重理由和论证，但无法通过理由和论证来说服一个人接受批判理性主义立场，因为要使得说服得以成功，对方必先具有服从理由和论证的态度，而这样的话，他就已经采纳了批判理性主义态度，用不着对他进行说服工作。但是波普尔并没有把接受批判理性主义的立场看作是一个非理性的个人行为，因为他认为对于以古希腊文化为传统的西方人来说，批判理性主义是用不着他们作个人的选择的，因为它本来就是他们传统的一部分。现在的问题是，尊重理由、尊重证据的态度是一种特殊的文化现象，还是一种人作为具有语言交往能力的动物所普遍地、尽管可能是潜在地具有的个人能力和相互预期？

注　释

1　见 1996 年 1 月 13 日《光明日报》第 8 版。

2　金岳霖:《知识论》，商务印书馆 1983 年版，第 128 页。

3　Georg Henrik von Wright，*Norm and Action*：*A Logical Enquiry*，Routledge & Kegan Paul，London，1963.

4　Knut Erik Tranoy，*The Moral Import of Science—Essays on Normative Theory*，*Scientific Activity and Wittgenstein*，1993，Oslo，pp.147—150.

5　Jürgen Habermas，*Between Facts and Norms*: *Contributions to a Discourse Theory of Law and Democracy*，Chapter 6.

6　Ibid.

7　金岳霖:《知识论》，商务印书馆 1983 年版，第 908—909 页。

8　在我看来，哈贝马斯的真理观就具有这个特点。一方面，他认为真的语句是所有参与理论性辩语的人们都认为是符合事实的语句，另一方面，他认为科学（经验—分析性科学）的构成性旨趣是对于客观世界的技术性控制，并在此基础上常常把“认知合理性”和“工具合理性”这两个概念结合起来，构成一个复合概念：“认知—工具合理性”。

9　冯契:《智慧》,《智慧的探索・补编》(冯契文集第 9 卷)，华东师范大学出版社 1998 年版，第 3 页。

10　载《中国书评》1995 年第 7 期，第 41—55 页。

11　见 Jürgen Habermas，*The Positivist Dispute in German Sociology*，ed. by Theodor W. Adornor，trans. by Glyn Adey and David Frisby，Heinemann，London，1977，p.154.

12　见 Gunnar Skirbekk，“On the Normative Foundation of Science”，in *Manuscripts on Rationality*，Ariadne Press，Bergen，1992，pp.144—166。此文成稿于 1975 年，

在 1991 年访问华东师范大学时进行了修改。德国哲学家施太格缪勒在出版于 20 世纪 80 年代中期的《当代哲学主流》中对北欧哲学给予了很高评价，在介绍哲学逻辑的部分中说，尽管对规范陈述和规范系统的分析在伦理学、元伦理学和法哲学等等哲学学科中近来获得了明显了重要性、尽管大多数逻辑学家居住在英语国家，对于现代规范论或现代义务学却至今仍然主要是斯堪的纳维亚学者研究的领域。(见 W. 施太格缪勒:《当代哲学主流》下卷，王炳文等译，商务印书馆 1992 年版，第 144 页。) 同样的话看来也适用于从规范角度进行的科学论（挪威人像德国人一样不说“科学哲学”而说“科学论”)、社会哲学、法律哲学等等的研究。

13 Gunnar Skirbekk，*Manuscripts on Rationality*，p.162.

学术规范的哲学讨论之二*

* 本文以“哲学视野中的学术规范”为题发表于《学术规范导论》，杨玉圣、张保生主编，高等教育出版社 2004 年版。

从哲学的角度思考学术规范，涉及三个层次的问题。首先是有关规范的问题。规范——不仅是道德规范，而且是一般意义上的规范——作为一个哲学问题，从20世纪中期以来受到不少哲学家的高度重视，他们的研究成果为整个有关学术规范的讨论提供了必要的知识背景。其次是有关学术规范的问题。这个问题可以说是科学哲学（或德国人所说的“科学论”）的核心问题之一，不论是着重研究“科学应当如何”的学派（逻辑主义），还是着重研究“科学实际如何”的学派（历史主义），都离不开对于科学家共同体所遵守的规范的研究。第三是哲学研究本身的规范。在所有学科当中，哲学的最明显特点之一是从它产生之日起，它的研究者就把目光不仅投向这个学科领域之内的问题，而且投向这个学科本身，追问哲学到底是什么。哲学是什么的问题离不开哲学家做什么的问题，而哲学家做什么的问题，当然也离不开哲学家的研究活动所遵守的规范的问题。

下面我们依次讨论这三个问题。

一、关于规范

规范是对人们行为的一种要求。为理解规范的含义，有必要解释规范与事实、价值、命令等等的关系。

首先，规范与事实。规范与事实之间的区分，是哲学家们最重视的范畴区分之一。比方说有这样两个句子：

“人文学者很重视第一手资料。”（1）

“人文学者要重视第一手资料。”（2）

句子（1）是陈述句，它的成立与否取决于它所描述的“事实”是否存在；而句子（2）是规范句，它的成立取决于它所表达的“规范”是否存在。事实的“存在”不同于规范的“存在”。事实的存在可以通过观察而确定：我们可以进行一个调查，看看人文学者是否确实很重视第一手资料。但规范的存在则无法仅仅通过观察而确定：即使我们看到人文学者很多并不重视第一手资料，我们也不能说“人文学者要重视第一手资料”这条规范不存在，而只是说这条规范没有得到普遍遵守。重要的是，我们不能从学者们应当做的（规范）推论出他们实际上做的（事实），也不能从学者们实际上做的（事实）出发，推论出他们应当做的（规范）出来。“规范”之区别于统计学意义上的、作为一种“事实”的“常规”，在这里可以看得很清楚：在一个以重复、抄袭为常规的学术共同体当中，“重视第一手资料”这条规范恰恰是违反常规的。假设老师批评一位学生的作业抄袭他人，而这位学生为自己辩解说：“别的同学的作业也都是抄袭的”，这位老师不仅可以对他所说的情况是否属实提出质问，更可以告诉他：人们事实上是否抄袭，与他们规范上应否抄袭，是两个不同范畴的问题。

其次，规范与价值。笼统地说，价值和规范一样区别于事实。与事实问题相关的是“真 / 假”问题，而价值问题和规范问题并不直接涉及真 / 假问题。尽管我们也常常碰到有关规范或价值的事实问题，比如我们会说“事实上这个群体中确实有‘尊师重教’的规范”，或者说“事实上在这个群体中‘知识’是一个重要价值”，但这只是对一个人群是否具有某条规范、是否推崇某个价值这个事实问题的讨论，而不是在讨论这种规范或价值本身能否成立（事实是规范和价值得以成立的依据之一，但并不是其全部依据），也不是在运用它们来进行评价。一旦我们运用规范和价值进行评价，我们就会发现，规范涉及的是“对 / 错”问题，而价值涉及的是“好 / 坏”问题。与“真 / 假”问题相比，“对错”和“好坏”都属于广义的“规范问题”或广义的“价值问题”，因此在很多场合我们不对规范和价值进行区分。但仔细考察一下，我们会发现，说一件事“不好”，常常只是从评价者本人（或本群体）的观点出发，因而往往并不蕴含着对方（也就是被评价者）

有纠正的义务。某某人知识不多，我们即使觉得这种状况“不好”，也未必同时觉得他怎么“不对”。但这个人如果把别人的文章拿来说是自己的，我们固然也可以说这种现象“不好”，但总觉得它不仅“不好”，而且“不对”，认为抄袭者有义务改正。我们甚至可以这么说：不“好”的事情不一定“坏”（而可能仅仅是“不那么好”而已），而不“对”的事情通常就是“错”（我们一般不使用“不那么对”这种说法）。如果我们承认“对错”与“好坏”有区别的话，我们也就得承认规范与价值之间有区别。[1]

规范和价值的另一个区别或许更加明显：规范通常是用来评价行为或行为方式的，而价值则不仅可以用来评价行为或行为方式，而也可以用来评价行为和行为方式以外的许多东西，不仅人类世界的对象，而且自然世界的对象，都可以根据某个价值而进行评价。错字连篇的文章“不好”，但我们不能说错字连篇的文章“不对”，而只能说写这种文章的行为不对、允许发表这种文章的做法不对。

第三，规范与命令。同样是对人类行为的要求，规范提出的是针对某一类人的某一类行为的普遍要求，它适用于这类人中的每一个人，也适用于这类行为中的每一个行为，而命令则往往只适用于指名道姓的某个人或某些人，或者是明确说明的某些行为。老师对某某同学说：“下星期三把作业交给我”，这是比较典型的命令。老师对全班说：“大家下星期三都把作业交给我”，可以说兼有命令和规范的特点。但学生手册上写着的“所有学生都必须按时上交作业”，则是一个典型的规范。

这种既区别于价值，又区别于命令的狭义的规范，我们也可以称作“规则”。笼统地说，规则有这样几个特点：规范性（对人的行动的要求）、普遍性（针对一个类当中的所有人而不是其中的某个人或某些人）、一般性（涉及整整一类行动而不是某个特定行动）、公开性（规则必须是相关的人们都可以知道的）。请看以下几个句子：

1.“小王，你得注明这段引文的出处。”

2.“小王，你写文章应该注明引文出处。”

3.“每个学生写文章都应该注明引文出处。”

4.“华东师范大学的学生写文章都注明引文出处。”

5.“写文章不注明引文出处很可能引起争议。”

6.“谁也不可能只靠自己思想。”

7.“‘凡不注明引文出处的作业都别想得优’，张老师默默对自己说。”

在这七个句子中，句3与句4、句5、句6有明显的不同：句4是一种事实描述（尽管这个描述不一定正确），句5是对于或然性的预测，句6是对于必然性的断定，而句3则是关于“应当”的一种要求。在这点上，句3与句1、句2一样。但同样是关于“应当”的要求，句1是关于特定的人在特定的场合“应当”做的事情的要求，句2是对于特定的人“应当”做的一类事情的要求，句 3 则是对于一类人所“应当”做的一类事情的要求。句 1 是典型的命令，句 3 是典型的规则，而句 2 则介于两者之间：它所要求的是某一类行动（就此而言像规则），但所针对的却是某个特定的人（就此而言像命令）。句子 7 的引号中的话本来是可以成为一条规则的，但因为它只是张老师自己心里想的而没有对同学们公布，就不能算是一条规则。总之，在这七个句子中，只有句子 3 同时符合上述四个要求，因而只有它才是典型的规则。

典型的规范是规则，而典型的规则是“游戏规则”，它一方面区别于“技术规则”，另一方面区别于“道德规则”。这三类规则之间的区别，我们通过下面三个例子来进行分析：

1.“用电脑写作必须先接通电源。”

2.“本刊只接受电子文稿。”

3.“本刊来稿不得是抄袭之作。”

这三条规则，分别属于技术规则、游戏规则和道德规则（“本刊来稿不得是抄袭之作”蕴含着“不得偷盗”）。“技术规则”与技术活动有关，“道德规则”与道德活动有关，而“游戏规则”不仅涉及包括象棋、围棋、足球、篮球这样的娱乐性或竞赛性活动，而且涉及包括像股票交易、投票选举、投寄稿件这样的可以说功利性或目的性的集体活动。

要理解技术规则、游戏规则和道德规则之间的区别，我们可以从以下几个方面来考察。[2]

首先，看看规则的约束性有没有条件。技术规则和游戏规则是有条件规则，因为它们的约束力取决于你是否在追求达到某个目的（比方说：如果你要使用电脑写作，那么请先接通电源——不管是交流电源还是直流电源），或是否在进行某个游戏（比方说：如果你要投寄稿件给那个刊物，那么你就必须提交电子文稿），而道德规则是无条件规则，因为它们是人人都要遵守的（我们不能说：如果你要达到某个目的，那么请不要偷盗）。

其次，看看规则所约束的行动有什么性质。技术规则和道德规则是个人行动规则，因为它们不仅仅存在于某个特定的游戏或集体活动之中。由此决定了这些规则所约束的行动的范围不同。道德规则适用于任何人，而技术规则则不仅适用于任何人，甚至也可以说适用于任何动物：比方说，如果违反安全用电的规则，不仅人会触电，而且猫和狗也会触电（尽管它们不知道自己是因为违反了安全用电规则而触电的）。与道德规则和技术规则相比，游戏规则所约束的并不是所有人，而只是从事某种游戏或活动的人，因此游戏规则也可以称作“角色规则”：它所约束的是扮演特定角色的人们（棋手、运动员、交易员、选民、投稿人等）的行动。

第三，看看规则的基础是什么。技术规则的基础是客观的规律，道德规则的基础是主体自身的道德意识，而游戏规则的基础是人们之间的约定。这些类型的规则的基础的区别，可以从违反规则的后果的区别当中看出。

违反技术规则，行动者会遭到惩罚，这种惩罚一般是由自然规律所引起的，因为技术规则的基础是自然规律。不接通电源，一定无法用电脑进行写作；违反了安全用电规则，迟早会酿成灾难。违反技术规则的结果是一个行动没有引起合乎目的的后果，在许多情况下还会引起有害于行动者的后果，尽管人们可以用别的技术手段去补救、抵消。

违反游戏规则，行动者也会受到惩罚，但这种惩罚并不是由违反规则的行动作为一个客观事件而引起的另一个客观事件。不接通电源，就一定无法用电脑写作，但不按照规定提交电子文本的稿子，作者却并不一定受到稿子被编辑部拒绝的惩罚，因为构成对违反规则者的惩罚的，是参加活动的其他人、这个活动的组织者所施加的，违规行为和惩罚行为之间，并不存在客观的因果关系。正因为如此，违反游戏规则者的隐瞒经常是有效的：一个违反游戏规则的行动只要没有被发现，就没有什么惩罚随之而来。同样，即使违反规则的行动被发现之后，违规者还是有可能要求活动的同伴和组织者加以原谅和赦免的。一家刊物尽管订了“只接受电子文本”的规定，但某个编辑完全可能背着主编或在主编默许下收下朋友、熟人的打印稿或手写稿。

相比之下，违反了道德规则，虽然通常并不导致一个原则上必然随这种违规行动而来的不合目的的客观的因果事件，但也不是可以通过个人的隐瞒和他人的宽恕而避免惩罚的。可以这么说：一条规则，如果被行动者当作一条道德规则而不是技术规则和游戏规则来对待的话，就赋予行动者以一种相应的道德义务感或责任感。这种道德责任感表现在两个方面。一方面，如果这个规则得到遵守的话，行动者自己会对自己的行动感到心安理得和自尊自信，行动者所属的团体的其他成员及其代表会对他表示赞许和褒奖。另一方面，行动者如果违反了道德规则的话，他自己会因为违反道德规则而感到内疚和羞耻，他所属的团体其他成员及其代表会表示谴责甚至处分。这里最重要的是行动者的自我谴责而不是社会谴责，因为社会谴责如果不经过个人的自我谴责而起作用的话，就同违反游戏规则的情况没有什么区别。正因为违犯道德规则会导致这种自我谴责，所以我们说，违反道德规则虽然不会引起一个惩罚性的自然事件，也不一定引起一个惩罚性的社会事件，但只要一个人确实把一条规则当作道德规则来对待而不仅仅是当作技术规则甚至游戏规则，并且意识到自己违反了这条规则，他一定会为此而感到内疚和羞耻。同样是对“本刊来稿不得是抄袭之作”这条规则，有些人仅仅看作是一条游戏规则，有些人则也把它看作是一条道德规则，因为正如前面已经指出的，其中的内涵是“不得偷盗”。对于前一种人来说，起作用的只有他人和社会的外在惩罚，而对于后一种人来说，内疚和羞耻这样的内在惩罚则是更令人痛苦的惩罚。

典型的规范是规则，典型的规则是游戏规则，而典型的游戏规则是游戏或活动的“构成性”规则。“构成性规则”区别于“范导性规则”。[3]构成性规则是某类活动赖以成立的基础，而范导性规则并不是对某类活动之所以为某类活动的规定，而是对搞好这类活动的指导。足球场上如果我们发现中场队员在用手传球，我们不会说这些队员足球踢得不好，而只会说，他们并不是在踢足球，因为中场队员不能用手传球是足球之所以为足球的构成性规则之一。相反，某些具体的技法，则属于足球的范导性规则，违背了这些规则可能踢不好足球，但仍然是在踢足球。人们平时所说的“游戏规则”，多半是游戏的构成性规则。

接下来我们用以上有关规范和规则的一般讨论，来讨论学术规范的问题。

二、关于学术规范

学术规范的最基本含义，是对学术研究参与者们的活动的约束和引导。这句话包含以下几层意思。

首先，学术规范所约束和引导的是学术研究的活动过程，而不是学术研究的活动成果。[4]说得确切一些，学术规范是学术活动的评价标准，而不是学术成果的评价标准。学术研究的活动成果通常是学术论著，而学术论著的酝酿、撰写、发表、评论、奖励等等，则是学术研究的活动过程。学术成果的评价标准和学术活动的评价标准有密切联系。一篇符合学术成果评价标准的研究成果，通常也是一个符合学术活动评价标准的研究过程的结果。在许多情况下，我们确实是通过学术成果来评价学术活动的。我们下面的讨论，也会根据学术成果是否符合一些学术标准来讨论相应的学术活动是否符合学术规范。但是，也有一些情况使学术成果的评价标准和学术活动的评价标准之间存在着区别。大学教师经常会遇到这种情况：读到一篇非常满意的作业，给了一个很高的评分，但后来发现，这篇作业原来是从网上下载的，只是做了一番改头换面。还可能有这种情况：文章中数据和结论之间的联系无懈可击，但实际上，这数据却是杜撰出来的。我们甚至还可以设想这样的情况：这杜撰出来的数据，居然恰好与严格的实际研究的结果完全一致。在这些情况下，这篇文章虽然符合学术成果的评价标准，但它的产生过程并不符合学术活动的评价标准。当然，一旦发现其产生过程不符合学术活动的评价标准，我们就不该继续说这篇论文是符合学术成果的评价标准的。这种说法有道理，但这只说明这两种评价标准之间存在着密切联系，而不能说明两者完全一致。如果把科学研究过程分为“科学发现”和“科学论证”两个方面或两个阶段的说法能够成立的话，我们倒要防止因为强调科学研究过程的规范化而对“胡思乱想”过早放弃或一概抹煞，因为“胡思乱想”也可能是“奇思妙想”——尽管这并不能成为否定“科学论证”阶段的重要性、否定这个阶段上的学术规范的重要性的理由。

其次，说“学术规范是对学术研究参与者们的活动的约束和引导”，意思是说，学术规范涉及的不仅是研究者个人，而且是研究者共同体。学术研究，哪怕是自然科学研究，也不仅仅是研究者与研究对象打交道的过程。用哲学术语来说，学术研究不仅涉及主客体关系，也涉及主体间关系。个人的沉思、独白并不是不可能，但沉思和独白往往是一种虚拟的争辩和对话：与想象中的、甚至理想中的同事、对手或另一个自我进行讨论。重要的是，虚拟的争辩和对话毕竟是虚拟的，它代替不了真实的争辩和对话。离开了他人，个人免不了会陷入所谓“自我中心的困境”，不要说可能陷入一些复杂的方法论陷阱而不能自拔，就连眼前最基本的研究对象，也可能只是个人的幻觉而无法自觉。从认识论上说，没有逻辑标准和实践标准，就难以确定理论是否合乎逻辑、是否符合对象；而没有主体间讨论和争辩，就难以确保对逻辑标准和实践标准的恰当运用。从方法论上说，由于研究者与研究对象同属于人类世界，“他人”在人文社会科学研究中比在自然科学研究中更加重要，因为每个研究者所特有的个人情况、社会地位、思想传统、文化背景等等，都会给研究过程打上特有的印记，其中常常包含着错误认识和片面认识的根源，因而更需要主体间的沟通与核查来克服和弥补。正因为学术研究中主体间关系的重要性，学术规范的内容不仅仅是对单个研究者行为的约束，而在更大程度上是对诸多研究者之间关系（同行学者之间、作者和学术期刊之间、研究者和科研主管部门之间等等的关系）的约束。[5]

第三，说“学术规范是对学术研究参与者们的活动的约束和引导”，意味着学术规范是学术研究这种“游戏”的“游戏规则”。说学术规范是游戏规则，并不是说对学术规范我们可以“视同儿戏”，而首先是因为学术规范是一种“角色规范”，只适用于参与学术活动或者说在学术活动中承担一定角色的人们，而不像技术规则和道德规则那样普遍适用。说学术规范是游戏规则，还因为这些规则很大程度上是约定的结果。“车辆必须靠右行驶”和“车辆必须靠左行驶”，这两条规则都蕴含着“相反方向车辆不能同时在道路某侧行驶”这条技术规则，也蕴含着“维护人民生命财产安全”这条道德规则，但左侧行驶和右侧行驶本身之间并没有优劣之分；决定用哪条规则，只是一种约定。“本刊来稿必须是电子文本”也可以从“效率”（主要涉及技术规则）和“公正”（主要涉及道德规则）这两方面进行论证，但两方面的理由并不“硬”

到非制定这条规则不可的地步。“本刊来稿不得是抄袭之作”这条规则与“不得偷盗”这条道德规则有直接联系，因而它的任意性小多了，但实际上它首先也是一种约定，这不仅是因为这条规则是由一个机构（编辑部）明确颁布的，而且是因为——如前面所说——人们完全可以只把它看作一条游戏规则。在这种情况下，违反这条规则，既不像违反技术规则那样一定会（至少是迟早会）自动引起对违规者的客观惩罚，也不像违反道德规则那样一定会在违规者心中造成良心谴责。

第四，作为游戏规则，学术规范大致包括两大类，一类是学术活动的“构成性规则”，一类是学术活动的“范导性规则”，而作为学术规范之核心的，是学术活动的“构成性规则”。学术活动的“范导性规则”是学术研究的理想、策略、步骤，它们或者带有建议的性质，或者只是一些具体规定，是否遵守这些规范常常会影响学术活动的层次、水平、效率和特点，但并不决定一个活动是否算得上是学术活动。决定一个活动是否算得上学术活动的是学术活动的“构成性规则”，违反这些规则，就好像足球运动员违反足球运动的构成性规则一样：我们既不能说这个球员踢“臭球”，也不能说这个球员踢“懒球”，而只能说他不是在踢足球（明显违反足球基本规则），或者说他在踢“假球”（虽然看上去没有违反足球基本规则，但违反足球作为一种竞技性运动的基本原则如“公平游戏”）。同样，根据通常的标准，写诗这种活动并不是学术研究活动（尽管两者很可能有关联）；假如一个诗人说他也是学者，他必须拿出他的论文而不是诗作来证明他的主张，否则我们会说他误解了“学术活动”的含义。但是，并不是拿出论文来的人都可以算作学者的。论文与诗歌的区别在于它使用的是概念而不是形象：使用概念或概念性的语言可以说是学术活动的一条构成性规则。但是，并不是每个用概念性语言写着文章的人，都可以说是在从事学术活动。说一个活动是学术活动，它至少应该包含这样一些成分。

环节之一：问题。[6]问题是自知无知的表现，或者说是在明确某个方面的无知的同时所提出的排除这种无知的要求。学术活动一定是旨在解决问题的活动，不针对特定的问题而表达自己的观点，并不是在进行学术活动。但并不是任何看上去在讨论问题的工作，都称得上是学术活动。首先，一个问题很可能是假问题，而不是真问题。问题是对于无知的反映，因而问题的真假就取决于问题中反映的无知是否确实。“针尖上能站几个天使”虽然具有问题的形式，但不具有问题的实质，因为其中所反映的无知是子虚乌有的。其次，一个问题虽然确实反映了某种无知状态，但如果这种无知仅仅是指提问者个人的无知，那么旨在解决这种无知的活动，也不是严格意义上的学术活动，而只是一种学习活动——它所针对的问题是一个“学习的问题”，而不是一个“研究的问题”。解决“学习的问题”的途径是从人类现有的知识库存中提出知识，而解决“研究的问题”，则无法借助于人类现有的知识库存，而要创造出新的知识来。真正意义上的学术活动必须是创新的活动；“不追求创新的学术活动”不仅不是一种好的学术活动，而且根本不是学术活动。

环节之二：真理。在学术活动中，问题是通过具有真理性的知识而得到解决的。人类的任何活动可以说都是解决问题的活动，但科学实验之所以不同于工艺设计，理论思考之所以不同于艺术想象，就在于科学实验是通过寻求真实的数据来解决问题，理论思考是通过寻求真实的思想来解决问题。或许有人会说，许多人的学术研究其实并不追求真理，而只追求快乐、利益、名声和其他什么东西。学者的研究动机不是真理而是别的东西，这完全可能，但即使在这种情况下，我们也仍然能说明，通过学术研究来追名逐利，与通过别的活动来追名逐利，是有区别的：在这个领域中获得名利的手段，只能是产生出被认为具有真理性的知识成果。这样一来，我们还是以特殊的方式承认了“追求真理”是一个内在的构成性的环节。有些哲学家会强调，“真理”只是学术研究的一个可望而不可即的范导性理想，而不是一个知识之内的构成性要素。即使我们承认这样的观点，我们也仍然可以说：对于学术活动来说，对于“真理”这个范导性目标的追求，是具有构成性意义的东西。换句话说，无所谓是非、不在乎真假的学术活动不仅不是好的学术活动，而且根本不是真正意义上的学术活动。[7]

环节之三：论证。问题是学术研究的起点，真理是学术研究的终点，沟通两端的环节是论证。不针对问题、不在乎真假的表态算不上学术活动，而没有相应论证的表态，也算不上学术活动。当然，我们可以说：虽然学术活动的目的是寻求知识，但并不是所有知识都是经过论证得来的。一方面，我们在日常生活、日常经验中不知不觉掌握了许多知识，这些知识常常并不具备语言形式，因此人们称之为“默会知识”。默会知识不具有语言形式，当然是不经过论证得来的，因为论证的过程是一个自觉使用语言的过程。另一方面，“论证”常常是知识产生之后才进行的活动，而并不是知识产生的前提。科学史上许多事例表明，重要的发现往往是直觉、想象或爱因斯坦所说的“思维的自由创造”的结果，而并不是逻辑论证、经验论证或别的什么论证的结果。这些我们都可以承认，但尽管如此，我们还是要强调论证是学术活动的“构成性”成分。首先，学术活动作为一种“社会建制”——从比较具体的科学院、研究所和高等院校，到比较抽象的“科学界”、“学术界”，都是学术活动这种社会建制的存在形式——之所以产生，就是因为日常生活中的自发的知识增长过程不够，不具有明确语言形式的知识不够，而需要通过自觉的、有组织的方式来探索新知识，而这种“自觉的、有组织的”求知过程，也就是寻求、表达和核查论据的过程。其次，直觉、想象这样的非理性活动即使有时能产生真知灼见，也并不是总能产生真知灼见；把真知灼见与胡思乱想区分开来，就必须借助于论证。用前面提到的术语来说，一个完整的科学研究活动，必须既包括"科学发现过程"，也包括"科学论证过程"。第三，论证所涉及的不仅仅是论点与论据之间的关系，而且是研究者与研究者之间的关系。论证过程处于一个三元关系之中：论证者（A）向另一个研究者（B）针对某个论点（C）进行论证（A argue to B for or against C）。学术研究中主体间关系的重要性我们在前面已经讲了，而学术研究共同体中的主体间关系的重要性，可以说是论证之所以为学术活动的构成性要求的一个最重要原因。

环节之四：诚信。由问题、真理和论证所构成的学术研究过程，离不开诚信作为担保。决定学术研究中诚信之重要性的，首先是学术研究的无限目标和学者个人的有限生命之间的矛盾；借用一位哲学家的话来说，如果每个人都要像亚当那样从头开始认识世界，就没有理由指望任何人的认识会超过亚当。为了克服这种矛盾，学术研究就必须成为一个代际积累、同行合作的事业。就此而言，学者们共享彼此的科研成果，是学术研究作为一项积累的、合作的事业的题中应有之义。科研成果要能够彼此共享，它们就应该具有基本的可靠性。当然，科研成果的可靠性不可能是绝对的。影响科研成果之可靠性的因素有多种多样，大致可以分为人为因素和非人为因素两类。相对来说，人为因素比较容易控制，而在种种人为因素中，不仅有可能消除，而且有义务消除的，首先是有意造假。学术诚信，与社会学家默顿所说的作为“科学气质”成分之一的“有组织的怀疑”，构成学术研究中相互补充的两个方面。学术批评要有意义，其前提是在制度上确保对批评作出评论和回应的可能与必要；而对于被批评者来说，只要条件许可，他就有义务对批评作出回应。对学术成果的最初级批评是说这种成果是伪造的；其他所有批评，只有在作者的诚信不成为问题这个前提之下，才有可能。相应地，被批评的学者对同行批评所作的最起码回应，是证明自己没有向同行提供虚假的成果。每个从事学术研究的人，都应该时时准备着作出这样的回应，这是诚信作为学术研究基本规范的最重要根据。在学术研究中缺乏诚信、有意造假，不仅仅意味着这个人的工作成为一种不那么好的学术工作，而且使得他的工作不再是一种真正意义上的学术工作。

是否遵守“构成性的学术规范”，决定了一种活动是否称得上学术活动；是否遵守“范导性的学术规范”，决定了学术活动的效率、层次、质量和特点，或者说是否符合一些领域和部门的具体要求。这两条，可以看作是论证学术规范之所以重要的基本理由。从学术活动和更大范围的社会活动的联系来看，我们还可以对学术规范之所以重要提出新的论证。学术活动是社会活动的一个特殊类型；它既区别于其他的社会活动，也在很大程度上为其他社会活动提供典范。学术活动是一种典型的理性的活动；平等对话、尊重论据、克服偏见、诚实守信等等在学术领域中或许也并非到处可见，但毕竟在这个领域比在其他领域中体现得较多一些。从这个意义上说，学术界对于建设一个理性社会所作的贡献，不仅在于它对于理性社会所需要的知识的生产，而且在于它对于学术规范的重视。人文社会科学研究本身就是它们所研究的对象的组成部分；人文社会科学研究大多使用公众较能理解的自然语言；人文社会科学领域的学者常常也是面对公众的公共知识分子——所有这些因素，使得人文社会科学领域的学术规范的社会意义更加重要。就大学教育而言，培养合格的遵守社会规范的公民，要从要求学生遵守学术规范开始。有资料表明，大学期间的考场作弊与毕业以后的工作场所作弊，存在着明显的相关性。[8]从这个角度来说，学术规范不仅仅是一个学术问题，而更是一个社会问题。

三、关于哲学研究的规范

哲学研究可以说是一切学术研究之母，所以，我们在前面所提到的学术研究的那些构成性环节，首先是作为哲学研究的学术规范而出现的，尽管那时候哲学家们可能并没有自觉到这一点。随着具体科学从哲学当中分化出来，它们的学术规范之间的差别也逐渐显示出来。对应于前面所说的那些环节（问题、真理、论证、诚信），我们可以对哲学研究的“规范”作这样简单的概括：典型的哲学问题是概念问题而不是事实问题；典型的哲学目标是思辨的真理而不是实证的真理；典型的哲学论证是逻辑论证而不是经验论证；典型的哲学境界不仅要求研究者自由地表达自己的思想，而且要求研究者自由地实践自己的思想。

哲学对概念问题的重视，是哲学的反思性的体现。[9]无论在哲学中，还是在具体科学中，我们都用概念进行思考。但哲学与具体科学的区别在于，它不仅用概念来思考事实，而且把概念本身当作思考的对象。当我们说“门前的那块石头被太阳晒热了”的时候，我们涉及的是一个事实问题；当我们说“太阳的照晒是原因，石头的发热是结果”的时候，我们也是在讨论事实问题，但已经是把前一个句子中蕴含着的概念明确提出来了。当我们进一步说：“因果性概念受到了现代物理学的挑战”的时候，我们就不是在讨论事实问题，而是在讨论概念问题了，因为我们不是在假定概念不成问题的情况下来使用概念，而是把目光针对用来把握事实的概念本身。在通常情况下，像物理学这样的具体科学的任务是研究事实问题，而哲学的任务是研究概念问题。当然前面所举的例子也表明，在经典物理学向现代物理学过渡的时候，物理学家们也会思考概念问题而不仅仅是事实问题，从而其学术行为有点像哲学家而不是科学家。概念问题也可以叫作范畴问题，因为哲学所研究的概念，通常是非常普遍的概念，那就是范畴。范畴是人们据以把握客观世界、表达主观世界、协调主体间关系的基本概念、基本视野和角度。我们每个人都已经拥有大量范畴，这些范畴是我们在自己的成长过程中逐步学会、逐步掌握的，而这种学会和掌握范畴的过程，也就是我们形成和发展思维能力、语言能力和社会交往能力的过程。哲学不仅要搞清楚人们实际上已经具有的、已经在使用的各种范畴，而且要发明新的范畴，作出新的范畴区分，以此来提高人们的思维能力、表达能力和社会交往能力。思维和存在的关系问题之所以是哲学的基本问题，就是因为“思维”和“存在”是两个最基本的范畴。无论就一个民族的文化而言，还是就一个个体的思维而言，作出这两个范畴之间的区别，都是达到比较成熟的发展阶段的一个标志。这同样适用于“精神”和“物质”、“主体”和“客体”、“语言”和“世界”、“事实”与“价值”这些成对的范畴，以及像“原因”和“结果”、“内容”和“形式”、“实体”和“作用”、“事实”与“价值”、“原因”与“理由”、“诠释”与“说明”等等。分析这些范畴的意义、理解它们之间的关系，是哲学的典型任务，尽管我们并不能说它们是哲学的全部任务。

哲学对思辨真理的重视，是哲学的超越性的体现。上面所讲的“反思性”，也可以看作是“超越性”的一种表现；但“超越性”不仅可以体现为超越事实问题而把目光转向“概念”问题，而且可以体现为超越事实问题而把目光转向价值问题、超越关于“存在者”（自然界和人类社会）的问题而把目光转向关于“存在”本身（存在的意义和状态）的问题。概念问题、价值问题，尤其是关于“存在”本身的问题，往往是无法完全用日常思维或科学理性来理解和讨论的。在有些哲学家看来，超越日常思维和科学理性，就意味着转向艺术体验或宗教体验。主张这种观点的人，或者认为哲学根本不应该超越日常思维或科学理性，因而认为哲学充其量是对日常语言和科学概念的分析和澄清；或者认为哲学与艺术或宗教没有明确界限，因而认为理解哲学就像理解艺术作品或宗教教义需要神秘的直觉和灵感。前者是实证主义的哲学观，而后者则是非理性主义（浪漫主义或神秘主义）的哲学观。相比之下，前者倾向于忽视哲学研究的学术规范与具体科学研究的学术规范之间的差别，而后者则倾向于根本否定哲学中已有的学术规范，尽管非理性主义哲学家自己往往会成为新的学术规范的奠基者，或者成为受学术规范约束的研究的经典对象。介于两者之间的是这样一种观点：哲学固然要超越日常思维和科学理性，但超越日常思维和科学理性并不意味着放弃理性思维，而只意味着我们要对“理性思维”作广义理解：要寻找一些把描述和规范结合起来、把抽象和形象结合起来、把推理和直觉结合起来的概念和方法，要设法在不同的价值领域或文化领域之间进行沟通，等等。以上三种观点的结果当然是三种差别极大的哲学，但这三种哲学有一个共同点，那就是它们所包含的命题，都往往是无法用自然科学当中常用的经验手段来加以检验的。对于“门前的石头被太阳晒热了”这个命题，我们可以用手摸、眼看再加上心想来判断。对于“火星上有水”这样的命题，在“勇气”号火星探测器之前是无法用经验直接检验的，但即使在那时，我们也可以设想一套经验程序来检验其真假。相反，对于“泰初有无”、“形质神用”、“我思故我在”、“人为自然界立法”、“交往合理性是一个全面的合理性概念”这样的命题，经验的检验是没有用的，至少是不够用的。说哲学所要把握的都是这样的思辨真理，可能会引起争议，但说相对来说哲学家更可能对思辨真理感兴趣、在哲学家之间更可能进行关于思辨命题的真理性的讨论，大概不会有大的问题。

哲学命题尽管无法用经验加以检验，但仍然必须经受某种检验。不然的话，哲学家之间的讨论和争辩就无从进行，而学术共同体内部的讨论和争辩是一门学科之所以成为一门学科的必要条件。在无法主要依靠经验进行论证的情况下，哲学就必须比其他许多学科更重视逻辑的论证。[10] 当然，这并不意味着哲学可以像数学那样成为一个演绎体系。哲学史上曾经有哲学家（如斯宾诺莎）尝试用这样的方法建立哲学体系，但多数哲学家会认为这个尝试并不成功，因为无论演绎体系的所有内容原则上讲都应该蕴含在演绎的出发点即公理当中，而这样的公理有没有、是什么、有多少实际内容和意义，是大成问题的。哲学家对自己观点的论证大致有这样几种情况：表明自己的观点与已被承认的事实或观点是相容的；表明自己的观点本身是逻辑上前后一致的；表明与自己观点相矛盾的观点是违反事实、违反公论或违反逻辑的。事实和观点有多种多样，有的比较公认，有的则只被一部分人承认。而且，即便是公认的事实和观点，一个哲学家表明自己的观点与某个公认事实或观点相容，往往并不妨碍另一个哲学家表明他的观点与另外一些事实或观点的相容。因此，第一种方法，即表明自己的观点与公认的事实和观点相容，并不具有一锤定音的说服力。第二种方法，即表明自己的观点本身是逻辑上自洽的，也会引起人们怀疑：一个错误的体系，也完全有可能是逻辑上前后一致的。为了克服这两种方法的弱点，人们往往还求助于第三种方法，那就是所谓“归谬论证”。有了这种方法，哲学家不仅正面论证一个观点（argue for something），而且反面驳斥一个观点（argue against something）。在哲学论辩中，最具有说服力的往往是这种论证方法。比如，笛卡尔对他的著名命题“我思故我在”就是这样论证的：否认这个命题将导致一个矛盾，所以这个命题是真的。笛卡尔主张怀疑一切，但他认为不管怎么怀疑，

“我在怀疑”这一点是不能怀疑的。在怀疑也就是在思想，而在思想就意味着存在着一个思想的主体，那就是“我”。假如一个人一面在思想，一面又说“我不存在”，那就好像一个孩子躺在床上说“我睡着了”或一个孩子躲在屋门背后说“屋里没有人”一样，是犯了一个“语用学矛盾”。通过指出对方观点陷入了“自相矛盾”、“无穷倒退”或“循环论证”而论证自己观点，大概是哲学中最常见的论证方法。

哲学论证多半是思辨的、逻辑的，使人们很容易把哲学与诡辩混为一谈。在西方语言中，“哲学家”（philosopher，直译是“爱智者”）和“诡辩家”（sophist，直译是“智者”）只有一个词缀之差：philo-（爱）。但正是这个词缀，表明了哲学的特点。我们可以用辩论和辩论赛的区别来说明哲学家和诡辩家的区别。辩论的目标是真理；换句话说，在辩论中最终取胜的其实是言之有理、持之有据的观点。至于谁主张这种观点，并不是很重要的事情，因为辩论的结果很可能是双方都修正他们的观点，而且被正确观点说服的那一方或许从辩论中受益更大。而辩论赛的目标则是赢得辩论，至于取胜的观点是什么，则是无关紧要的事情，因为辩论各方所持的观点是辩论赛开始时随机（借助于抽签）决定的。爱智者是辩论的参加者，而智者则是辩论赛的参加者。爱智者必须是智者，但不能仅仅是智者。一个不注重论证、不参与辩论的哲学家，很难说是一个好的哲学家；尽管对这里的“论证”

和“辩论”的含义，可以有不同理解。但爱智者所追求的是真理，而不是论证技巧的高超、比赛评委的高分。进一步说，真正意义上的爱智者不仅在辩论中追求真理，而且在自己的生活中追求真理。哲学所追求的真理不仅可以在内容上与人生密切相关（哲学问题往往是有关宇宙之谜、人生之谜、文化之谜的大问题，也就是有关“人之所在”、“人之所是”和“人之所作”的大问题），而且可以在意义上与人生密切相关：哲学家往往把他们所探索到的真理融入他们对自己的生命的理解当中，因此，他们一方面会诚心诚意地倾听别人的批评意见，会放弃自己觉得错误的观点，但另一方面，只要他们认为是有根据、有理由的东西，他们就不会轻易放弃。真正的哲学家不仅追求如实地表达自己的思想，而且追求如实地实践自己的思想。

以上各条能不能算作哲学研究的学术规范，即使在哲学家当中也未必有普遍共识。而且，即使我们可以承认它们是哲学研究的学术规范，它们在多大程度上对于哲学研究具有“构成性”的意义，在多大程度上对于哲学研究具有“范导性”的意义，也有很大的讨论余地。但以上所述多多少少可以帮助我们理解哲学研究的特点，甚至还可以帮助我们不仅判断一篇文章能不能算作一篇论文，而且判断这篇文章是不是一篇哲学论文。

注　　释

1　作者在这里对“价值”和“规范”之间区别的分析，参考了尤根·哈贝马斯的有关论述，见尤根·哈贝马斯：《在事实与规范之间——关于法律和民主法治国的商谈理论》，童世骏译，三联书店 2003 年版，第 316 页。

2　本文下面的讨论受到康德和罗尔斯的有关论述的影响。康德对技术规则、实用准则和道德原则作了区别，见 I.Kant，*Kritik der praktischen Vernunft/Grudnlegung zur Metaphysik der Sitten*，herausgegeben von Wilhelm Weischedel，（Suhrkamp，1996），pp.46—51。罗尔斯所说的“规则”接近于本文所说的“游戏规则”，其含义是对具体行动的一般意义上的规范或定义，而不是对过去经验的概括，见 John Rawls，“Two Concepts of Rules”（*Collected Papers*，ed. by Samuel Freeman，Cambridge，Mass.: Harvard University Press，1999，p.34）。

3　关于“构成性规则”和“范导性规则”的区别，见 John R. Searle，*Speech Acts*：*An Essay in the Philosophy of Language*（Cambridge at the University 1969），pp.33—42。

4　关于这个观点，见 K. E. 特伦诺伊：《研究的规范：作为规范性体系的方法论》，刊于《跨越边界的哲学——挪威哲学文集》，希尔贝克、童世骏编，童世骏等译，浙江人民出版社 1997 年版。

5　托马斯·库恩之所以说“一种范式（paradigm）是，也仅仅是一个科学共同体成员所共有的东西”，就是因为这个缘故。见托马斯·库恩：《必要的张力：科学的传统和变革论文选》，纪树立等译，福建人民出版社 1981 年版，第 291 页。

6　关于问题对于认识活动的重要意义，笔者在《作为认识论范畴的“问题”》（《学术月刊》1991 年第 7 期）作了较多讨论。

7　关于包括哲学在内的学术研究与真理的内在联系，参见希尔贝克、伊耶：《西方哲学史——从古希腊到二十世纪》，童世骏、郁振华、刘进译，上海译文出版社 2004 年版，第 6 页。俞吾金从真理与学术研究的内在联系的角度讨论学术规范的问题，见俞吾金：《也谈学术规范》，杨玉圣、张保生主编：《学术规范读本》，河南大学出版社 2004 年版，第 232 页。

8 Nonis 等人对新加坡的这方面情况进行了实证研究，见 Sarath and Swrift，Cathy Owens，“An Examination of the Relationship Between Academic Dishonesty and Workplace Dishonesty: A Multicampus Investigation”，in *Journal of Education for Business*，November/December 2001。

9 关于哲学与概念问题的密切联系，见 Alan Ryan，*The Philosophy of the Social Sciences*，Macmillan Publishers Ltd.，Higher and Further Education Division，1970（reprinted in 1984），pp.5—6。

10 关于哲学与理性论证的密切联系，见 Dagfinn Foellesdal，“Analytic Philosophy: What is it and why should one engage in it ?”，in *Ratio*，Vol.IX，No.3，December 1996。

“填补空区”：从“人学”到“法学”*

——读哈贝马斯的《在事实与规范之间》

* 本章最初发表于《中国书评》1994年11月（总第2期）。

一

在我们这个据说已经没有统一的“话语系统”的时代，法的问题却引起西方各派思想家的普遍重视。

在1989年以前，西方思想家关于法的讨论主要围绕以下问题。首先，在福利国家条件之下，现在的许多法律干预了大量原先法律只保护其自主性的领域（如学校、家庭），对这种法律，我们应当怎么看？它们到底是在履行，还是在破坏法律的保障自由的天职？或者，我们有没有必要对“自由”这个概念作新的理解？其次，在人种、文化、语言和生活方式等等方面越来越多元化的社会中，法律在确保人们的共同生活方面，起什么作用？同一个社会的成员，在任何其他方面都几乎毫不相同的人们，能不能因为他们拥有共同的政治法律制度和政治法律文化而说他们同属于一个“我们”，因而同“你们”、“他们”相区别？第三，在一个越来越世俗化，不仅宗教，而且世俗的传统也失去其原先的权威的时代，西方社会的“构成性的”法律框架的基础到底是什么？英国人一直以自己的民主制度不需要一份成文宪法的保障而感到自豪，但现在不少人在怀疑，这种让不成文的传统起极大作用的“英国例外论”，还能持续多久？美国人一直以自己的宪法历二百年不变而自豪，但 20 世纪 30 年代，尤其是 60 年代以来美国社会的许多重大变革不仅是国会立法行为的结果，而且是最高法院根据宪法的“原则”“精神”进行的司法行为的结果，那么，到底什么是宪法的“原则”和“精神”，它们在美国政治生活中到底起什么作用呢？考虑到在国际范围具有普遍性的行政部门在立法过程中的作用越来越大的趋势，作为西方法律传统一个重要部分的立法、行政和司法的三权分立原则，也急需作出新的解释、辩护或调整。

1989 年以后东欧和苏联的变化，为西方学者讨论法的问题提供了新的背景。西方的左翼和右翼都想为急于“重新加入欧洲”的人们指点迷津。在各种建议之中，有一个是共同的：重视法治。英国著名的社会学家兼社会活动家拉夫·达伦道夫（Ralf Dahrendorf）在一本写于 1990 年的小册子中，提请东欧人注意宪法和法律对于确保契约、正义、个人自由和形成民族国家的“至高无上的重要性”。[1] 在他看来，“甚至道貌岸然的法律条文，也不是完全无用的”。英国“后自由主义"哲学家约翰·格雷(John Gray)在反对达伦道夫的自由民主主义的同时,比后者更强调法治对于东欧"后共产主义"国家重建的重要性。在格雷看来,东欧想要重建"市民社会"的核心不是别的(大众民主或普遍福利),而是经济自由和人身自由,是保障私有财产和契约自由、允许有各种各样价值观和世界观的人们和平相处的法治。[2] 多年来一直在从事马克思主义中的法学传统的研究的阿兰·亨特(Alan Hunt),在1992年发表一篇题为"社会主义对法的兴趣"的文章,对近年来左翼论坛上对法的问题的讨论作了概述。在这篇文章的开头作者写道:"1989年以来发生于共产主义世界的那些重大事件强调了——即使看来已经太晚了——这样一点,即社会主义者必须重视法律。'重视法律'这个口号,我的理解包含以下观点:一、与那个关于在向共产主义的过渡中法和国家将消亡的观点相反,在任何形式的经得起辩护的社会主义社会中,都将起作用;二、为了给公共生活的民主安排提供某种程度的保护,宪法是重要的;三、公民/民事自由(civil liberties),人权和法治(在资本主义社会中形成的法律机制设施),是一个经得起辩护的社会主义的必要前提。"[3]

在以上这些方面中,对于法律和法治的"社会主义的兴趣",更令人感兴趣。西方自由主义历来把法律(而不是不成文的道德和传统)看作是现代社会的主要规范,保守主义虽然比自由主义更重视道德和传统的作用,但在法治和民主这两个现代西方社会的根本原则中，却比自由主义更强调法治，而不是民主。相比之下，在马克思主义影响下的左翼理论家历来典型的态度是一方面反对把形式的法律系统当作社会主义社会的主要规范，而主张社会主义（共产主义）的新道德、新文化对于社会生活和个人生活的规范和典范作用，另一方面又强调社会主义社会中民主高于法治的重要性，提倡以各种非程序的方式实行人民群众的“当家作主”——这种政治既不同于保守主义的立宪权威主义，也不同于自由主义的立宪民主主义，姑且用“人民民主专政”这个术语来加以表达。但在近一二十年的西方左翼思想界中，上述传统受到反省和质疑。意大利的鲍比欧（Norberto Bobbio）多年来一直致力于把社会主义和像英国的穆勒那样的自由主义者的传统结合起来，形成所谓“自由社会主义”。在鲍比欧看来，社会主义的目标只能在自由民主制度的框架内实现，而在他讲到“自由民主制度”的时候，重点总是在“自由”，而不像在欧洲总的来说势力更大些的“民主社会主义”那样，把重点放在“民主”上。如果说民主的基础是自由的话，那么自由的基础则在于法治。当然，他指出，西方的基于法治的自由民主制国家并不足以引起争取人类解放的运动的那些问题，但它是实现这个理想的起码条件。[4]《民主和市民社会》一书的作者、英国的约翰·基恩（John Keane）的注意重点虽然是在“民主”，而不是“自由”，但他像鲍比欧一样认为民主与自由不可分，因而与法治，尤其是宪法不可分。甚至连似乎同法律（普遍的规则系统、规则结构）格格不入的“解构主义者”雅克·德里达也在最近说，“不一定要赞成关于国家和统治阶级对国家的利用、关于国家权力和国家机构的分化、关于政治之物的终结、政治的终结或关于国家的消亡的整个马克思主义话语，也不必怀疑法的概念本身……”。[5]但同样有意思的是，德里达接着说，即使如此，马克思和马克思的精神也给我们以不可替代的重要启示。20 世纪 50 年代后期，社会主义在欧洲也面临严重的危机（虽然不及 1989 年以后），当时最著名的法国哲学家萨特语出惊人地说：“马克思主义是我们时代不可超越的哲学。”现在，同样是法国最著名哲学家的德里达也说：“没有马克思，就没有未来。”[6]与萨特不同的是，萨特在 50 年代后期捍卫马克思主义的同时提出要弥补马克思主义中“人学的空区”，而德里达却并没有明确地提出要填补什么“空区”——他的兴趣不在于填补空区这种建设性的工作，而在于诉诸马克思的种种“幽灵”对当代社会，尤其是当代国际社会进行批判性的工作。但从 80 年代末、90 年代初西方左翼思想界的总的气氛来看，我们却似乎也可以感到有一种“填补空区”的建设性的要求或努力。不过这次的重点不是填补“人学的空区”，而是填补“法学的空区”。在不少西方左翼思想家看来，造成社会主义的危机的，不仅仅是，或不主要是对人作为历史的主体和高于一切的目的的忽视，而首先是对法作为现代社会中主体间交往的最重要规范、作为人类历史进步最重要成果之一的忽视。

在填补马克思主义中“法学的空区”的种种尝试中，德国哲学家尤根·哈贝马斯的工作最为系统、深入。在70年代《交往和社会进化》一书中他已经把人类在道德和法律建制方面的“集体学习”过程看作是整个社会进化过程的最重要方面，在80年代初的《交往行动的理论》一书中更是大谈法律，但那时的重点还在于法（在西方社会尤其明显的）双重性上面。在1989年以后，哈贝马斯明显地更加强调法对于现代社会的积极作用。在1990年写的一篇反思1989年的长文中，哈贝马斯认为，马克思主义缺乏一个令人满意的法学传统，是左派要记取的最重要教训之一。他写道：“对立宪民主的狭隘的、功能主义的分析的实践后果之严重，远远超过迄今为止所讨论的那些缺点。对马克思来说，第三共和国是这种形式的政府的化身，而对它，他居然如此轻蔑地斥为‘庸俗的民主’。因为他把民主共和国理解成资产阶级社会中最后的国家形式——在此基础上，将进行阶级斗争的最后的、决定性的战斗——所以他对它的建制持一种纯粹工具性的态度。《哥达纲领批判》一点也不含糊地告诉我们，马克思把共产主义社会理解成民主的唯一可能的实现。在这里，就像在他以前对黑格尔国家学说的批判时那样，自由仅仅在于‘把国家从一个强加于社会之上的机构转变成一个完全从属于社会的机构’。但他对自由可能被建制化的方式，则一点也不再说；除了他预计在‘过渡时期’将不可避免的无产阶级专政以外，他无法想象别的建制形式。”[7]为弥补他所看到的这个空白，哈贝马斯在90年代初出版了引起广泛注意的法哲学专著《在事实与规范之间——旨在建立一个商谈论的法和民主的理论》。[8]在前言中，哈贝马斯明确指出，这本书的一个主要背景是1989年的东欧剧变。

无论是从左翼同自由主义和保守主义的关系来说，还是从当代左翼思想界同经典的马克思主义的关系来说，法律和道德的关系，法治和民主的关系，都是两个最为重要的问题。《在事实与规范之间》一书的观点和论证方式，可以从哈贝马斯在此书中对这两个问题的讨论中看得十分清楚。

二

在西方法哲学传统中，法和道德的关系历来是一个中心问题。自然法理论和实证主义法学是西方法哲学的两个主要派别。如果说自然法理论的特点是强调现代法和道德的联系，尤其是现代法对于所谓“自然法”（其表现是一些基本的人类道德原则、德目和权利）的依赖的话，那么，实证主义法哲学的特点则是强调现代法同道德的分离。哈贝马斯的立场介于两者之间：一方面，法和道德的分离确实是社会现代化的一个重要方面；另一方面，现代法确实又仍然同道德密不可分。关键在于，法和道德的这种联系与自然法理论家心目中的大不相同：对于现代法来说具有根本意义的不是道德的内容（价值、善），而是道德的形式（规范、原则）。一般意义上的现代法所对应的不是某种特定的价值观念，而是某个阶段的道德意识形式（道德判断的能力）。

哈贝马斯关于道德的思想的核心是他的商谈伦理学（discourse ethics），对此可以从他关于规范和价值的区分的角度来加以阐述。与事实相比，规范和价值的特点都是具有规范力（normative force），都有一个是不是具有有效性（validity）的问题。在道德意识发展过程中的第一个重要步骤是规范、价值与事实相分离。在此之后是第二步：规范和价值相互分离。最后是规范与“规范的”规范（normed norms）——原则（principles）的分离。规范和价值的区别在于，对于价值可以提出这样的要求，即根据其义务论上的有效性而对其进行辩护，而对于价值——它是由“属于集体的或个体的生活方式的特定的价值类型”所构成的——却不能提出这样的要求。这两者都属于实践领域，但它们分别对应于历来属于伦理学的两类问题：一类是“道德问题”或“正义问题”，它们原则上可以依据正义的标准或利益的可普遍化而加以合理的决定；一类是“评价问题”或“伦理的问题”，它们属于有关“好的生活”的问题这个大类，并且只有在一个具体的历史的生活形式之中或在一个个体的生活形式之中才可能进行合理的讨论。规范和价值有许多不同的逻辑特性。[9]这些区别导致了它们的应用中的重要区别。哈贝马斯写道："我在特定场合的行动是基于规范还是基于价值，会导致不同类型的行动取向。在这两种情况下'我应当做什么'这个问题是以不同的方式提出和解答的。根据规范我可以决定的是我被命令做什么事情，而在价值的视域之中，我可以决定的是我被建议做什么事情。自然，在两种情形之下，运用［规范或价值］的问题都要求选择对的（right）行动。但如果我们从一个有效的（valid）规范系统出发的话，该行动之为'对'是指它对所有人都同等地好，而在涉及一个对我们的文化或生活形式来说具有典型意义的价值组合的时候，那行为之为'对'是指总的来说、从长远来说对我们是好的。"[10] 在规则（规范）同价值的分化之后，又有规则和原则的分化："规则永远包括一个说明运用它的典型的情境条件的复合判断前件即'如果……'从句，而原则之出现，或者是带着不加说明的有效性认定，或者是只有非常一般的条件，至少是需要诠释的条件来限制它的运用。"[11] 在伦理学理论中反映这种区分，是从康德开始的义务论传统的一个特点。哈贝马斯认为只有这种传统的伦理学才能在现在这个价值多元、文化传统充分"非神圣化"的"后形而上学"时代作为道德哲学而存在下去，因为这些区分不仅是概念上的区分，而且是社会的现代化、合理化的一个方面。哈贝马斯根据心理学家科尔贝格（Lowrence Kohlberg）的道德意识发展理论把社会在规范方面的“集体学习”过程也分为“前俗成”阶段、“俗成阶段”和“后俗成阶段”。不仅把规范同事实相区分，而且把一般意义的规范与原则相区分，是“后俗成阶段”的道德意识即现代社会典型的道德意识的重要特点。

如果说在90年代以前的著作中哈贝马斯的重点是现代法和“后俗成”层次的道德意识的共同之处或对应之处的话，在90年代初的《在事实与规范之间》等著作中，哈贝马斯则强调现代法同“后俗成”层次的道德的区别或互补。哈贝马斯写道：“当然，道德问题和法律问题涉及同一些问题：如何通过经过辩护的规范来合法地（legitimately）调节人际关系、在人与人之间进行协调，如何在主体间承认的规范性原则和规范的背景下合乎共识地解决行动冲突。但它们是以不同方式指向这同一些问题的。尽管它们的参照点相同，道德和法律首先在以下方面彼此区别，即后传统的道德只代表一种形式的文化知识，而法律则在此之外还在建制层次上具有一种约束力。法不仅是一个符号系统，而且还是一个行动系统。”[12] 现代法作为一个系统不仅是道德的建制化，而且——在某种意义上说更重要的是——包括了普遍主义道德以外的要素，即后传统道德已经与之分离了的价值因素，甚至经验因素。现代法的基础是普遍主义的道德原则，如正义、平等、自由、以理由为基础的共识等等。在哈贝马斯那里，这些原则归根结底是人类交往行动的必然预设。但同时，现代法的涉及范围是法的共同体而不是道德共同体，两者的一个重要区别在于：前者不是超越各共同体（不区分“我们”和“他们”）的全体人类，而是由分享有一特定的文化传统和价值观念的人们组成的“我们”。此外，法律的辩护和运用还要考虑法的共同体成员的不同利益的平衡、协调，而这样一来法律就不仅仅涉及规范性的领域（关于行动是不是“应当的”或“好的”），而且涉及事实性的领域（关于行动计划是不是有效或可行）。如果说以涉及全人类的道德（普遍的规则和原则）为基础的政治可称为“共同性政治”（commonality politics），以涉及某一个共同体的自我理解的伦理（特定的价值和善）为基础的政治可称为“认同政治”（identity politics），以不同利益主体之间的利益的平衡和协调为基础的政治可称为“利益政治”（interest politics）的话，那么哈贝马斯心目中的立宪民主政治则是这三个类型的政治的综合。我们也可以说哈贝马斯的观点是设法通过对自由主义（liberalism）和共同体主义（communitarianism）的综合、超越和包容而进一步推进集体认同的形成过程。共同体主义重视特定共同体的具有特定内容的伦理生活形式和善的观念；现代民族认同，甚至现代民主制度的基础在于公共体成员所共有的这些价值，而不是那些普遍主义的原则。自由主义则重视超越特定公共体的普遍原则，这些规则的原型或核心是作为市场经济之基础的那些抽象人权。哈贝马斯像共同体主义者那样强调现代法的规范性的向度，像自由主义那样强调现代法的普遍性的向度，并进而把这种重视现代法的道德向度（普遍主义的规范）的观点（即哈贝马斯自己的商谈伦理学）同共同体主义所重视的伦理向度（特定共同体的自我理解）和自由主义所重视的实用向度（不同利益的平衡和协调）结合起来。这样，哈贝马斯可以说是通过对自己观点的弱化（拓宽概念框架，承认、吸收论敌的不少观点）来捍卫他在法律和道德之间关系的核心观点，即法律和道德之间在“后传统的”层次上的联系。主要流行于社会科学界的那些强调现代法的实证性、经验性的观点（尤其对宪法、刑法以外的有些法律而言）和主要流行于法学界的那些强调现代法同传统、同政治文化的联系的观点都有其合理之处，但不能因此便否定现代法的规范性（套用中国思想家黄宗羲的话来说，必须意识到有些法可能是“非法之法”）、不能因此便忽视这一点：即使宪法，甚至宪法的基本原则和“精神”，也是可以作批判性的反思的（因此也不能用最高法院和宪法法院的诠释宪法的职能来代替基于政治公共领域的立法机构的职能）。

三

在法治和民主的关系这个问题上，哈贝马斯要超越或扬弃的主要是自由主义和共和主义（republicanism）之间的对立。共和主义和前面讲的共同体主义之间有联系，但没有必然的对应关系。共同体主义不仅可以同主张立宪民主制度的共和主义相连，也可以为限制立宪民主制度的保守主义甚至君主主义辩护。但在目前的西方学术界，共同体主义主要是与共和主义相连的，其结果是用特定的伦理共同体的“在先的共识”，而不是普遍主义的交往行动的形式结构，来说明现行的西方立宪民主制度的合法性。由于这个缘故，当前西方学术界的共同体主义与自由主义之争是同共和主义和自由主义之争联系在一起的。

共和主义和自由主义之争的核心是人民主权（popular sovereignty）和人权（human rights）这两个西方立宪民主制度的基本观念。民主和法治的统一，归根结底是以这两个观念的统一为基础的。但在哈贝马斯看来，人民主权和人权这两个观念之间的关系，在共和主义和自由主义这两个迄今为止西方主要的政治哲学传统中，都没有被阐述得足够清楚、没有被有机地统一起来。以亚里士多德和卢梭为先驱的共和主义历来把公民的“公共自主”（public autonomy）置于私人的“前政治性自由”（prepolitical liberties）之上，从洛克开始的自由主义则为提防多数人的暴政而强调人权的优先性。哈贝马斯认为共和主义所强调的人民主权观念确实是民主政治的本义，自由主义所强调的人权观念则确实是法治的核心。

但问题是，离开了作为最终立法者的人民的主权，现代法就得不到它的合法性，而离开了公民的自由，公民就无法行使其民主权利。在这里重要的是哈贝马斯所说“程序主义的民主观”，它要求对人民主权和个人权利、民主和法治以及这两个对子之间的关系都作一种新的理解。

这里，哈贝马斯的出发点也是他的交往行动理论。在他看来，就像在法律与道德的关系问题上一样，在讨论法治和民主的关系时，重要的也是用他所谓的“主体间性的范式”来超越“主体性模式”。在本文讨论的范围内，这意味着民主的核心既不是自由主义者心目中的单个个人（“主体”），也不是共和主义者心目中的理解为一个“宏观主体”的公众或“人民”，而是人与人之间的在政治领域的交往或论辩（商谈）活动。这种交往活动的本来目的是追求参与者之间的共识（共和主义者所重视的区别于“众意”的“公意”）。但在现实政治中，基于共同理由的共识往往难以达到，所以，（自由主义者所强调的）权衡利益的谈判或讨价还价（bargaining）实际上是政治领域的主要部分。但重要的是，虽然谈判的结果不是一种共识而只是一种“退而求其次”的利益权衡，人们在谈判的程序、如何评价谈判的结果是不是公平等等问题上，还是可以达成合理的共识的。哈贝马斯的“程序主义”的民主观的关键就在于，一方面，坚持把所有有关的人的在参与了合理的商谈之后的同意——这是一个普遍的程序性的条件，而不是限于某个特殊的利益集团和伦理共同体的标准——作为规则（法律）的合法性（legitimacy）的基础，另一方面，又准备把这种合理共识的范围本身最后缩小到政治商谈和谈判的程序上。这样，民主并不意味着“人民”直接行使政治权利；在复杂、多元的现代社会中这既不可能，亦无必要。但民主也不仅仅意味着“人民的代表”代替人民行使权力；没有“参与”的“代议民主”是对民主的本意的违背。重要的是要有一个原则上向所有公民开放的“政治公共领域”，使在这个公共领域中的非正式的公共观点（舆论）形成过程成为立法机构中的正式的公共意志形成过程的基础。

在这种“程序主义的民主观”中，人民主权和个人权利这两个观念是互相预设、互为补充的。一方面，个人的权利和自由是人民公开地参与公共舆论和意志形成过程的法律前提，另一方面，人们对这种权利和自由的理解本身也只有通过公共领域中的合理商谈才能够获得合理的辩护、澄清和改进。

当哈贝马斯把个人权利说成是人民主权的前提的时候，他估计到人们会说他这里所说的个人权利是交往和参与权或公民的公共自主（public autonomy），而不是自由主义者讲的那些古典的人权——私人生活的自由或私人自主（private autonomy）。哈贝马斯通过讨论公民的私人自主和公共自主的关系来解释他上面的观点。公民的公共自主或政治自主是作为立法者的一员参与立法，而这种立法权的行使又必须借助法律的媒介。进一步说，这种法律的媒介又以一般意义上的法人（legal persons）为前提，而法人作为个人权利的负载者属于公民的志愿性结社，在必要时还可以有效地申认这些权利。在哈贝马斯看来，没有确保公民的私人自主的基本权利，这些公民作为国家公民运用其公共自主性的条件，就无法用任何媒介在法律上加以建制化。

另一方面，个人权利也依赖于人民主权。这似乎同历史事实相矛盾。哈贝马斯自己也说，即使西方的立宪国家和福利国家（它们的特点都是对个人权利的保护或尊重，尽管它们所侧重的是不同的权利）也不一定同民主相连；它们都可能是具有家长主义色彩的。但在以下两个方面，哈贝马斯强调作为法治之基础的人权对于作为民主之基础的人民主权的依赖性。关键在于哈贝马斯对人民主权所作的商谈论解释：人民通过参与公共讨论而形成公共意志和公共观点，或赋予规则（包括表现为种种人权的所谓“原则”）以合法性。这样，一方面可以通过概念分析而揭示人权的“逻辑起源”或人权的地位；另一方面，也可以通过公共讨论而重新理解人权的内容。

关于人权的“逻辑起源”，哈贝马斯这样写道：“关键性的观点是：民主这个原则来自商谈原则和法律形式的互相渗透。我把这种相互渗透理解成权利的逻辑起源，对这个起源人们可以作一步步的重构。我们先把商谈原则运用于一般意义上的拥有主观自由的权利（the right to subjective liberties in general）——这种权利对于法律形式本身是具有构成性意义的；最后对商谈地行使政治自主的条件在法律上加以建制化。借助于这（即政治自主），一开始抽象地设定的私人自主可以追溯性地采取法律上组织起来的形式。因此，民主的原则只能表现为权利系统的核心。这些权利的逻辑起源构成了一个循环过程，在其中法典和产生合法的（legitimate）法律的机制——也就是民主原则——是同源地构成的。”[13]

关于通过公共讨论而获得重新理解人权的内容，哈贝马斯在这本书中对女权主义的分析是一个很好的例子。在这里哈贝马斯注意的不是自由主义和共和主义的对立，而是自由主义和福利国家政策之间的对立。这两者都主张男女平等，但角度不同。自由主义的出发点是所有个人平等地分享人权；它所强调的是妇女和男子在行动机会上的平等。但在现代西方社会的客观条件下，妇女在法律上同男子的形式平等并没有带来他（她）在事实上的平等。福利国家政策把这种“事实上的平等”理解为在物质福利上的平等——所谓分配平等。为了确保男女之间的分配平等，福利国家在就业、家庭等方面给予妇女以一系列的补偿和保护。但意味深长的是，这些政策的成功给妇女带来了新的问题。例如，保护怀孕期和产褥期妇女的条款增加了妇女失去工作的风险；保障妇女就业权的规定造成了低工资职业中妇女的比例远远超过男子；在监护权方面对妇女有利的离婚法的结果，是离婚给妇女带来更重的负担；等等。对这种局面，哈贝马斯从法哲学的角度作了诠释。自由主义和福利国家政策或者把人权当作像物品一样可以分配、拥有的东西，或者干脆把妇女享有同男子同等的权利归结为在物品（福利）的分配上的平等。因此，它们局限于把“主体”占有或支配客体作为中心的“主体性的范式”，而都没有把权利同主体间关系——公民对于公共观点和公共意志的形成过程的民主参与——相联系。男女之间的平等、正义的关键，是使他（她）们成为政治公共空间中具有同等发言权的参与者。不仅如此，还要承认，作为社会的文化自我理解，对于人权本身，对于妇女的角色、男女的差异，都是可以通过这个公共空间中的自由讨论来加以澄清和改进的。在对自由主义和福利国家政策都加以猛烈抨击的激进女权主义者中，有一种对“权利”这个概念本身提出质疑的倾向。对此哈贝马斯指出：“权利的理论不是一定同对于权利这个概念的个人主义的压缩相联系的。如果我们从主体间性的权利概念出发，错误的真正根源是很容易发现的：必须首先由公共讨论来澄清，在什么方面妇女和男子（的特定团体）的体验和生活情境之间的差异，是同利用种种个人自由的机会有关的。切勿以为由制度加以定义的性别成见是某种现成的东西。在今天，这些社会构造物只能以自觉的、商谈的方式才能形成；它们要求受影响的各方自己来进行公共商讨，以此来阐发比较的标准、辩护有关的方面。”[14]因此，男女平等的关键在于加强妇女在这种政治公共空间的地位，以及根据在这种公共空间中的自由讨论的结果来调整法律和政策。否则的话，由于现有的权利观念是以传统的性别角色观念为基础的，而这些传统的角色观念又是以男子为中心、为主导的，所以，正如关于妇女是不是与男子一样有服兵役义务的争论所表明的，在现有的“社会的文化自我理解”的背景之下，实现男女平等，或根据这样的标准对妇女进行补偿，结果只能以各种方式强迫妇女去适应那些在结构上本来就对她们不利的制度。

四

总的来说，哈贝马斯《在事实与规范之间》一书，正如书名所表明的，设法通过对当代法哲学领域的一些主要观点、主要范式的综合来实现对它们的超越。哈贝马斯的这种进路在解决了不少重要问题的同时，也提出了不少新的问题。这里只谈一个问题：构成现代法的三个向度——道德的向度、伦理的向度和实用的向度——之间到底如何结合？根据哈贝马斯的观点，法的共同体区别于道德共同体之处似乎在于法的共同体同时也是一个伦理共同体、利益共同体，但这三个层次上的“共同体”的基础大不一样——道德共同体的最后基础在于“准先验的”交往行动的形式条件，伦理共同体的最后基础在于实质性的价值观上的共识，而利益共同体的最后基础则是不同利益的妥协。根据我的理解，这三者的联系在于：准先验的道德交往行动的形式条件一方面规定了现代的伦理共同体区别于前现代的伦理共同体的特点：在现代的伦理共同体中，共享的价值观念和生活方式不应当是“准事实性的”，而必须是可以讨论的、最好是基于这一共同体的成员间经过论证同意的；另一方面，这种交往行动的形式条件又为人们如何达成妥协提供了规则和标准。但问题在于，现代西方各国社会作为法的共同体越来越包括不止一个“伦理共同体”和“利益共同体”。不同的利益共同体之间的关系还比较容易处理——通过更高层次的妥协，可以形成一个更高层次的利益共同体。但不同的伦理共同体之间的关系就没有那么容易处理。正像已经有人指出的那样，人们往往可以在事关利益的问题上达成妥协，但很难在事关认同的问题上达成妥协。我少打几条鱼你可以给我补贴，甚至我也可以作些让步，少一些消费，但我若从此便无法过我所珍视的渔民生活，我就不再是“我”，而成“你”或“他”了。哈贝马斯也意识到这个问题。他曾经说在当代世界，最尖锐的冲突不是发生在不同的主权国家之间，而是发生在同一个主权国家之内的不同的语言、人种、历史和文化的共同体之间。为此他提倡“立宪的爱国主义”，主张把共同的宪法和相应的政治文化作为整个主权国家层次上的集体认同的基础，从而超越在这个层次下面的诸多集体认同之间的界垒。但重要的是这共同的宪法和相应的政治文化是如何形成的。哈贝马斯所在的联邦德国的战后的宪法和政治文化在很大程度上是由美国从外部建立和培植的。这显然不是他心目中自然的或典型的过程。根据我对哈贝马斯的观点的理解，在不同的伦理共同体之间建立一个更高层次的伦理共同体不能像道德共同体那样通过讨论或商谈来实现，因为在不同伦理共同体之间是难以进行交谈和商讨的；也无法像在不同的利益共同体之间建立一个更高层次的利益共同体那样通过更高层次的妥协来实现，因为不同的伦理共同体有不同的认同，而关于认同人们是难以达成妥协的。唯一的途径，是共同的生活经历，或哈贝马斯所说的共同的“集体学习”过程。如果说美国在形成联邦德国战后的政治文化方面有重要作用的话，那么其主要作用不在于它迫使德国人采纳一部民主的、联邦主义的宪法，而在于迫使或帮助联邦德国中具有各种价值观念和生活方式的人民在战后和平共处了四十年。共同的生活经历或集体学习过程渐渐使他们能在一起说他们是“我们”。哈贝马斯给人一种印象，似乎他主要是在道德意识的形式的角度谈论“集体学习”。其实，形成（以及改变）共同的伦理生活，也是集体学习的一种重要形式。在西方不少国家，目前人们正就妇女堕胎的权利问题进行激烈争论。哈贝马斯倾向于把这种争论当作一种“伦理的商谈”，其目的是在同一个共同体之内达到更好的更清楚的自我理解。但有些争论者之间观点的差别之大（如在一些激进的女权主义者和一些宗教原教旨主义者之间），使我们怀疑这种争论是不是更应当看成是在不同伦理共同体之间的一种争论。那么，如果这样看待的话，这种争论还有没有意义呢？这种争论既无望达成妥协，也无望达成共识。有人或许会借用约翰·罗尔斯在其近著《政治自由主义》一书中的术语，把这种讨论的目的定为“合理的歧见”或“重叠的共识”——既不是基于同样理由的共识，也不是基于策略性考虑的妥协，而是基于不同理由的共识。我不知道在强烈主张妇女堕胎权的人和强烈反对堕胎权的人之间能不能形成这样的交叉共识。但有一点大概是可以说的：在不诉诸暴力而仅仅进行舌战的同时，这些和平共处的论敌们也在过一种共同的生活，而这种共同的生活本身，将有希望使他们不再彼此视为他人，至少是不彼此视为敌人。因此，如果能心平气和地讨论，当然很好；即使不能进行心平气和的讨论，唇枪舌剑也比大动干戈好。重要的是要有共同生活的条件。以“一国两制”的方式实现中国的统一，似乎也可以从这个角度加以理解。

注　　释

1 Ralf Dahrendorf, *Reflections on the Revolution in East Europe: In a Letter Intended to Have Been Sent to a Gentleman in Warsaw*, Chatto & Windus, 1990, p.153, p.80.

2 John Gray, *Post-Liberalism: Studies in Political Thought*, Routledge, New York/London, 1993, p.315.

3 Alan Hunt, "A Socialist Interest in Law", in *New Left Review*, No.192, March/April 1992, p.105.

4 Norberto Bobbio, "The Upturned Utopia", *After the Fall: The Failure of Communism and the Future of Socialism*, pp.3—5.

5 Jacques Derrida, "Spectres of Marx", in *New Left Review*, No.204, p.52.

6 Ibid., p.35.

7 Jürgen Habermas, "What does Socialism Mean Today？ The Rectifying Revolution and the Need for New Thinking on the Left", *New Left Review*, No.183 (September/October).

8 Jürgen Habermas, *Faktizitat und Geltung: Beitrage zur Diskurstheorie des Rechts und des demokratischen Rechtsstaats*, Suhrkamp Verlag, Frankfurt am Main, 1992. 此书由 William Rehg 译成英文，书名为"Between Facts and Norms: Contributions to a Discourse Theory of Law and Democracy"。本文基本上是在阅读英语译文的电脑打印稿的基础上写成的，故把书名译为《在事实与规范之间》，引文亦只注章目。

9 Jürgen Habermas, *Between Facts and Norms: Contributions to a Discourse Theory of Law and Democracy*, 第 6 章。

10 同上。

11 同上书，第 5 章。

12 同上书，第 3 章。

13 同上。

14 同上书，第 9 章。

哈贝马斯论事实与规范之间的关系*

* 本文基础是2006年4月20日在中国政法大学“名家大讲堂”的演讲，主持人为该校副校长张保生教授，演讲稿经过整理后发表在《名家大讲堂（中国政法大学）》第三辑，中国政法大学出版社2014年6月版。

我是研究哲学的，但是我一直对法律问题感兴趣，今天报告的题目是讲哈贝马斯关于事实与规范之间的看法，实际上就是他的法哲学，他的法律理论和政治理论，其主要的内容是在《在事实与规范之间》这本书当中。这是很厚的一本书，我花了很多时间把它翻译过来，翻译的过程同时是学习的过程。哈贝马斯的工作远远不止这本书。从20世纪50年代加入战后从美国迁回德国的法兰克福社会研究所，到后来成为批判理论第二代的重要人物，50多年来他写了许许多多的书，直到现在还是每年都有新作推出。所以对他的思想作一个简明扼要的介绍也是非常具有挑战性的工作。幸好有这本书。这本书的书名叫做《在事实与规范之间》，那是经过译者同意以后采用了英译本的书名；原来的德文本的书名叫做《事实性与有效性》。这本书的书名很大程度上对他的整个工作进行了概括。他的整个工作可以说就在于把事实性与有效性结合起来，处理好事实与规范之间的关系。

一

我的报告包括几个方面，首先是事实与规范关系问题的重要意义。

事实与规范这两个范畴的区分，在哲学史上是具有划时代意义的事情。一般的哲学史著作都会提到事实与规范之间的区别，或者是事实问题与规范问题，或者是事实问题与价值问题的区别。明确提出这个区别的是英国哲学家休谟，他发现，在道德体系当中好多命题是由“应当与不应当”构成的，而在科学论著当中命题往往是由“是和不是”构成的。他觉得这两类命题的区别非常重要。尤其重要的是，从有关“是与不是”的命题当中，是引不出有关“应当与不应当”的命题的。比如说“人性是善的”，这是一个事实命题。有人会觉得我们很容易就引出“人应当是善的”这样一个规范性命题。在儒家传统当中，性善论是个前提，因而是可以这样推理的。但是在西方传统当中，基督教传统是主张原罪的，而基督教同样主张人应当行善，而且觉得人性是恶的和人应当行善之间具有很重要的关系。这说明从有关一个对象“是”什么的命题很难确定地推出有关一个对象“应当”是什么的命题。

事实与规范区别这样一个问题对于现代社会特别重要。因为现代人有一个特点，借用毛主席的话来说就是“对任何事情都要问一个为什么”，实际上不仅“共产党员对任何事情都要问一个为什么”，典型的现代人“对任何事情都要问一个为什么”。比方说传统社会的人受到各种规范的约束，他们不大去问为什么会受到这个那个规范的约束。因为对他们来说这是一个已经有现成答案的问题。因为这些规范被认为是来自神的、祖宗的或者先知的。但是对于现代人来说，你会问：“为什么我要受这个规范的约束呢?”假如有人告诉你这是上帝或者是祖宗制定的，你可能会对这些答案不太满意。当然我所说的前提是你是个典型的现代人。典型的现代人会觉得这些回答都是有关事实的命题，且不说上帝有没有。但是有关事实的命题是无法推导出有关规范的命题的。所以如果问有关规范的命题是从何而来的，还是没有回答我为什么要受规范约束的问题。现代社会的规范主要是法律规范。所以上面所说的为什么要受到规范约束的问题主要是针对法律规范提出来的，在讨论法律为什么有约束力的时候，不仅有强调规范问题与事实问题之间区别的观点，也有把规范问题归结为事实问题的观点。哈贝马斯写《在事实与规范之间》这本书，很大程度上就是要批评那种把法律规范归结为法律事实的观点。这种观点他称之为“法律的怀疑论”，这种怀疑论不是怀疑法律，而是怀疑人们对于法律的通常的理解。法律怀疑论认为，实际上法官判案和议员立法，并不像他们声称的那样是根据法律和正义，而是根据他们自身的利益，根据党派利益、文化价值、个人偏好作出的。这样就把法律规范归结为事实了。这种观点在哈贝马斯看来是需要小心甚至批判的。

哈贝马斯是"批判理论"的代表。批判理论是研究和批判资本主义社会，是要对社会主义的理想进行阐发的。在哈贝马斯那里，他认为批判资本主义现实和理解社会主义理想，特别要关注法律的问题。这样一种立场在左翼传统当中，在社会主义思潮的传统当中是值得重视的一个新的现象。西方主流的意识形态有三个：自由主义、保守主义和社会主义。相对来说，保守主义和自由主义的传统是比较重视法律的。自由主义认为现代社会人们的公共生活的主要规范是法律而非道德，道德是私人的事情。所以在这个意义上自由主义非常强调法律的作用。保守主义在道德和法律的关系问题上比较重视道德的作用。但是在现代西方社会的两大原则，也即民主和法治两者之间，保守主义是比较重视法治而不是民主的。所以自由主义和保守主义从不同的角度都对法治问题比较重视。但是马克思主义影响之下的社会主义传统，则在不同的意义上都对法律不那么看重。在法律与道德的关系上，社会主义历来强调社会主义新道德，不认为法律有那么重要，甚至认为法律最终是要消亡的。在民主和法治的关系问题上，社会主义同样认为劳动人民当家作主的民主是更为重要的，法治相对来说并不那么重要。这样一种传统在20世纪70年代以后西方的左翼思想界受到了比较多的批评，虽然不能说整个都扭转过来了，但是出现了一个很值得注意的现象，就是在不同的国家，比如说在英国、意大利、德国、美国、法国，都有一些左翼思想家在反思，社会主义传统当中是否缺失了这样一种法学传统，这种缺失是不是应该，这种缺失如何来弥补。在这样一种左翼思想界的共同努力当中，哈贝马斯的工作应当说是最系统，也是最深入的。1990年，哈贝马斯写了一篇很长的文章，叫做《社会主义的今天意味着什么？》。社会主义运动在1989年遭受了非常大的打击和挫折，哈贝马斯要反思这种挫折到底是怎么回事。在那篇文章当中，他就讲到马克思主义当中缺乏一种令人满意的法学传统，可能是左派要汲取的最重要教训之一。对于这样的评价我们可以有不同的意见。我们可以说马克思主义当中还是有一个比较有力量的法学传统的，但是要经过我们比较大的努力去阐发。很大程度上哈贝马斯要做的其实也是这样的工作，他用这种建设性的工作来显示马克思主义当中是可以有一个非常强的法学传统的。当然这需要理论创新。哈贝马斯还是西方马克思主义传统的；怎样来建设一个马克思主义的法学传统，恐怕也是他要讨论事实与规范之间关系的一个理论动机。

总之，我在这里列了三种观点，一种观点把法律纯粹看作一种规范性的力量，这是理想主义的特点；一种观点把法律纯粹看作一种事实性的力量，刚才所说的“法律怀疑论”就是如此；而哈贝马斯所代表的批判理论可以说是第三种观点，即把法律看作一种在事实与规范之间的东西。当然，这还是一个非常笼统的出发点，我们接下来要讲它的具体含义。

二

我要讲的第二点是事实与规范之间关系的几种类型，哈贝马斯讲的“在事实与规范之间”，是在什么意义上讲的。

我先梳理一下对这两者之间的关系，有几种可能的理解。

事实与规范之间关系的第一种类型，是客观事实与社会规范之间的关系。这里的“客观事实”可以是自然领域的客观事实，也可以是社会领域的客观事实。比方说人有高矮之分是一个客观的自然事实，人有亲疏之别是一个客观的社会事实。社会规范不仅区别于自然事实，而且区别于社会事实。比方说“普天之下皆兄弟”就是一个规范，它和“人有亲疏之别”的事实之间就形成了一种比较鲜明的对照。我们把这种意义上的规范与事实的关系叫做“事实与规范之间的外在关系”。这是事实与规范之间关系的第一种类型。

事实与规范之间关系的第二种类型，是事实与规范之间的诠释性的关系，或者说是存在于司法推理与司法解释当中的那种关系，也就是说在法律事实认定和相关法律规范确定之间的相互依赖关系。司法推理需要司法解释，而司法解释不仅要在原则和规则之间进行来回权衡，而且要在规则和事实之间进行来回权衡。举个例子，假如公园门口有这么一块牌子：车辆不得进入本公园。当然这是一条规范，问题是这条规范是什么意思，仅仅读这条规范还是不清楚的。它要和相应的事实作相应的对照，作相互的诠释才行。究竟哪些事实是相应的，哪些事实是相关的，又反过来参照这条规则。来回之间有这么一个相互诠释，才能把各自的意思搞清楚。假如门卫看到一个小孩骑着童车，就把他放进去了。因为这条规则不是限制这种车辆的。再比如一辆救护车，门卫也把它放进去了。接着又来了一辆公园的工作人员开的车子，门卫又把它放进去了。最后才来了一辆社会车辆，门卫没让它进。所以在整个执行规则的过程当中都是在解释规则，而在解释规则的过程当中，又都在进行事实与规范之间的来回的权衡。这也是事实与规范之间的一种关系。我把它叫做事实与规范之间的诠释性的关系。

事实与规范之间的第三种关系是两者之间更加内在的联系。我也举个例子。假如有个外星人，在他的星球上既没有车辆又没有公路，当他来到北京，看到好多车辆在马路上行驶着。他发现在车辆行驶的过程中路口的灯是绿的，车辆停下来的时候路口的灯是红的。外星人来自的星球科技很发达，遥控技术很发达。所以他在猜想，会不会是在红绿灯所发出的射线和马路上行驶的汽车之间有一种内在的联系。当绿灯亮的时候发出一种射线促使汽车往前开。红灯亮的时候发出另一种射线促使汽车停下来。我们假如听了这个外星人的叙述，当然会反驳他根本不是这么回事。这里面的关键并不是红绿灯和汽车之间的技术性的联系，而是红绿灯和汽车之间的约定性的关系。根据事先的约束，绿灯亮的时候驾驶员可以继续走，红灯亮了驾驶员就应该让车子停下。这样一种约定性的联系也是一种事实。但是这样一种事实并不是物理上的事实，并不是仅仅靠外部的观察就可以理解和把握的事实。要理解这样一个事实，就必须是参与者，是一个知道交通规则是怎么回事的人。这样一种事实，我们把它叫做“制度性事实”（institutional facts），这是20世纪分析哲学一个比较重要的概念。制度性事实包括两个方面，一方面是存在着一个制度，另一方面这个制度正在生效着。“存在着一个生效着的制度”是刚才讲的这两个方面的结合，它讲的是事实性命题。但是这个事实命题当中所提到的制度又是一个规范体系。所以在这里我们看到的是事实和规范之间的一种更加紧密的结合。当然，本身它还是一个事实，一个制度性的事实。但是它是一个关于规范、关于制度的事实。这是事实和规范之间的第三种关系。

由此又引出事实与规范之间的第四种关系。一个制度正在生效着，或者说一个规则体系正在生效着，它的意思是说一种制度或者一套规则是被人们承认和遵守的。但问题是一套规则被人遵守、被人承认可以有不同的情况。在一种情况下，我之所以承认这条规则，是因为我认为这条规则值得我承认。在另外一种情况下，我之所以遵守这条规则，是因为我觉得假如我不遵守这条规则的话，我会受到惩罚，我并不认为它值得我承认，但是我没有办法只好去承认。可能有第三种情况，我承认一个规则，但是我并没有意识到我在承认它。可能我都不认为这是个问题。因为我们在社会生活中很多情况下都不知道自己在遵守规则。我们在承认一条规则的时候并不知道自己承认这条规则。但是这种情况我们为什么不把它写出来呢？因为它实际上是可以化解掉的。只要有人问我为什么会承认这条规则，我就会想到可能是前面一种情况，也可能是另外一种情况。这里出现了一个非常重要的区分。刚才讲到，制度性事实是讲一套制度、一套规则正在生效着，就是说一套规则正在被人承认。但是这只是一个制度性的事实。它和这套规则值得被人承认是不一样的。这里就存在着规则的“被承认”和规则的“值得人们承认”的区别。这个区别可以说是哈贝马斯在这本书中所做的最重要的一个区别。规则的被承认涉及的是事实性问题，规则的值得承认涉及的是规则的有效性问题。因此，事实与规范之间关系的第四种形式是在同一个规则当中具有两重性，即事实性和有效性。这本书的中文版采用了“在事实与规范之间”的书名，那也是征得了哈贝马斯的同意后才使用的。事实性和有效性是我们讨论的在事实与规范之间最重要的一种关系。

三

下面我们就来专门讨论法律的有效性与事实性之间的关系。

从某种意义上讲，英国的法理学家哈特（H. L. A. Hart）也承认法律是介于纯粹的事实和纯粹的规范之间的东西，具有事实性与有效性的两重性。哈特也认为对于法律我们不仅要从外部观察它，而且应当从内部进行观察。他也举了交通灯的例子。实际上我刚才举这个例子也是受到他的启发，作了点发挥。哈特是这样说明的，他认为交通灯与人们日常的交通行为之间的关系有两种观测的方法。一种是从外部观测。就如我刚才所说的外星人，他根本不知道交通规则是怎么回事。他觉得红绿灯与人们的交通行为之间的关系就好像阴云和马上就要下雨之间的关系。对于一个外部观察者来说，红灯亮意味着行人就要停步的迹象，就像乌云是马上要下雨的迹象一样。这完全是一种外部的观察。但是他说实际上懂得交通规则的人对红绿灯的理解是不一样的。对于这些人来说，红绿灯不是“sign”，而是“signal”，是个信号。信号意味着我看到这个信号，根据原来我们对于这个信号意义的约定，我知道我应该去做什么。我得到的是有关规则的信息。然后我遵照它去做。如果我不做的话，我知道我该受罚，因为我违反了这个规则。后面关于行人的看法就是行人的看法。哈特讲述得很清楚。问题是像行人这样的从内部的观察看到的规则，具有什么样的性质。哈特把它叫做“有效性”（“validity”）。他把“validity”（有效性）和“efficiency”（功效性）区分开来。对于外部的观察者来说，规则只有一个有没有“efficiency”的问题，对于一个内部的观察者来说，规则则有一个有没有“validity”的问题。“Efficiency”和“validity”在汉语中有时都翻译成“有效性”。我们说一个办法是非常“有效”的，有时我们的意思是说它的“validity”，即具有值得承认的力量。但在很多情况下我们则是指这个办法有很高的功效或实效的。正是因为在汉语当中“有效性”这个概念可以用来表达哲学上截然不同的两件事情，所以我避免在书名上用“有效性”这个概念，而把这本书的书名翻译成“在事实与规范之间”。但在我看来，事实性与有效性之间的关系是事实与规范之间关系的第四种形式，而且是主要的形式。

哈特把法律的“validity”和“efficiency”区分开来以后怎么办呢？他的目的是要说明法律的“validity”的依据或基础。他把一个法律体系中的不同规则一分为二；有的规则叫做“primary rules”，“初阶的规则”或者“第一性的规则”，有的规则叫“secondary rules”，即“次阶的规则”或“第二性的规则”。“Primary rules”像交通规则一样直接管人们的行为，而“secondary rules”则管初阶规则是否清楚，在什么样的情况下有效等等。有好几种情况，其中有一种情况是消除法律的不确定性。就比如什么样的交通规则有效我们不清楚。这个时候要有一个比交通规则更高一个层次的规则来确定第一层次规则的有效性。这个规则哈特把它称为“承认性的规则”，它的作用在于确定“初阶性规则”以有效性，即什么样的规则是有效的，在什么范围内是有效的。承认性规则赋予初阶性规则以有效性，但是它自己并没有一个是否有有效性的问题。并不是说它没有有效性，而是说谈论它是否有有效性是没有意义的，因为有效性就是根据承认性规则制定的，只有根据一定的承认性规则，我们才能知道初阶规则是否有效。而次阶规则自身没有一个有无有效性的问题；对于次阶规则来说，只有一个是否存在的问题。它存在在那里，根据它可以判断初阶规则是否有有效性。哈特用来解决法律的有效性和事实性关系的办法，就是把法律体系一分为二，有的有“validity”，有的谈不上有没有“validity”，只是一个事实。这个事实再细分一下可以分为两方面。一个是法律文化，谁也说不清的法律文化，但是它就在法官、律师、当事人的行为方式当中发挥作用。法官、律师、当事人会把什么规则自然地当作有效的，把另外一些规则自然地当作是无效的，实际上这就是一种法律文化，尽管哈特那里没有使用这个术语。这是第一个方面。第二个方面是这个法律文化所认定的法律起源，起源于哪里。比如是女王颁定的，还是议会颁定的，或者是法官判案中定下来的就是有效的。所谓承认性规则实际上包括两个方面，一个是法律文化，一个就是立法程序。归结起来，哈特看到了法律体系的事实性和有效性，但是他为了解释这两种之间的关系，就把法律体系当中的规则一分为二,一部分规则具有有效性，一部分规则具有事实性。因为有效性是成文规则所确定的，所以事实上他还是把有效性规则还原成了事实性。所以哈特的观点叫做“法律实证主义”，他把有效性的问题最后还是化解掉了。

对于这样一种观点，哈贝马斯是不赞同的。我这里之所以要讲一下哈特，因为在法学界大家知道哈特比哈贝马斯更多一些，也因为这样的解释与我们平时谈论的法学传统关系更为密切一些。按照哈贝马斯的观点，哈特把法律的事实性和有效性区分开来是正确的，但是他把二者之间的关系作刚才那种理解却是成问题的。成问题的并不是认为法律的有效性与立法程序和法律文化之间存在着密切联系，而是把法律的“有效性”与立法程序和法律文化的“事实性”一分为二，截然分开，并且把前者建立在后者的基础上了。法律的有效性也即法律的合法性和正当性，“legitimacy”。“legitimacy”这个词一般翻译成“正当性”，但是我在书中翻译成“合法性”，因为“正当性”一词在英文和德文中都有另外的词来表述。另外我们在日常的交谈和专业讨论中说到“合法性”，并不一定是实证法意义上的合乎法律性。所以我在翻译这本书的时候把“合法性”和“合法律性”区分开来。但是为了避免大家在听报告的时候困惑，我在这个报告中还是把“legitimacy”翻译成“正当性”，把“legality”翻译成“合法律性”。因此，刚才讲的法律的有效性问题，实际上还是法律的正当性问题。而法律的事实性也就是法律的“legality”。因为在哈特那里，具有事实性的就是法律文化所认可的立法程序。一方面是法律的“legitimacy”，另一方面是“legality”；现在的问题是，这两者之间的关系是什么，法律的正当性和法律的合法律性两者之间的关系是什么。这就是《在事实与规范之间》这本书当中的最核心的问题。

四

下面我要讨论的，就是法律的正当性和合法律性是如何联系起来的。

哈贝马斯认为，现代社会存在一个引人注目的悖论，即"legitimacy through legality"，通过合法律性而确定正当性。这个悖论哈特也是承认的，但是他并没有把它看作是悖论，而是把它看作一个事实。既然在现代社会"legitimacy"是从"legality"中来的，那么就干脆把"legitimacy"还原为"legality"吧。这是一个实证主义的看法。哈贝马斯就要回答这样一个问题：明明有"纳粹"这样的历史事实表明"legitimacy"是不能还原为"legality"的，我们怎么来解释"legitimacy"和"legality"之间的关系。哈贝马斯一方面像法律实证主义者一样把通过合法律性而获得合法性作为一个事实，但是另一方面，又不同意像法律实证主义者一样从这个事实直接引出把正当性还原成为合法律性的结论。这就出现了自相矛盾，但这是一个非常有意思的自相矛盾。

下面我们对哈贝马斯的思路作一个仔细的分析。

第一，哈贝马斯主张对法律的正当性（也即有效性）和法律的合法律性（也即事实性）进行概念区分和范畴区分。在概念上，正当性和合法律性是必须区分开来的，忽视这种区分会导致严重的后果。刚才已经提到，纳粹就是一个明显的例子，纳粹是很讲究 legality 的，但我们不承认它具有 legitimacy。从理论上来说，法律对不同人们之间进行整合，可以有两种形式。一种形式哈贝马斯称之为"社会性整合”（social integration）。它依赖于被整合的那些人承认这些法律是正当的。法律履行整合的第二种方式是不管是否承认法律是正当的，我们不能不执行。不执行就要受到惩罚，使得人们不是出于对法律的尊重，而是出于对自身利害的考虑来接受法律。这种整合方式哈贝马斯称之为“系统性整合”（system integration）。问题是假如我们把正当性都还原为合法律性，那么我们实际上就是认为人们只会由于利害的考虑而遵守法律，而不会出于对法律的正当性的承认而遵守法律，就是以为现代社会当中只存在着系统性整合，而不存在社会性整合。而这显然不是我们通常所看到的社会状况，因为通常我们遵守法律并不是完全因为我们害怕它。有些法学家当然会这么说，认为法律就是一旦我们做坏事就要受罚的工具。但其实不完全是这样。所以哈贝马斯强调把法律的“legitimacy”和“legality”区分开来。这是他的思路的第一点。

第二，哈贝马斯认为在现代西方社会中，正当性确实是由合法律性而来。也就是说他认为就通常情况来说，在西方民主法治国当中合乎法律程序而产生的法律规则确实是因此而具有正当性的。这区别于传统社会。在传统社会当中，法律规则的正当性来源是宗教信仰、形而上学体系或者传统习俗，而不是合法律性。这也区别于现代的专制国家。在这种国家当中，既没有合法律性可言，也没有正当性可言。所以从这里大家可以看出，哈贝马斯对现代西方社会制度作了大体上的肯定，而对于像他这样的所谓批判理论家和西方马克思主义者而言，对现代西方社会作这样一种大体的肯定，当然是很有争议的事情。对于他的整个立场，右派说他太左，左派说他太右。在这里我们可以看出，他是有比较保守的一面，对于西方社会制度作了相当的肯定。当然如果仅仅停留在这一点上面，哈贝马斯的观点确实对西方社会作了太多的让步和承认。不过幸好他的观点还不止于此。

第三，哈贝马斯认为，西方民主法治国的实际情况与人们对民主法治国之所以为民主法治国的自我理解（self-understanding）是有距离的。他觉得他在谈论以一定方式通过合法律性而确定正当性的时候，是对于民主法治国之作为民主法治国做一种自我理解。但是他承认而且强调，这种自我理解与西方民主法治国的实际情况是有距离的。根据这种自我理解，正当性确实是以一定方式从合法律性中得来的，但是这种自我理解并不是呈现在西方现实社会的现实之中的，而是需要加以重构（reconstruction）的。这种自我理解并不存在于西方现实社会之中，但这并不等于说这种自我理解是虚构之物。哈贝马斯的观点是，这种自我理解是作为一种虚拟的规范前提而被现存的法律实践所预设的。这句话非常拗口，但意思应该是清楚的：在现代西方社会的法律实践当中，存在着一些预设，这些预设是虚拟的，但是又不能没有这些预设。这就是它的双重性。在哈贝马斯看来，法学界日益流行的所谓法律怀疑论的错误，就在于它低估了现存法律实践中那些规范性预设的经验性效用。

第四，重构这些前提的目的是什么呢？在哈贝马斯那里，对民主法治国建制的规范性预设进行重构，一方面是在反对现代性的思潮面前捍卫现代性。反对现代性的思潮有许多，其中最有名的就是后现代主义。在他看来，民主法治国是现代性最重要的成果之一，不能像许多后现代主义者那样加以抛弃。另一方面，他对于民主法治国建制的规范性预设的重构，他反过来又用于批判资本主义现实，理解社会主义理想。关于这两点，哈贝马斯在《在事实与规范之间》的序言当中有清楚的论述，在这里就不展开讲了。

哈贝马斯所做的这种重构的内容和结论，是我要讲的第五点，即“商谈的民主”理论，涉及法治与民主之间的内在联系。要理解这种内在联系，一个基本的出发点是现代人的处境。人们在进入现代的多元社会之后，他们的交往越出了他们身处其中的直接的、直觉的生活世界的范围，也无法依靠统一的传统的世界观，比方说宗教、天意，来协调彼此的行动。但是现代社会当中协调彼此行动的必要性比传统社会还要大，因为现代社会是一个非常复杂的社会，是合作非常重要、同时冲突十分频繁的社会。为了协调彼此的行动，假如人们既不想诉诸暴力，又不想停留在暂时的妥协，就只能通过交往和商谈。

这里就引入了两个核心的概念："交往"和"商谈"。这里所说的交往和商谈的意思既有区别又有联系。交往在英文中是"communication"，商谈在英文中是"discourse"。在哈贝马斯看来，语言交往是人之所以为人的根本的活动。为了使语言交往成功，我们必须做一些理想性的预设。比方说，当我对大家说"华东师范大学在上海"的时候，我已经做了几个预设：第一，我已经预设了这句话是真实的；第二，我已经预设了这句话是正当的；第三，预设了说这句话的我是真诚的。换句话说，你在同意了我这句话的时候，你也就同意了这三点。你同时承认了我对这三个"validity"所做的"claims"，所谓validity claims，我把它译作"有效性主张"。日常交往就是这样进行的。有人会说日常交往不是有许多骗人的情况发生吗？确实如此，但重要的是，骗人要得以成功，也得涉及这三种有效性主张。比方说，曹操对他的士兵说"前面有大梅林"，这句话当然是骗人的。但是当我们说曹操在骗人的时候，我们已经运用了真诚性这个标准。更重要的是，即使是那些还不知道曹操在骗人的士兵，也得有能力听懂这句话的意思才可能上当。而这里所谓"有能力听懂"或者"有能力理解"，就已经预设了士兵们有能力对曹操这句话背后的三个有效性主张作"是"与"否"的反应。有能力作出反应并不意味着一定要做出这种反应。人们对于自己的这种能力往往并不自觉，而需要用心理学、语用学这些学科加以重构，所以这些学科也被哈贝马斯叫做重构性科学（reconstructive sciences）。但是语言交往中的这些主张并不直接指导人们的行动，只是使得语言交往成为可能而已。对于指导行动尤其是协调行动有意义的是，语言交往行动会从履行日常的相互理解和协调行动的层面上升到就某个特定问题进行商谈的层面。举个例子，假如晚饭后，同学甲对同学乙说："一起去图书馆好吗？"乙同意后，这个交往行动就完成了，用不着上升到商谈的层面。假如乙说晚上另有安排，这个交往行动也完成了。假如他说："什么年头了，晚上还上图书馆去？"而甲则说："你怎么说这种话，看来我们先不忙去图书馆，我们先讨论一下这年头大学生到底应该怎么做。"如果乙同意讨论，那么他们就从日常的交往上升到专门的商谈的层面。这个时候，直接的行动已经被悬置起来而转为商谈了。这里商谈讨论的是这年头大学生到底应该做什么，这是一个"实践性的商谈"。它是有关"应当"与"不应当"的讨论，而不是有关"是"与"不是"的讨论，关于"是"与"不是"的讨论是"理论性的商谈"。除此之外，还有"治疗性商谈"，对应于刚才所说的第三个有效性主张。

实践性的商谈当中有一条原则叫"商谈原则"。当我们问什么样的规则、行动规范是有效的呢？什么样的有关"应当"的命题是有效的呢？"商谈原则"告诉我们，是那些所有可能的相关者、作为合理商谈的参与者都有可能同意的行动规范才是有效的。这里没提国王、上帝、祖宗、大自然，就提了合理商谈当中的“同意”。这里所说的“行动规范”的范围很广，如果把这条商谈原则运用于法律规范的有效性问题的话，“商谈规则”就引出了“民主规则”。什么样的法律规范是有效的、正当的呢？民主规则告诉我们，法律规范如果是在合理的、商谈性的立法过程当中，能够得到法律共同体所有成员同意的，那就是正当的，具有合法性的。

与“商谈原则”所规范的一般意义上的实践商谈相比，由民主原则所规范的民主商谈具有自己的特点。比方说，从规则种类来讲只限于法律规则，从商谈的参与者来讲是特定法律共同体的成员，从商谈过程中所诉诸的理由来讲，不仅包括道德的理由，而且包括伦理的理由和实用的理由。从商谈的类型来讲，又包括论证性商谈和运用性商谈。论证性商谈主要适用于立法领域，运用性商谈主要适用于司法领域。

这里我们可以比较容易理解哈贝马斯为什么样说民主和法治具有内在关系。在他看来，现代法律秩序只能从“自决”这个概念获得合法性。“从法律理论的角度来看，现代法律秩序只能从‘自决’这个概念获得其合法性：公民应该时时都能够把自己理解为他作为承受者所要服从的法律的创制者。”这句话我认为是最能说出《在事实与规范之间》整本书的精神的话。为什么这么说呢？前提刚才讲了，法律不能仅具有“legality”，而也应具有“legitimacy”。因为人不能只是因为害怕法律的惩罚而遵守法律。但是在现实社会，在现代完全世俗化的社会，原来提供正当性的那些理由不成立了，国王、上帝、祖宗甚至大自然都不成立了，当典型的现代人在问为什么要遵守法律的时候，搬出国王、上帝都没有说服力，只有一条有说服力——这条法律是你自己参与制定的，你不能自相矛盾。在哈贝马斯看来，只有在这种情况下，这条法律你才会觉得有正当性。那么什么叫做“自己参与制定法律”呢？就是民主。所以对于法律所具有的正当性来讲，民主是现代社会当中的唯一答案。在这个意义上，离开民主就没有法治。反过来讲，没有法治的保护也就没有民主；没有遵守规则的民主商谈，也没有民主。法治与民主之间有内在的关系，类似的话我们经常听到，但哈贝马斯这里所说的“内在关系”是指一种“概念关系”，这种关系是由“法治”和“民主”这两个概念在现代社会所具有的根本意义所决定的。也就是说，在这两个概念当中，要讲清楚一个概念的意思，就不能不引进另外一个概念的意思。这样的话，这两个东西就存在着内在的关系。当然，现代社会人口众多，机构复杂，在这样的社会当中，不可能人人都直接参与制定法律，只能选出自己的代表让他们代表自己制定法律。但是也不能把这些代表选出来就完事了，还要让这些代表时时知道委托他们进行立法和决策的人们在想什么。但是了解委托者的想法也有不同的做法。一种做法我们在西方经常看到，就是进行“民意测验”，特别是有些选区的民意对于这个选区选出来的议会代表有特别大的影响，但哈贝马斯认为这不是真正意义上的民主。因为民意测验还只是对单个人非反思意见的聚合。这种意见不一定是他们经过深思熟虑、切磋、商谈会产生的意见。而经过切磋、深思熟虑、商议而形成的意见和建议，才是真正合理的公共意志。这样一种合理的公共意志怎样产生呢？有两个渠道：一个是在立法或者决策部门所进行的正式的民主商谈；一个是在媒体和论坛等“公共领域”所进行的非正式的民主商谈。哈贝马斯强调，如果要有名副其实的民主的话，在非正式的民主商谈和正式的决策过程中都要有畅通的交往和商谈的渠道。这个渠道要能够畅通，就不能受任何除了“理由”以外的力量的干扰，尤其是既不能受到权力的干扰，也不能受金钱的干扰。所有这些加起来就叫做哈贝马斯的民主观，这种民主观叫做“商议的民主理论”，即“discourse theory of democracy”。

五

与这样一种商议民主理论相配合的法律理论叫做“程序主义的法律范式”。这是我要讲的最后一点。

所谓“法律范式”，是指人们对法律系统的社会背景所持有的看法，这种看法好似一种背景知识，使得我们在这种背景下会得出一种判断，在另外一种背景下会得出另外一种看法。对同样一个对象，从不同的范式来看，会得出不同的结论。他认为现在西方社会主流的是两个法律范式，从时间顺序上来讲，第一个主流的法律范式是自由主义的法律范式，第二个是福利国家的法律范式。在哈贝马斯看来，这两个法律范式都出问题了，要寻找出路就要寻找一个新的法律范式。

哈贝马斯认为，自由主义法律范式的特点是强调法律规则的语义特征对于形式正义所具有的重要性。法律的语义特征是同法律的语用特征相对而言的。法律的语用特征指的是法律作为一种语用活动也就是法律的产生、运用、实施过程所具有的特点，而法律的语义特征则是指法律作为一个语义系统，也即法律规范、法律语句等所具有的特征。比如说抽象性、普遍性、确定性、精确性等。所谓“形式正义”，是根据一些抽象的标准，撇开一些具体的情况，比如说种族、性别、身体状况，而对人们一视同仁。根据自由主义法律范式的典型的理解，现代法律之所以区别于习俗和道德，就是因为它是一种具有刚才所讲的语义特征的规则体系，用这种体系来确定人们的行为界限，使得各自的自由界限不相互干扰。这种划界的结果就是形式正义。所谓“法律面前人人平等”，就是指法律为所有人提供同样的机会追求自己的生活目标，实现自己的人生价值。但问题在于这里所说的形式正义、形式自由并不等于实质正义和实质自由。普遍规则系统所确保的法律自由是做自己愿意做的事情的法律许可，但并没有为你做这些事情提供实际条件。马克思在这里起到了非常大的作用。从 19 世纪开始，人们就越来越清楚地认识到，人们的行动范围实际上并不完全是由自己作主的。给你留下了一个自由空间，但是你有没有条件在这个自由空间里活动，很多情况下由不得自己，你还是不自由的。也就是说，仅仅给你一个消极自由和形式平等，也即按照自由主义法律范式所要求的，是不够的。意识到这种情况之后，西方实行了福利国家制度的改革，福利国家制度至少从理论论证角度上讲，不仅为公民提供自由行动的空间，而且要为他们提供在这个空间当中实现自己价值的条件。要使人们在经济上、在政治上真正享受自由，你必须有文化，于是政府就要创造条件让你读书；你必须有收入，于是政府就要创造条件让你就业；你必须有健康，于是政府就要提供医疗保健，等等。这样，政府就从“守夜人”的职责变成了“看护者”的职责。和这样一种政府职能的转变相联系，司法和行政部门也扩大了自由裁量的空间，而不仅仅局限于意义明确、范围确定的普遍规则的运用和实施。在德国的法律条文中，这种趋势被称为“法律的实质化过程”。

但是，福利国家的法律实质化过程造成了两个问题。一个是法律的正当性来源发生问题。刚才讲特别在自由主义的法律范式当中，法律的正当性就是来源于“legality”，而“legality”区别于传统习俗就是它的规则体系所具有语义特征是普遍性、抽象性、确定性。但是在福利国家的法律体系当中，这样一些特征逐渐消失了，或者说不那么明显了。对此我没有太大的发言权，但是德国法学界在这方面做了大量的工作，即研究从语句形式上来说，福利国家时代的法律的表述形式与自由主义时代的典型的法律表述形式发生了变化。所以在这种情况下，完全只根据形式的“legality”来确定“legitimacy”已经不行，要找新的正当性的基础。或者对“legality”作新的理解，而不能作自由主义的理解。福利国家的法律范式不仅导致了法律的正当性出了问题，而且导致了法律与其确保自由的本意背道而驰了。福利国家的本意是为你自由行使你的权利创造条件，而为你在留给你的自由空间当中发挥才能、实现价值创造条件。但是当福利国家在无微不至地关怀你、为你创造条件的同时，可能也会消除它本来要加以实现的目标，即确保你作为人所具有的自主性。在西方有关福利国家危机的大量讨论，围绕的一个核心问题就是，福利国家本来是要帮助你获得自由，但是现在却使你一切都靠在国家身上，而且是有法律依据的。比如不让孩子去上学就违反了国家法律，如果不想送孩子去上学，社会工作者就会找上门来，否则就是他的失职。原来是要保护自由，现在却是限制自由的了。

一方面是自由主义的法律范式出了问题，不然福利国家的法律范式没有必要取而代之；另一方面是福利国家的法律范式也出了问题，在法律的正当性依据和保护自由的职能方面出了问题。为了寻找出路，哈贝马斯提出第三个法律范式，叫做“程序主义法律范式”。它的重点有二。

第一，针对福利国家法律范式所造成的法的正当性成了问题，哈贝马斯提出把重点从语义的普遍性转到语用的普遍性，或者叫程序的普遍性。也就是说，在自由主义法律范式当中，作为正当性基础的“legality”，只是作了语义学的理解，只是指法律体系的自恰性、普遍性、精确性、确定性等。如果违反这些东西，你就没有正当性。而哈贝马斯的方案是这样的：普遍性仍然重要，但是我们应当改变对它的理解，把它理解成一种语用的普遍性，或者说程序的普遍性。刚才讲了商谈原则，只有相关的行动者在合理的商谈当中能够同意的规则才是具有正当性的规则。哪怕你是在行使行政的自由裁量，违反了原来的那种立法规则，但是只要你在行政领域当中也有这样一个合理的商议的过程，由此形成的行政规则就仍然具有合法性。

第二，强调人权和人民主权之间的相互关系，相互依赖。为什么在福利国家的范式中，本意是帮助穷人和妇女的法律和政策，却往往使穷人和妇女反而觉得自己是被剥夺了自由呢？那是因为福利国家在实行这样一些帮助的时候，对权利作了一些私人的而公共的理解，主体性的而非主体间性的理解。根据这种理解，“权利”（rights）成了单个人所拥有的不成问题的东西。这在很大程度上是把“rights”理解成了“goods”，把权利理解成为物品。物品是可以单方面拥有的，也是可以由政府来分配的。但权利不是这样的。在哈贝马斯看来，权利必须是由权利的承担者来理解的，而这种理解又是在一个主体间的网络中进行的，权利的意义是必须在公共讨论当中加以澄清的。比如说男女平等，到底妇女要享有什么样的同等权利？这一点你不能以为回答是自然而然的。当你把妇女要享有什么样的平等权利作为一个自然而然、用不着讨论的问题的时候，实际上你已经依靠传统的男权社会中流行的观点来进行理解，并根据这种理解来对妇女进行帮助，实际上你是把男权统治下的社会所理解的那种权利强加给妇女。所以虽然妇女得到了帮助，但是她们会认为你是强加给她们的。因此最重要的权利或者最重要的自由，是要参加公共讨论的权利和自由。真正意义上的妇女解放，意味着妇女能够在公共讨论当中充分表达她们对男女平等的理解，表达她们在什么意义上要求男女平等。这种公共讨论，特别是尽可能多人参加公共讨论，在哈贝马斯看来，是人民行使主权的一种最恰当形式。人民行使主权既不是简单地通过投票选举出一些领导人，然后由领导人代他们把一切都包办了，也不是在人民中简单地搞一个民意测验，选择 A 还是 B，而应该是由人民群众在合理的公共商谈当中充分表达他们的观点。正是在上述意义上，哈贝马斯强调人权和人民主权是相互依赖的。“人权”到底是什么意思，这个问题必须通过公共讨论来加以回答，为此就要引入程度主义意义上的人民主权概念，那就是在公共讨论的基础上形成的“公共意志”。在这个意义上，人权和人民主权也是有内在联系。

当然，我刚才介绍的哈贝马斯的理论是在西方的语境当中提出的。哈贝马斯一再强调他的法律理论既不是实证的，也不是建构的，而是重构的。也就是说，刚才所讲的那些观点既不是对当代西方政治现实的客观描述，也不是在当代西方政治现实之外引入一个政治理想，而是设法从这个政治现实当中重构出已经潜藏着的政治理想。在哈贝马斯看来，这种意义上的重构既根植于西方语境，又超过了西方语境，具有普遍性的含义。对于我们中国学者来说，重要的不仅是厘清哈贝马斯复杂的法律理论的观点和论证，而且是分清其中内容哪些是局限于西方语境的，哪些是超越西方语境的，并且要思考哈贝马斯的法律理论和民主理论对我们思考中国特色的社会主义法治国家、思考中国特色的社会主义协商民主，有什么启发。

图书在版编目(CIP)数据

论规则/童世骏著. —增订本. —上海:上海人民出版社,2019
ISBN 978-7-208-15792-7

Ⅰ. ①论… Ⅱ. ①童… Ⅲ. ①道德建设-研究-中国
Ⅳ. ①D648

中国版本图书馆CIP数据核字(2019)第060023号

责任编辑 熊 捷
封面设计 谢定莹

论规则(增订本)
童世骏 著

出 版 上海人民出版社
(200001 上海福建中路193号)
发 行 上海人民出版社发行中心
印 刷 上海商务联西印刷有限公司
开 本 890×1240 1/32
印 张 11.75
插 页 2
字 数 211,000
版 次 2019年5月第1版
印 次 2019年5月第1次印刷
ISBN 978-7-208-15792-7/D·3395
定 价 48.00元